Andreas Malm

Der Fortschritt dieses Sturms

Natur und Gesellschaft in einer sich erwärmenden Welt

Andreas Malm

Der Fortschritt dieses Sturms

Natur und Gesellschaft in einer sich erwärmenden Welt

Aus dem Englischen von David Frühauf

Matthes & Seitz Berlin

Inhalt

Schon waren beide Köpfe eins geworden,
als zwei Gestalten sich in einer Fratze
vereinigt zeigten und drin beide schwanden.
[…]
Das ganze frühre Aussehn war vernichtet:
zwei und doch keiner schien, was man jetzt sah;
mit dieser Uniform ging er langsam weg.

Dante, im achten Kreis der Hölle (25. Gesang)

Die Natur produziert nicht auf der einen Seite Geld- oder Warenbesitzer und auf der andren bloße Besitzer der eignen Arbeitskräfte. Dies Verhältnis ist kein naturgeschichtliches und ebensowenig ein gesellschaftliches, das allen Geschichtsperioden gemein wäre. Es ist offenbar selbst das Resultat einer vorhergegangenen historischen Entwicklung, das Produkt vieler ökonomischischer Umwälzungen, des Untergangs einer ganzen Reihe älterer Formationen der gesellschaftlichen Produktion.

Karl Marx, *Das Kapital.* Bd. 1

Der Himmel ist im Wandel.
Tosend nähert sich ein Sturm.
Nebel heult,
Platzregen grollt.
[…]
Die Geldmänner, verschließen die Augen
und behaupten,
dieses Grollen, das sollen
Tiefflieger sein.

Kae Tempest, *Sollen sie doch Chaos fressen*

Einleitung. Theorie des Erwärmungszustands

NIEMALS IN DER HITZE DES MOMENTS

Gibt es noch Zeit in dieser Welt? In einem 2015 in der Zeitschrift *New Left Review* veröffentlichten Essay formulierte Fredric Jameson von Neuem seinen dreißig Jahre alten Befund der Postmoderne als »Vorherrschaft des Raums über die Zeit«.[1] Wir leben nach wie vor in einer Phase, in der es nichts als Gegenwart gibt. Vergangenheit wie Zukunft haben sich in einem fortwährenden Jetzt aufgelöst und halten uns in genau dem Moment gefangen, dessen Verbindungen weder vor noch zurück reichen: Allein die Dimension des Raums erstreckt sich in alle Richtungen, über die nahtlose Oberfläche einer globalisierten Welt, in der durch unzählige Fäden alle mit allen anderen verbunden sind – die Zeit hingegen fließt längst schon nicht mehr. Oder, wie Jameson es ursprünglich in *Postmodernism, or The Cultural Logic of Late Capitalism* ausdrückte:

> Wir bewohnen mittlerweile das Synchrone anstatt des Diachronen, und zumindest empirisch halte ich es für diskutabel, dass unser Alltag, unsere psychische Erfahrung, unsere kulturellen Sprachen heute eher von der Kategorie des Raumes bestimmt werden als – wie in der vorangegangenen Periode der Hochmoderne – von der Kategorie der Zeit.[2]

Diese Verschiebung der Dimensionen markiert mehr als alles andere den Anbeginn der Postmoderne – und genau an diesem Punkt befinden wir uns nach wie vor.

Der Befund selbst hängt stark von der Ausrottung der Natur ab. Jameson argumentiert in etwa so: In der Neuzeit waren noch vereinzelt Felder der alten Natur zwischen den geschäftigen neuen Zentren von Produktionsstätte und Markt verstreut zu finden. Eine kurze Fahrt brachte die Modernistin stets zurück in das ländliche Dorf, in dem sie geboren worden war; während altertümliche Lebensweisen jedweden Horizont prägten, beschleunigte sich der moderne Modus innerhalb einer an das Natürliche und Unvergängliche geknüpften Landschaft. Es war dieser Kontrast, der die Modernist:innen die Bewegung der Zeit fühlen ließ – vom Alten zum Neuen, in Richtung Zukunft – und ihre Kultur so grundlegend strukturierte. Heute aber mangelt es an dieser Kontrastfigur. Bäuer:innen, Grundeigentümer:innen, Handwerker:innen und Straßenhändler:innen sind aus dem Blickfeld verschwunden, und mit ihnen »ist auch die Natur triumphal ausgemerzt worden«.[3] Anstelle von Dörfern gibt es ringsum nur mehr Vorstädte; egal, wie weit die Postmodernistin fährt, sie wird auf Bewohner:innen derselben kulturellen Gegenwart treffen, die dieselben Programme schauen oder – um die Analyse zu aktualisieren – Bilder in denselben Netzwerken posten. Das Neue stellt die einzige Möglichkeit dar, und nach ebendieser Logik verliert es an Bedeutung und Glanz. Anstatt also voranzukommen, scheinen wir auf ewig im automatisierten Markt des unablässig Neuen festzustecken. In diesem Sinne ist die Postmoderne »das, was man hat, wenn der Modernisierungsprozess abgeschlossen ist und die Natur endgültig verschwunden ist«; ohne »die Vorstellung von Natur und dem Natürlichen als einer Art letztgültigem Inhalt oder Referenten« kann es kein Zeitempfinden mehr geben und bleiben wir in den Megastädten gestrandet, worin Glasflächen einander spiegeln, Bilder und Simulacra über Nacht und Tag regieren, wo das freie Spiel der Masken und Rollen ohne irgendeine reale, materielle Substanz pausenlos vonstattengeht.[4]

Doch ein Sturm bewegt sich längst auf diese Stadt zu.

Die Beschaffenheit von Jamesons Postmoderne gibt sich im Alltagsleben New York Citys zu erkennen, wie es in Ben Lerners bemerkenswertem Roman *22:04* geschildert wird. Erdichtung und äußerer Anschein scheinen jeden Schritt des Protagonisten zu lenken. Er arbeitet an der Fälschung einer Korrespondenz mit renommierten Autor:innen. Eine Freundin bittet ihn, Vater ihres Kindes zu werden, jedoch nicht mittels Geschlechtsverkehr. Vielmehr nimmt er den unwegsameren Prozess auf sich, schaut Pornos, masturbiert und händigt sein Sperma zur künstlichen Befruchtung aus. Ihm schwirrt der Kopf aufgrund einer 24-stündigen Installation mit dem Titel *The Clock*, einer Montage von Clips aus Tausenden von Filmen, kombiniert zu einer durchgehenden Sequenz, sodass der Einschlag des Blitzes, der in *Zurück in die Zukunft* um 22:04 Uhr in Szene gesetzt wurde, exakt zum Zeitpunkt der Echtzeit des Publikums abgespielt wird, und immer so weiter, durch Nacht und durch Tag, »den endgültigen Einbruch der fiktiven Zeit in die Echtzeit«[5] vorführend.

Und unterdessen befindet sich Lerners New York im Belagerungszustand. Der Roman setzt mit dem Herannahen eines »ungewöhnlich große[n] zyklonische[n] Windsystem[s]« ein und endet mit der kataklystischen Landung des nächsten.

> Überall entlang der Küste waren Häuser zerstört und überflutet worden, bald würde ein Stadtviertel in Queens brennen. Rettungskräfte fischten die Leichen derer heraus, die im plötzlich ansteigenden Wasser ertrunken waren; wer wusste, wie viele Obdachlose gestorben waren?

Ein Argument unwiderlegbarer Realität durchdringt die Erzählung und lässt den Protagonisten in einen Strom höchst spürbarer Zeit eintauchen: Er blickt zurück auf »[s]echs Jahre spazieren gehen auf einem sich erwärmenden Planeten«. Als der Union Square »schwer [wird] von Wasser in seinem gasförmigen Zustand, einer für New York untypischen, tropischen Feuchtigkeit, einem ominösen Medium«, wird die gewöhnliche Zeit stillgestellt, und wie »die überwundene Zeit selbst« fällt die Luft »vom Himmel«.[6] Der Protagonist versinkt in einer Obsession mit der Zeit, als er über das nachsinnt, was er für den Quell all dieser Stürme hält: den Klimawandel.

Jüngste Bemühungen in »Ereignisattribution« stützen diese Annahme. Jeder einzelne Sturm ist das einmalige Resultat eines chaotischen Gemischs von Wetterkomponenten, jedoch modifiziert die globale Erwärmung die Basis, von der aus diese gebildet werden. »Das Klima verändert sich: Wir haben eine neue Normalität«, lässt ein Forschungsteam wissen: »Die Umwelt, innerhalb derer sich all diese Wetterereignisse ereignen, ist nicht mehr das, was sie einmal war. Alle Stürme sind ausnahmslos verschieden.« Dementsprechend ritt der Supersturm Sandy, der im Oktober 2012 weite Teile New Yorks erschütterte, auf Meeresspiegeln voran, die um etwa 19 Zentimeter erhöht waren, während hohe Meeresoberflächentemperaturen außergewöhnliche Mengen an Wasserdampf als Munition für die Wolken in die Luft beförderten.[7] Ähnliche Faktoren verstärkten den Supertaifun Haiyan – der bis dato stärkste je aufgezeichnete und auf Land treffende Sturm –, als er im November 2013 durch die Philippinen fegte, mehr als 6000 Menschen tötete und wochenlang Leichen im Meer auf und ab treiben ließ.[8] »Kein singuläres Ereignis lässt sich auf den Klimawandel zurückführen«, lautet ein gebetsmühlenartiger Refrain in den Medien, aber ein Beobachtungs- und Modellierungsschub bekräftigt mittlerweile die weitverbreitete Annahme, dass dieses ganze extreme Wetter ohne einen solchen Wandel nicht eingetreten wäre. Individuelle Ereignisse können sehr wohl dem Temperaturanstieg zugerechnet werden, sogar mit jährlich steigender wissenschaftlicher Genauigkeit. Schon als sich die Erde um gerade mal 0,85 Grad Celsius erwärmt hatte, konnten drei von vier Aufzeichnungen extremer Hitze an Land aus dem allgemeinen Trend abgeleitet werden, und wenn die Temperaturen weiterhin steigen, wird der Klimawandel einen noch größeren Anteil der Kausalität für sich in Anspruch nehmen.[9] Er wird geradezu zur universalen Erfahrung: Ein Großteil der menschlichen Bevölkerung ist in den letzten zehn Jahren einem abnormal warmen Wetter ausgesetzt gewesen.[10] Doch das von Menschen verursachte Wetter ist niemals ein Produkt der Gegenwart.

Die globale Erwärmung ist das Resultat von Handlungen, die in der Vergangenheit stattgefunden haben. Jedes CO_2-Molekül über dem vorindustriellen Niveau befindet sich in der Atmosphäre, gerade weil die Menschen im Laufe der Zeit Bäume und andere Pflanzen, allem voran aber fossile Brennstoffe verbrannt haben. War der Kohlenstoff zu Beginn noch in der Kohle, waren Öl und Erdgas noch innerhalb der Erdkruste eingeschlossen, wurden diese Reserven schließlich irgendwann entdeckt und erschlossen und die Brennstoffe an die Feuerstellen gekarrt, von wo aus der Kohlenstoff als CO_2 freigesetzt wurde. Zu jedem beliebigen Zeitpunkt beschreibt der Wärmeüberschuss im Erdsystem somit die Summe all dieser historischen Feuer, der kumulativen Emissionen, der aufeinandergeschichteten CO_2-Ausstöße: Der Sturm des Klimawandels bezieht seine Kraft streng genommen aus unzähligen Verbrennungen der letzten beiden Jahrhunderte. *Wir können niemals in der Hitze des Moments sein, nur in der Hitze der fortwährenden Vergangenheit.* Insofern extreme Wetterereignisse von basaler Erwärmung geprägt werden, handelt es sich bei ihnen um das Vermächtnis dessen, was Menschen getan haben, um die jüngsten Triebe einer schädlichen Saat – in der Tat, die Luft geht schwanger mit der Zeit.[11]

Als Walter Benjamin in der Zwischenkriegszeit die Städte Europas durchstreifte, notierte er flüchtig einen Wegweiser für weitere Untersuchungen: »Über die Doppelbedeutung von ›temps‹ im Französischen«: *temps* wie Wetter und Zeit.[12]

Höchstwahrscheinlich wurzelt die semantische Überlappung in der ursprünglichen Erfahrung des Jahreszeitenzyklus, der den Arbeitskalender früherer Zeiten vorgab, als Sonne, Wolken, Regen und Schnee den Rhythmus des Jagens, Säens, Erntens und vieler anderer Aktivitäten bestimmten. Auf diese Zeit folgte eine Epoche, in der (einige) Menschen lebten, als wären sie vom Wetter abgeschnitten – »unsere Jahreszeiten«, vermerkt Jameson, »gehören der postnatürlichen und postastronomischen Fernseh- und Medienvielfalt an« –, doch allmählich und zugleich wie aus dem Nichts sickert die ursprüngliche Bedeutung wieder in den Alltag ein.[13] Dieses Mal jedoch präsentiert sich das Wetter kaum mehr als etwas, wonach die Uhr zu stellen ist. Es neigt vielmehr dazu, Zeitpläne und Routinen kraft des Gewichts, welches ihm aus der Vergangenheit anhaftet, durcheinanderzuwirbeln. Als solch ein Unwetter [*tempest*] ist ihm eine verquere, multiple Zeitlichkeit zu eigen, wie sich auch Lerners Protagonist eingestehen muss, als er während eines oktoberlichen Spaziergangs zwanghaft von Tagen »unzeitgemäßer Wärme« berichtet:

> Die ungewöhnliche Wärme kam einem sommerlich vor, doch das Licht war eindeutig herbstlich, und die Vermischung der Jahreszeiten spiegelte sich in der Kleidung um sie herum wieder [...]: zwei zu einem einzigen Bild zusammengefallene Zeitlichkeiten.[14]

Noch angemessener mag sein Gefühl sein, »er wäre in der Zeit zurückgereist oder verschiedene Zeiten hätten sich übereinandergelegt, Zeitlichkeiten miteinander verflochten«, denn jedwede Folge des Klimawandels ist, physikalisch betrachtet, eine Kommunikation mit einer menschlichen Vergangenheit.[15]

Doch greifen die Verbindungen nicht bloß auf Vergangenes zurück. Der Schatten des anthropogenen CO_2 wirft sich gleichermaßen auf das Absehbare und erstreckt sich bis hinein in die unergründliche Zukunft. Ein Team höchst prominenter Wissenschaftler:innen, das sich mit diesem speziellen Aspekt beschäftigt, weist darauf hin, dass 2100, das Jahr also, in dem die meisten Szenarien und Projektionen abrupt enden – bis 2100 wird es diesen oder jenen Meeresspiegelanstieg geben, diese oder jene extreme Hitze –, keinen wirklich abschließenden Status innehat. Die weitverbreitete Verwendung dieses Bezugspunkts ergibt sich lediglich aus einer computertechnologischen Panne, insofern die ersten Modelle nicht in der Lage waren, Wissenschaftler:innen weiter als bis zu diesem Datum zu führen. Greifbar und bequem ergibt sich daraus, so das Team, die Illusion, die nun in der Schwebe hängende Zukunft würde relativ kurz sein, ein Kopfschmerz für das 21. Jahrhundert, während das Gros des Temperaturanstiegs und praktisch der ganze, durch beliebig vorhandene kumulative Emissionsmengen produzierte Meeresspiegelzuwachs in Wahrheit – sofern es dem Erdsystem überlassen sein wird, die Konsequenzen abzuarbeiten – mindestens die nächsten 10 000 Jahre fortdauern und die Meere unter Umständen auf eine Höhe von rund 50 Metern über dem heutigen Spiegel angestiegen sein werden. Vieles davon kann nach wie vor vermieden werden. Und ebendiese Möglichkeit überfrachtet unseren gegenwärtigen Moment mit Zeit. »Die nächsten Jahrzehnte«, folgert das Team demgemäß, »bieten ein kurzes Zeitfenster, um den großflächigen und potenziell katastrophalen Klimawandel zu mindern, der länger andauern wird als die gesamte bisherige Geschichte der menschlichen Zivilisation«.[16] Eine Ewigkeit wird heute schon beschlossen.

Für jedes Jahr, in dem die vollständige Dekarbonisierung der Weltwirtschaft aufgeschoben wird – gar nicht zu sprechen von all den Jahren, in denen die Emissionen gleichbleibend oder steigend sein werden –, dehnt sich der Schatten der gemachten Erwärmung ein Stück weiter in die Zukunft aus.[17] Für jedes solches Jahr werden weitere Auswirkungen unausweichlich. Und es hat schon viele solcher Jahre gegeben. Entsprechend deutete eine Reihe wissenschaftlicher Arbeiten aus den Jahren

2014 und 2015 darauf hin, dass der Hauptabschnitt des Westantarktischen Eisschildes seinen Kipppunkt überschritten habe und auf seine irreversible Schmelze zusteuere, während, noch spektakulärer, ein ebenso großer Gletscher auf dem östlichen Teil des Kontinents – von dem man lange Zeit dachte, er sei sicher vor der Erwärmung – womöglich gleichfalls in Richtung Meer abrutschen wird.[18] »Was auch immer wir jetzt tun«, verkündete das populäre Magazin *New Scientist* wohl etwas überspitzt, »die Meere werden um mindestens fünf Meter steigen«.[19] Da Gletscherbewegungen sprichwörtlich langsam sind, hielt die wissenschaftliche Meinung lange an dem Glauben fest, dass es mehrere Jahrtausende dauern würde, bis es zu einem Meeresspiegelanstieg dieser Größenordnung kommt, doch eine der aufsehenerregendsten Publikationen der letzten Jahre argumentiert, dass Eis, welches »mehreren Metern« des Wasserspiegels entspricht, im schlimmsten Fall bereits in diesem Jahrhundert in die Ozeane stürzen könnte, ein Großteil davon während der Lebenszeit vieler junger Menschen, die heute in küstennahen Gebieten wohnen.[20] Mit all diesen konstant überarbeiteten und aktualisierten Zahlen versuchen Wissenschaftler:innen, den Ansturm eines Fluchs aus der Vergangenheit oder einer Erbschuld zu versinnbildlichen, dem zu entkommen sich als immer schwieriger erweist. Lerners Protagonist stellt sich die Stadt bald unter Wasser vor.[21]

Etwas Geschichte ist also doch zurückgekehrt: Die Panik, die der Klimawandel so mühelos hervorruft, ist in Wahrheit eine Panik angesichts der Geschichte, eine Reaktion unsererseits, sobald uns dämmert, was diejenigen uns und unseren Kindern angetan haben, die einst die fossilen Feuer entzündeten, sie um sich greifen ließen und weiterhin anschüren. Und hin und wieder macht die Geschichte dann einen Ausfallschritt in die Gegenwart. Im Dezember 2015, zum Abschluss der COP 21 in Paris, erklärten die Delegierten von 195 Nationen mit großem Trara, dass sie den Temperaturanstieg auf »deutlich unter 2 Grad Celsius im Vergleich zu vorindustriellen Levels«

begrenzen wollten und »Anstrengungen unternehmen« würden, ihm bei 1,5 Grad Celsius Einhalt zu gebieten.[22] Es war das erste Jahr, in dem die Grenzmarkierung von ein Grad Celsius erreicht wurde.[23] Kaum hatten die Führungspersönlichkeiten aufgehört, sich selbst zu ihrem Erfolg zu beglückwünschen, und waren aus Paris in ihre jeweilige Heimat geflogen, als die Erwärmung einen plötzlichen Sprung machte: Im Februar 2016 lag die Durchschnittstemperatur auf der Erde um schätzungsweise 1,5 Grad Celsius über dem vorindustriellen Niveau – genau dort, wo sie laut der zwei Monate zuvor gemachten Zusage nicht sein sollte.[24] Es blieb den Wissenschaftler:innen überlassen, sich um Superlative zur Vermittlung des bizarren Wetters zu kümmern. In der nördlichsten Arktis wurden Anomalien von sechs Grad Celsius festgestellt, was den Eindruck verstärkte, das Klimasystem schlittere geradewegs in jene Hitze, die sich die COP 21 zu verhindern verpflichtet hatte.[25] Im Juli 2016 veröffentlichte die Zeitschrift *Nature* eine Studie, die zu beweisen vorgab, dass beide Pariser Ziele voraussichtlich nicht einzuhalten seien. Ein Teil der von einem CO_2-Überschuss in der Atmosphäre erzeugten Wärme werde von den Ozeanen aufgenommen und mehrere Jahrzehnte lang in deren Tiefen gelagert, bevor sie in die Luft freigesetzt werde, und aufgrund dieser zeitlichen Verzögerung sei die vollständige Verwirklichung der Erwärmung entsprechend der CO_2-Konzentration vertagt. Bei den gegenwärtigen Levels – selbst wenn kein weiteres CO_2 jemals wieder freigesetzt werden würde – ist der Planet, gemäß dieser Studie, bereits »zu einer durchschnittlichen Erwärmung über Land von mehr als 1,5 Grad Celsius« und möglicherweise sogar »mehr als zwei Grad Celsius« verdammt.[26] Im November, Dezember und zum ersten Jahrestag des Pariser Abkommens lagen die Temperaturen in der Arktis nicht länger 1,5, zwei oder sechs, sondern schwindelerregende zwanzig Grad höher als normalerweise.[27] 2016 endete als ein weiteres heißestes Jahr in der Geschichte, mit durchschnittlich 1,3 Grad Celsius über vorindustriellen Levels in der einen Schätzung, 1,1 Grad Celsius in einer anderen.[28] Zweifellos hatte die Welt die Schwelle bereits überschritten, die ein Jahr zuvor in Paris festgelegt worden war. Doch stellte keine dieser Entwicklungen auch nur ansatzweise das Produkt dessen dar, *was unmittelbar nach der COP 21 geschah.* Die verblüffenden Hitzerekorde des Jahres 2016 waren nicht auf Emissionen zurückzuführen, die in der Zwischenzeit emittiert worden waren, sondern die verspätete Detonation von viel früher verheizten Brennstoffen. Wenn also die Vereinbarungen von Paris derart schnell in den Staub getreten waren, wie es im Moment des Schreibens gerade den Anschein macht, dann war es in Wahrheit wohl tatsächlich die Vergangenheit, die zur Gegenwart in einer Weise aufgeschlossen hatte, die der neuen Normalität entsprechen dürfte: Sobald dieses Buch gedruckt sein wird, werden diese Aufzeichnungen aller Wahrscheinlichkeit nach bereits veraltet sein, und immer so fort.

Weitere Stürme sind demnach also zu erwarten. Auf dem Umschlag von E. Ann Kaplans sorgfältiger Studie *Climate Trauma. Foreseeing the Future in Dystopian Film and Fiction* starrt eine rothaarige Frau auf ein großes zyklonales System, das am Horizont heranrollt. Bevor sich Kaplan der Flut an apokalyptischen Filmen zuwendet, welche in den letzten Jahren die Bildschirme geschwemmt haben, erzählt sie davon, wie sie selbst in den Hurrikan Sandy geraten sei und dabei, gerade als sie versuchte, über dunkle Treppen in ihr Apartment zurückzukommen, eine Panikattacke erlitten habe. Diese Erfahrung veranlasste sie, das Symptom des »Prätraumas« zu entwickeln – nicht die gängige Posttraumatische Belastungsstörung, bei der Menschen an früheren Wunden leiden, sondern vielmehr »die Angst vor einem künftigen schrecklichen Ereignis ähnlicher Art«. Unsere Kultur als Ganzes, legt Kaplan nahe, entwickle heute ein Prätrauma. Je mehr Film, Fernsehen, Literatur und Journalismus durch die schleichende Erkenntnis beeinflusst seien, dass ein katastrophaler Klimawandel bevorstehe, desto eher stellten die Verbraucher:innen der Populärkultur »eine prätraumatisierte Bevölkerung dar, die mit dem Gefühl einer unsicheren Zukunft und einer unzuverlässigen natürlichen Umwelt lebt«. Der Protagonist des Films, von dem das Bild auf dem Umschlag stammt, hat eine Reihe an Albträumen und heftigen Halluzinationen von Monsterstürmen, versinkt in einer Angstspirale und geht auf seine Freunde los: »Es wird einen Sturm geben, einen wie ihr ihn noch nie erlebt habt, und nicht einer von euch ist darauf vorbereitet.« Insofern dieses wachsende Genre also von der Zukunft besessen ist, dann allein, so Kaplan, aufgrund eines »Bewusstseins für eine traumatische Vergangenheit«, die uns schon von vornherein mit schlechten Karten für die Zukunft ausgestattet hat.[29] Diese Vergangenheit, gegen die per Definition nichts mehr unternommen werden kann, ist der Ursprung des künftigen Sturms.

Vergleichen wir das nun mit Jamesons Diagnose der Postmoderne als Zustand des synchronen Raums ohne Zeit und ohne Natur. Innerhalb des Klimawandels herrscht keinerlei Synchronizität. Mehr als je zuvor bewohnen wir das Diachrone, das Diskordante, das Unvollständige: die Hunderte Millionen von Jahren alten fossilen Energieträger, die über die letzten beiden Jahrhunderte gefertigte Massenverbrennung, das extreme Wetter, das sich daraus bereits entwickelt hat, der Weg in eine Zukunft, die unendlich viel extremer sein wird – es sei denn, es wird genau *jetzt* etwas dagegen unternommen –, der Schweif gegenwärtiger, sich in die Ferne ausdehnender Emissionen ... Die Geschichte steht wieder in voller Blüte, und zwar aufgrund einer Natur, die ebenfalls wieder zu sich findet. Zwar befinden wir uns noch in einem sehr frühen Stadium, doch weisen bereits unser Alltag, unsere psychischen Erfahrungen, unsere kulturellen Reaktionen und selbst unsere Politik Anzeichen auf, dass wir von planetarischen Kräften in das Loch der Zeit zurückgesaugt wurden und die Gegenwart sich gleichermaßen in Vergangenem und Zukünftigem aufzulösen beginnt. Die Postmoderne scheint von ihrer Antithese heimgesucht zu werden: Ein Zeit- und Naturzustand erobert immer mehr Raum. Nennen wir das den *Erwärmungszustand*.

Die Geschichte, die im Erwärmungszustand wiederkehrt, ist nicht von beschwingter modernistischer Art, kein überquellender Strom an Ereignissen, die durch Zweck und Richtung miteinander verbunden sind, und auch alles andere als ein Zug, auf den man aufspringt: Vielmehr ist sie eingefroren. Und genauso wenig kehrt die Natur als jene intakte Vielfalt wieder, wie sie Jameson in den Zwischenräumen der Moderne ausfindig gemacht hat: Eher noch scheint sie zu schmelzen. Nichtsdestotrotz handelt es sich dabei allem Anschein nach um Geschichte sowie um Natur, und es sieht so aus, als ob die Gesellschaft darunter allmählich zu straucheln beginnt, womit noch lange nicht gesagt sein will, der Erwärmungszustand konstituiere eine totale »kulturelle Logik« in Jamesons Sinne. Denn ungeachtet der Climate Fiction (oder Cli-Fi) in Film und Literatur lässt sich argumentieren, dass ein Großteil der Kultur nach wie vor die Tatsachen globaler Erwärmung *ignoriert* und dass das eigentliche Kennzeichen der Gegenwart die *Leugnung* ist, die sich von der alltäglichen Unterdrückung des Wissens darüber, was vor sich geht, über die Topografien des sozialen Lebens bis hin zu jenem Mann erstreckt, der im November 2016, gerade als die arktischen Temperaturen alles in den Schatten stellten, die Präsidentschaftswahl in den USA gewann. Was die Politik in den entwickelten kapitalistischen Ländern anbelangt, so wird der Klimawandel völlig von Fragen der Einwanderung und erstarkendem Nationalismus überschattet. Ein paar Worte zu dieser Prioritätenabfolge wollen wir uns für später aufheben. Was jedoch die Palette an kulturellen Ausdrucksformen angeht, wäre es eine schwierige Aufgabe zu zeigen, dass der Klimawandel die Art, wie wir schreiben, kommunizieren, bauen, planen, schauen und imaginieren, dermaßen grundlegend verändert, wie es laut Jameson die Postmoderne getan hat. Denn die postmoderne Blase platzte nicht einfach, als sie mit den steigenden Temperaturen in Berührung kam – im Gegenteil erweist sie sich als äußerst widerstandsfähig und immer weiter aufblasbar.

Das Zeitalter des allgegenwärtigen Bildschirms kann selbstverständlich als die höchste Stufe der Postmoderne betrachtet werden, als ein stetig wachsendes Spiegelkabinett, in dem sich, frei von jeglichem Außen, Schatten, Gedächtnis und jedweder langfristigen Erwartung, beleuchtete Oberflächen gegenseitig reflektieren. Permanente Konnektivität setzt »die kapitalistische Endzeitvision eines Posthistoire« um, schreibt Jonathan Crary in seinem scharfzüngigen Buch *24/7. Schlaflos im Spätkapitalismus*: Darin zeigt sich die Vollendung einer homogenen Gegenwart, ein Raum, in dem die Vergangenheit ausgelöscht wurde und alles auf Abruf unverzüglich zugänglich ist. Nicht nur negiert dieser Raum natürliche Rhythmen, etwa das Bedürfnis nach Schlaf; er bietet zugleich ein klösterliches Leben abseits der neuen *temps*. »Je mehr man sich mit den elektronischen Surrogaten des physischen Selbst identifiziert, desto mehr scheint man seine persönliche Freiheit gegenüber dem planetarisch voranschreitenden Biozid zu beschwören.«[30] Das heißt, je mehr man sich in den virtuellen Kokon zurückzieht, desto mehr sondert man sich von den Dingen ab, die in der Natur geschehen. Sollte diese Einschätzung zutreffen, und sollten die elektronischen Immersionstechnologien weiterhin Fortschritte machen, was gewiss zu sein scheint, dann wird der postmoderne Zustand durchaus weiterhin in der Lage sein, sein Territorium zu verteidigen und sogar auszuweiten.

Es fällt schwer, die Plage, die im Sommer 2016 auf die westliche Welt niederging, nicht als mustergültigen Beleg dieses Umstands zu verstehen. Es gab Momente, in denen man keinen Abendspaziergang durch einen Park machen konnte, ohne das Gefühl zu bekommen, dass nahezu jede:r – mit ausdruckslosem Gesicht, den Blick aufs Handy geheftet – umherirrte, auf der Jagd nach einem Ziel, das allein im virtuellen Raum existierte. Wie viele Wanderungen wurden auf diesem sich erwärmenden Planeten nun auf der Suche nach Pokémons unternommen, auch in New York und anderen von steigenden Meeren bedrohten Städten? Selten war der Zustand des digitalen Lebens – eine Sphäre ohne Zeit und ohne Natur – so weit in den öffentlichen Raum vorgedrungen, dass selbst Märsche, Massenanstürme, Zusammenkünfte und andere Formen kollektiver Pseudoaktionen losgetreten wurden, nur aus Freude daran, in der Welt zu sein, ohne tatsächlich an ihr teilzuhaben. Unter dem dichten, an Theodor W. Adorno angelehnten und entsprechend düsteren Titel »Media Moralia. Reflections on Damaged Environments and Digital Life« schreibt Andrew McMurry, dass »die neue Medienökologie hereinplatzt, um die Leere zu füllen, die die alte Natur hinterlassen hat«. Indem er dem »Schlafwandeln« neue Bedeutung verleiht, sei der postmoderne Zustand, Schritt haltend mit der Erwärmung, tiefer als je zuvor in das Denken eingesickert. »Die Außenwelt«, also der Ort, an dem die Erwärmung stattfinde, fährt McMurry fort, »ist mittlerweile zweifelhaft, größtenteils irrelevant und, sofern sie überhaupt noch wahrgenommen wird, nur von fern auszumachen«: Zwischen ihr und uns liegen die undurchdringlichen »Schleier« der digitalen Medien.[31] Oder in den Worten von Kae Tempest: »Wir starren auf den Bildschirm / so müssen wir nicht sehen, wie unser Planet stirbt.«[32]

Doch auch wenn der postmoderne Zustand in seinem digitalen Stadium in der Lage ist, Menschen in vergeistigte Kleidung zu stecken, die sie davor schützt, mit dem Biozid in Kontakt zu geraten, entgeht er dennoch nicht dem Kampf mit einem Furcht einflößenden Gegner. Denn dem Erwärmungszustand steht ein ganzes Set an biogeochemischen und physikalischen Gesetzen zur Seite. Diese tragen dazu bei, dass seine Übergriffe immer häufiger und stärker werden; liegt es schließlich in der Naturgewalt des Prozesses, dass dem Klimawandel die Tendenz eingeschrieben ist, so gut wie alles andere zu verschlimmern und zu überschwemmen. Ob auf einem um sechs Grad Celsius wärmeren Planeten jedoch noch viele Menschen Augmented-Reality-Spiele spielen werden? Und ist nicht gerade die Verleugnung, insbesondere in ihrer unterdrückenden und zwanghaften Ausgestaltung, eine gegensinnige Affirmation, in der sich ausdrückt, dass das Ding, um das es geht, vorhanden ist, und zwar überall, nur knapp unterhalb der Oberfläche, eine beunruhigende Präsenz im kollektiven Unterbewusstsein – womöglich ist die Erderwärmung, um einen weiteren Begriff von Jameson zu verwenden, ein politisches Unbewusstes, das die Kultur schon längst durchzieht. Womöglich sind deren unerträgliche Implikationen an sich bereits genügend Anreiz, um sich in so etwas wie eine erweiterte Realität zu flüchten. Was es auch sein mag – und wir werden auf das Phänomen der Leugnung noch zu sprechen kommen –, sobald der Klimawandel ins Bewusstsein sickert, geht damit die Erkenntnis einher, dass *mehr und weitaus Schlimmeres noch folgen wird.* Denn letztlich richtet der Erwärmungszustand, gleich der Frau auf dem Cover von *Climate Trauma*, seinen Blick in Richtung Zukunft. Er wird sich bemerkbar machen. Sollte die Postmoderne also ein Missstand aus Amnesie und Verdrängung sein – als wären Zeit und Natur tatsächlich verschwunden –, dann könnten wir den Erwärmungszustand als die *Realisation* – im doppelten Wortsinn – einer grundlegenderen Krankheit oder eines Unrechts auf Erden betrachten.

Drei mögliche Verläufe konkurrieren derzeit darum, wie diese Realisation aussehen soll. Erstens: Das business as usual läuft weiterhin Amok, die Ziele 1,5 und zwei Grad Celsius werden verfehlt, die Temperaturen steigen innerhalb dieses Jahrhunderts Richtung drei-, vier-, sechsgradiger Erwärmung, und die materiellen Grundlagen für die menschliche Zivilisation zerfallen nach und nach. Zweitens: Die Fossilwirtschaft wird zerschlagen, vorzugsweise innerhalb weniger Jahrzehnte, die Erwärmung verlangsamt sich und lässt schließlich nach, sodass die Zivilisation weiter voranschreiten kann. Oder drittens: Es kommt zum Geo-Engineering. Zwischen- sowie Mischformen sind denkbar – besonders die Kombinationen aus zwei und drei oder eins und drei –, doch die ungeheuren Kräfte, die im

Erdsystem freigesetzt wurden, sowie der langfristige Aufschub ernst gemeinter Schadensminderung schließen einen reibungslosen Ablauf hin zu erneuerter Klimastabilität mittlerweile aus. Der Zeitraum für gemäßigte Resultate und halbe Sachen ist kleiner geworden. Für den Fall, dass der zweite Pfad mit maximaler globaler Entschlossenheit eingeschlagen würde und es dadurch gelänge, die schlimmsten Szenarien zu verhindern, müssten die Transformationen technologischer, ökonomischer, politischer sowie kultureller Art derart umfassend sein, dass dem Klima zumindest für einige Zeit all das, was an menschlichem Leben noch vorhanden wäre, unterzuordnen wäre – zumindest so lange, bis die Klimadestabilisierung zur fernen Erinnerung würde. Genau diese Logik steckt hinter Naomi Kleins »Dies ändert alles«-Theorem, ganz gleich, welcher Realisationsverlauf auch eingeschlagen werden mag.

Selbstverständlich stellt die Erderwärmung nur eine der Facetten des Biozids dar, aber unter all den andauernden Umweltkrisen wohnt gerade ihr eine besondere innere Triebkraft und das Potenzial zur allgemeinen Zerstörung inne. Mit ihrer Angewiesenheit auf vergangene und zukünftige Bezüge widerspricht ihre zeitliche Logik geradewegs der hyperspatialen Postmoderne. Sie repräsentiert die auf die Gesellschaft einprasselnde Geschichte und Natur und färbt dadurch die Wahrnehmung. Eine Theorie für die Gegenwart sollte sich daher auf die Erderwärmung als eine sich entfaltende Tendenz einschießen und lernen, der Spur zu folgen, die dieser Sturm zieht. Sie sollte dem sich abzeichnenden Zustand und den grundlegenden Parametern für das Handeln darin gründlich auf den Zahn fühlen: zunächst etwa, indem sie fragt, was diese Natur ist, die da gerade zurückkehrt? Verdient sie diesen Namen überhaupt noch? Ist sie nicht bereits derart mit Kultur vermengt, dass ebendieser Begriff sich nicht mehr länger für sie eignet? Und wenn es sich tatsächlich noch um Natur handelt, was ist passiert, dass sie diese entsetzliche Gestalt annahm? Wer oder was hat dieses Sturmsystem aufgepeitscht – die Kräfte der Materie, der Menschheit oder irgendein Bindeglied, das die beiden verschmolzen beziehungsweise auseinandergerissen hat? Und auf welchem Weg ist die Geschichte bis in etwas wie das Klima des gesamten Planeten vorgedrungen, das doch einst als überzeitlich galt?

Als großer Vermenger und Eindringling fegt der Klimawandel zwischen den beiden traditionellerweise als »Natur« und »Gesellschaft« bezeichneten Bereichen hin und her. Da trifft es sich ganz gut, dass die zeitgenössische Theorie gerade intensiv mit dieser eskalierenden wechselseitigen Durchdringung beschäftigt ist und am laufenden Band Bücher, Artikel, Sonderausgaben produziert und Konferenzen sowie wissenschaftliche Tagungen aller Art veranstaltet zu einigen entscheidenden allgemeinen Fragen: Was in aller Welt ist dieses Ding namens Natur? In welcher Beziehung steht sie zur Gesellschaft? Wer sind die eigentlich mächtigen Akteur:innen in dem Drama, das die beiden miteinander verwebt; wie knüpft der Mensch an materielle Objekte an; sind es Technologien oder Verhältnisse, die die Fäden in den Händen halten; was konstituiert eine ökologische Krise; was können wir jemals über all diese Dinge wissen? Hierbei lassen sich verschiedene Formen des Konstruktionismus, der Akteur-Netzwerk-Theorie, des Neuen Materialismus, des Posthumanismus, der Metabolischen-Riss-Theorie, des Kapitalismus als Weltökologie und eine Unzahl weiterer konzeptioneller Denkansätze ausmachen, die sich mit der Verwicklung von Gesellschaftlichem und Natürlichem auseinanderzusetzen versuchen. Kann aber eine dieser Formen Orientierung bieten für den Weg, den der Sturm nehmen wird? Dieses Buch macht sich daran, ein paar jener Theorien zu überprüfen, die angesichts des Klimawandels am Kreuzungspunkt Natur/Gesellschaft zirkulieren.

Nun mag Theorie nicht unbedingt als die dringlichste Unternehmung in einer sich erwärmenden Welt erscheinen. Man wird das Gefühl nicht los, dass die einzig sinnvolle Aufgabe momentan darin besteht, alles andere auf sich beruhen zu lassen und die Verbrennung fossiler Energieträger physisch zu unterbinden, die Luft aus den Reifen zu lassen, die Landebahnen zu blockieren, die Plattformen zu belagern und in die Minen vorzudringen. Tatsächlich liegt der einzige Nutzen von Donald Trumps Wahlsieg darin, dass er die letzten noch verbliebenen Illusionen zerstreut hat, etwas anderes als ein organisierter, kollektiver, militanter Widerstand hätte auch nur ansatzweise eine Chance, die Welt irgendwo anders hin als kopfüber, mit maximaler Geschwindigkeit, in den kataklysmischen Klimawandel hineinzustoßen. Denn gesagt wurde doch schon alles; jetzt ist es Zeit für die Konfrontation. Dieses Buch will keine Argumente zur Beschwichtigung derartiger Impulse liefern. Es wurde jedoch in der Überzeugung geschrieben, dass manche Theorien die Situation verständlicher machen können, während andere das Verständnis trüben. Denn dem Handeln ist weiterhin am besten mithilfe konzeptueller Karten gedient, auf denen die kollidierenden Kräfte mit größtmöglicher Genauigkeit verzeichnet sind, nicht mittels verschwommener Diagramme und diffusem Denken, woran, wie wir sehen werden, keinerlei Mangel herrscht. Theorie kann Teil des Problems sein. Wenn in einer sich erwärmenden Welt alles der Reevaluierung preisgegeben ist, muss das zwangsläufig auch für die Theorie gelten: Auch sie wird zur Rechenschaft gezogen, muss ihre Relevanz beweisen und ihre Beteiligung offenlegen, selbst wenn manche ihrer Produzent:innen sowie Konsument:innen nie in Betracht ziehen würden, sich an einer direkten Aktion gegen fossile Brennstoffe zu beteiligen.

Dieses Buch ist nicht das erste, das zu dieser Auseinandersetzung drängt; wie wir sehen werden, kommen die zu betrachtenden Theorien langsam überein, dass die Frage nach dem Klimawandel ihr gemeinsamer Prüfstein sein wird, eine Frage, die jede Theorie beantworten muss, um sich zu bewähren.[33] Daran anschließend erst lassen sich ein paar spezifischere Kriterien aufstellen. Eine adäquate Theorie sollte in der Lage sein, das Problem als ein *geschichtliches* zu begreifen, als eines, das durch den Wandel der Zeit – die Geburt und fortwährende

Expansion der fossilen Ökonomie – aufgekommen ist und in deren Verlauf zu Veränderungen beigetragen hat. Sie sollte den Sinn hinter dem Akt des Ausgrabens und Anzündens fossiler Brennstoffe ausmachen können. Selbst eine innerhalb des kapitalistischen Landesinneren formulierte Theorie sollte nicht zuletzt dem Umstand Rechnung tragen, dass die globale Erwärmung eingangs gerade dort vor Anker geht, wo der Modernisierungsprozess noch nicht abgeschlossen ist. Menschen, denen es an den grundlegendsten Annehmlichkeiten fehlt, die es sich nicht leisten können, sich innerhalb eines Spiegelkabinetts einzurichten, die weiterhin von jener Art Natur leben, die Jameson durch die amerikanischen Städte der 1980er ausgetilgt vorfand, stehen als Erstes in der Schusslinie. Die meisten der aus den steigenden Meeren gefischten Leichen sind die ihren.

Einem Ort wie New York City ist es möglich, sich von einem Sturm zu erholen und den Blick wieder auf die Bildschirme zu richten, wohingegen sich dem Erwärmungszustand auf den Philippinen nur schwerlich die kalte Schulter zeigen lässt. Daher auch die oft vermeldeten Ergebnisse einer Umfrage des Pew Research Center aus dem Jahr 2015: 79 Prozent der Einwohner:innen von Burkina Faso gaben an, hinsichtlich des Klimawandels »sehr besorgt« zu sein, im Vergleich zu lediglich 42 Prozent der Japaner:innen, die sich weitaus größere Sorgen (72 Prozent) hinsichtlich des Islamischen Staats machten.[34] Burkina Faso wird in diesem Augenblick vom Klimawandel zerstört, Staub- und Sandstürme – vor Ort als »die roten Winde« bekannt – verschütten, was auf dem von immer unregelmäßigeren Regenfällen verdorrten Land an Nutzpflanzen noch erhalten ist.[35] Beharrlich zeigt sich das Motiv größerer Besorgnis in den Entwicklungsländern. Das Bruttoinlandsprodukt korreliert negativ mit diesem Gefühl: Menschen in Ländern wie Brasilien oder Bangladesch neigen in einem viel höheren Maße als ihre Mitmenschen in den USA oder in Großbritannien dazu, das Problem als *höchst gravierend* einzuschätzen, auch wenn das Unbehagen im Land selbst wiederum bestimmt genauso stratifiziert ist.[36] Der Erwärmungszustand als eine doppelte Realisation stellt sich zunächst innerhalb jener Massen ein, die ohnehin über kein nennenswertes Eigentum verfügen und überwiegend an den Peripherien der kapitalistischen Weltwirtschaft zu finden sind. Es handelt sich um eine Binsenweisheit, dass die menschliche Verfassung sich in ihrer konzentriertesten und verhängnisvollsten Form innerhalb der Massen ausdrückt: Gerade deshalb sollte jede Theoretisierung ihre Antennen auf sie ausrichten. Ein Ereignis wie Hurrikan Sandy ist deshalb so bedeutsam, weil es das Signal bis vor die eigene Haustür übermittelt.

Was, außer bloße Verzweiflung, kann dann aber durch eine Theorie für den Erwärmungszustand überhaupt angeregt werden? Anders ausgedrückt: Wenn sowohl die 1,5-Grad-Celsius- als auch die 2-Grad-Celsius-Leitplanken durchbrochen worden sind, sollten wir nicht einfach zu dem Schluss kommen, dass der Sturm unkontrollierbar wütet und wir genauso gut Däumchen drehen könnten? Nein. Zuallererst sollten wir den Schluss daraus ziehen, dass der Bau eines neuen Kohlekraftwerks oder der fortgesetzte Betrieb eines alten, all die Ölbohrungen, der Ausbau eines Flughafens oder die Planung einer Autobahn mittlerweile eine irrationale Gewalttat darstellen. Vieles spricht dafür, dass es sich bei der großflächigen Verbrennung fossiler Energieträger seit jeher um Gewalt gehandelt hat, fügt sie anderen Menschen und Arten schließlich Schaden zu, und dass sie, seitdem die klimawissenschaftlichen Grundlagen weitgehend bekannt sind, jedweder Vernunft zuwiderläuft. Sobald aber die Temperaturen um 1,5 Grad Celsius gestiegen sind oder ein Meeresspiegelanstieg von mehreren Metern in das Erdsystem geschleust worden ist, ist das nie gekannte, wahnwitzige Aggressionsmaß der Verbrennungen schlicht nicht mehr zu leugnen. Fiel die Auflehnung gegen fossile Brennstoffe bisher eher dürftig aus, so sollte sie nun erbittert betrieben werden: *Selbst nach all dem gebt ihr nicht auf.* Der Kampf besteht darin, die Verluste zu minimieren und die Überlebenschance zu maximieren. Was damit ganz konkret zu erreichen sein wird?

Zu dieser Frage werden wir gegen Ende nur ein paar sehr kurze und vorläufige Überlegungen anstellen können. Vorerst aber wollen wir von der Prämisse ausgehen, dass jede sich mit dem Erwärmungszustand befassende Theorie den Kampf um Klimastabilisierung – mit der Zerstörung der Fossilwirtschaft als dem notwendigen ersten Schritt – als ihren praktischen, wenn auch nur ideellen Bezugspunkt festzusetzen hat. Denn erst dadurch wird der Weg frei sein für Handlungen und Widerstand.

KOHLEFUND AUF LABUAN

Um nun aber die Gegenwart zu theoretisieren, bedarf es eines Bilds der auf ihr lastenden Vergangenheit.

Im zweiten Viertel des 19. Jahrhunderts setzte das Britische Imperium Dampfschiffe ein, um seine Gebietshoheit weiter auszudehnen und die Aneignung von Ressourcen aus der ganzen Welt zu beschleunigen. Diese Schiffe benötigten Kohle. Daher wurden Akteure der kaiserlichen Maschinerie – Offiziere, Ingenieure, Kaufleute – angewiesen, überall dort nach Kohleflözen Ausschau zu halten, wo sie auf Land treffen würden, etwa auf Borneo, wo 1837 ein Missionar auf ein paar Ausstriche stieß. Seine Entdeckung löste einen Ansturm auf das schwarze Gold dieser weit abgelegenen, jedoch geradewegs auf der Strecke zwischen Indien und China liegenden Insel aus, die das Potenzial zum Treibstoffdepot für Dampfboote barg, die nun die Küsten ebenjener Länder frequentierten. Die Reserven, die die größte Neugier entfachten, befanden sich auf einer kleinen Insel namens Labuan. Vor der nördlichen Spitze Borneos als besonders gut geeigneter Anlaufhafen gelegen, war Labuan von üppigen Tropenwäldern bedeckt, inmitten derer sich dicke Kohleadern fanden.[37]

Der Kapitänleutnant der Royal Navy, der die Expedition leitete, stellte die Szene später in einer Lithografie dar. Darauf

sind zwei schwächliche *weiße* Männer abgebildet, die auf ein Kohleflöz deuten, das zwischen hohen Bäumen und einem Fluss hervorragt. Der Mann in der rechten Ecke trägt die Uniform eines Offiziers der Royal Navy: Er repräsentiert die Militärmacht, mit der das Empire in diesem Dschungel gelandet war. In einer eigentümlich aufrechten Haltung, den Blick in Richtung des Offiziers gewandt, gestikuliert der andere Mann an der Fundstelle ungestüm und enthusiastisch; höchstwahrscheinlich malt er sich die Kohle als Quelle des Glücks aus, ein Material, das sein Unternehmen gewinnen und an Dampfschiffe verkaufen kann, nicht zuletzt an die von der Navy betriebenen.[38] Die Szene strahlt freudige Erregung aus, begleitet von einem Gefühl der Überlegenheit und des Anspruchs auf Eigentum. Sie erfasst jenen Moment, in dem ausländische Küsten integriert wurden in die fossile Ökonomie – bei der es sich um eine eindeutig britische Erfindung handelt, die am einfachsten als eine Ökonomie des selbsterhaltenden Wachstums definiert werden kann, die auf dem zunehmenden Verbrauch fossiler Brennstoffe und damit einhergehend auf einem anhaltenden Wachstum der CO_2-Emissionen beruht.[39] Nie zuvor war die Kohle von Labuan mit derartigen Bestrebungen in Verbindung gebracht worden. Die einheimische Bevölkerung wusste zwar von diesem Rohstoff, hatte ihn aber weitgehend unberührt gelassen: Erst mit der Landung der Briten wurde die Kohle in einen Kreislauf eingegliedert, der sich durch ihre Verbrennung immer weiter auszudehnen begann.

Am Anfang ruhten die Brennstoffe still und starr in der Erde; dann trat jemand ins Bild und begann, sie in der Hoffnung auf Profit und Macht abzubauen. In dieser Hinsicht liefert die Lithografie ein Urbild* der Fossilwirtschaft. Es ist, wenn man so will, das Bild des Sündenfalls (und abwärts, gleich einem Sturz in einen Erdschacht hinein, verläuft auch die Bewegung dieser Wirtschaft). Die unzähligen Wiederholungen eines solchen Aktes während der letzten beiden Jahrhunderte prägen die bezwungene Zeit, die jetzt vom Himmel herabregnet. Wie aber lässt sich dieser Prozess verstehen?

* Deutsch im Original (Anm. d. Ü.).

1

Über den Bau der Natur. Wider den Konstruktivismus

EIN GEHÖRIGER FALL VON MISERABLEM HISTORISCHEM TIMING

In *Die Entscheidung. Kapitalismus vs. Klima* stößt Naomi Klein auf ein »miserable[s] historische[s] Timing«: Gerade als das Ausmaß der globalen Erwärmung Wissenschaftler:innen aufschrecken ließ und deren Forderung nach einem drastischen Kurswechsel lauter zu werden begann, verabschiedeten die unter neoliberalem Einfluss stehenden Regierungen die Idee, in den sich selbst regulierenden Markt einzugreifen.[1] Dem lässt sich ein weiterer Fall zeitlicher Übereinstimmung zur Seite stellen: Gerade als die Biosphäre anfing, Feuer zu fangen, zog sich die Gesellschaftstheorie immer weiter vor der verstaubten Materie in die ungetrübte Luft ihrer textlichen Welten zurück. Die Einleitung zu einer dem Klimawandel gewidmeten Ausgabe von *Theory, Culture and Society* verzeichnet daher ein jähes Erwachen: »Die Welt der Kultur und Virtualität hat ihresgleichen gefunden. Die materielle Welt spielt allem Anschein nach doch eine Rolle und kann ›zurückbeißen‹.«[2] Eine im Cultural turn verstrickte Gesellschaftstheorie war dem Wandel des Klimas allzu lange schon mit der Weigerung begegnet, dessen Realität außerhalb des Diskurses anzuerkennen – ganz zu schweigen davon einzugreifen –, und erwies sich somit als nicht weniger unvorbereitet als die Regierungen. Kein Wunder also, dass sie die Augen auch weiterhin verschlossen halten wollte.

Als sich die CO_2-Konzentration in der Atmosphäre bereits der 400-ppm-Marke näherte, machten sich postmoderne Philosoph:innen gerade für die Ansicht stark, Historiker:innen täten wenig mehr, als Bilder der Vergangenheit zu erfinden. Die wirkliche Vergangenheit, so behauptete etwa Keith Jenkins, »findet nicht tatsächlich, sondern lediglich rhetorisch Eingang in die Geschichtsschreibung«. Sobald die Historikerin vorgebe, Ereignisse zu vermitteln, tue sie nichts anderes, als eine leidenschaftliche, mit ein paar handverlesenen Daten verzierte Rede zu halten. Alle Interpretationen der Vergangenheit seien »fabriziert«, »erfunden«, »metaphorisch«, »selbstreferenziell« – ohne Grundlage außerhalb ihrer selbst – und folglich gleichermaßen valide. Der einzige Grund für die Bevorzugung einer Deutung vor einer anderen liege im persönlichen Geschmack.[3] In seiner bereits klassischen Widerlegung einer solchen Geschichtsschreibung, *Fakten und Fiktionen. Über die Grundlagen historischer Erkenntnis*, führt Richard J. Evans Auschwitz als ein unanfechtbares Exempel an; *mutatis mutandis* können wir erwarten, von der globalen Erwärmung ähnlich Gebrauch zu machen. Um Evans zu paraphrasieren: Die globale Erwärmung ist kein Diskurs. Sie als Text anzusehen bedeutet, das Leid, das sie hervorbringt, zu verharmlosen. Die erhöhten Temperaturen sind keine rhetorische Figur. Die Erderwärmung an sich ist bereits eine Tragödie und lässt sich weder als Komödie noch als Posse ansehen. Wenn das nun für die globale Erwärmung gilt, dann muss es aber auch für andere Aspekte der Vergangenheit gelten, für andere Ereignisse, Institutionen und Menschen, jedenfalls in einem gewissen Grad.[4]

Eine unumstößliche Prämisse postmoderner Geschichtsphilosophie lautet: Die Vergangenheit liegt ein für alle Mal hinter uns und lässt sich für die sensuelle Wahrnehmung nicht mehr wiedergewinnen. Historiker:innen haben lediglich Zugang zu Scherben und Fragmenten, die nur rein zufällig den

Flammen der Zeit entkommen sind, und ihre Darstellungen der Vergangenheit können nicht für bare Münze genommen werden. Betrachten wir an dieser Stelle noch einmal das Bild der beiden Briten im Regenwald von Labuan. Wie können wir darauf vertrauen, dass die abgebildete Szene, die angeblich irgendwann einmal in der Realität stattgefunden haben soll, korrekt wiedergibt, was einst vorgefallen ist? Aus dieser skeptischen Haltung heraus – das Handwerkszeug der Historiker:innen, wie oftmals betont wurde – ziehen Postmodernist:innen den exzentrischen Schluss, dass Dokumente wie jenes Bild keineswegs als Schlüsselloch in die tatsächliche Vergangenheit dienen, schließlich seien sie durchdrungen von der Macht eines Diskurses, der die Sicht blockiere. Und gewiss, das Bild wird von einer ganzen Reihe diskursiver Konstrukte überlagert: In jungfräulicher Natur nehmen sich *weiße* Männer heraus, was ihnen zusteht, und beschreiten, gewillt das Chaos zu bändigen, den Pfad des Fortschritts, den »die Wilden« vernachlässigt haben. Gleichzeitig aber scheint es, als beruhe das Bild doch auf einem materiellen Substrat. Zumal wir allen Grund zu der Annahme haben, dass es sich nicht nur auf andere Bilder – von Männern, Natur, Fortschritt, Herrschaft – bezieht, sondern ebenso auf eine tatsächliche Identifizierung der Kohleflöze auf Labuan durch Repräsentanten des Britischen Imperiums.[5] Einen dieser Gründe bildet die Erderwärmung selbst. Wenn die Temperatur der Erde steigt, muss es daran liegen, dass sich in der Vergangenheit unzählige Szenen wie jene im labuanischen Wald abgespielt haben, denn: »Die Ursachen realer Wirkungen können nicht unwirklich sein.«[6] Die derzeitige Erwärmung legt nahe, dass sich weder Kommandanten der Royal Navy noch neuzeitliche Historiker:innen all die Berge an Beweisen über die vergangenen Verbrennungen fossiler Energieträger ausgedacht haben können. Im Gegenteil – die fossile Ökonomie muss schon lange Zeit vorhanden gewesen sein, bevor sie als historische Entität, unabhängig jeglicher Vorstellungen von ihr, in Erscheinung getreten ist, andernfalls würden wir nicht auf diesem sich erwärmenden Planeten leben. Eine generalisierte Verleugnung der wirklichen Vergangenheit würde bloß sicherstellen, dass sich die Geschichte dieser Wirtschaft nicht oder lediglich als frei flottierende Fiktion schreiben ließe, was uns schwerlich von Nutzen sein dürfte.

So wie die globale Erwärmung lediglich ein weiterer, besonders dringlicher Grund ist, mit dem neoliberalen politischen Paradigma zu brechen, so scheint sie auch nur ein weiterer Nagel im Sarg des Antirealismus zu sein. Denn postmoderne Verleugnung lässt sich schwer totkriegen. Ein Großteil der Gesellschaftstheorie bestreitet nach wie vor nicht nur die Faktizität der Vergangenheit, sondern auch jene der Natur. In dem Buch *Making Sense of Nature. Representation, Politics and Democracy* etwa, das Forschungsarbeiten mehrerer Jahrzehnte zusammenfasst, schließt sich Noel Castree zunächst der sachlichen Definition an, Natur sei das, was der menschlichen Handlungsmacht vorausgehe und selbst dann noch Bestand habe – wenn auch in veränderter Form –, wenn sich menschliche Akteur:innen an ihr zu schaffen gemacht hätten,[7] nur um im nächsten Schritt dazu überzugehen, die Verwerfung ihrer Existenz vehement einzufordern. Da es nämlich dermaßen viele Weisen gebe, über Natur nachzudenken, dermaßen viele verschiedene ihr zugeschriebene Bedeutungen, dermaßen viele einflussreiche »epistemische Gemeinschaften« – einschließlich Geograf:innen wie Castree selbst –, die mit der Repräsentation der Natur ihren Lebensunterhalt verdienten, eine dermaßen lange Tradition, Menschen mittels fadenscheiniger Bezugnahmen auf sie zu regieren, könne Natur letztlich »nicht ›dort draußen‹ existieren (oder ›hier drinnen‹, in uns), darauf wartend, verstanden zu werden«, losgelöst von einem Bewusstsein, bereit, erfahren zu werden. »Dementsprechend halte ich ›Natur‹ für eine besonders wirkmächtige Fiktion.« Oder: »Natur existiert nur, solange wir kollektiv an ihre Existenz glauben« – sie »ist eine Illusion«, »allein das, wofür wir sie halten« – oder schlichtweg: »Es gibt keine Natur«.[8] Ihre Wirklichkeit beziehe sie allein aus ihrer Macht als Ausdruck des Diskurses.

In einer seiner ausgedehnten Fallstudien liest Castree die Broschüren eines Holzunternehmens sowie solche der Umweltschützer:innen, die in den 1980ern gegen die Pläne ebenjenes Unternehmens ankämpften, den Wald von Clayoquot Sound in British-Columbia zu fällen. Erstere schilderten den Wald als eine Ressource, die es zu ernten, Letztere als einen geschützten Lebensraum für Tiere, den es um seiner selbst willen zu verteidigen galt. Ob ihn dabei eine der beiden Seiten adäquater als die andere in Worte gefasst hat? Unmöglich zu sagen. Es gebe schließlich keine »bereits ontologisch *vorhandene* Entität, die auf verschiedene Weisen neu dargestellt werden konnte«, keine »›äußerliche Natur‹«, keinen Wald an sich vor seiner Beschreibung. Die Frage, ob Clayoquot Sound ein seltenes Ökosystem *sei*, habe demnach keinerlei Relevanz.[9] Jegliche Natur werde innerhalb der sozialen Welt konstruiert, und der eine Handlungsstrang sei genauso fiktiv wie der andere. Man gelange nicht hinter die Filter aus Ideen, hinter Affekte oder Projekte, um Stämme und Moose so zu berühren oder so zu riechen, *wie sie wirklich sind*.

Was aber heißt das für die globale Erwärmung? Castree bleibt seiner Linie hier treu: »Globaler Klimawandel ist eine *Idee*« – Hervorhebung im Original – »und nicht bloß eine Reihe an ›realen biophysikalischen Prozessen‹, die sich ungeachtet unserer Repräsentationen davon ereignen.«[10] Sprich: Die Erderwärmung verfügt über den ontologischen Status einer *Idee*. Wenn also die Dörfer in einem Tal Pakistans von einem Hochwasser weggeschwemmt werden, eine Population der Monarchfalter kollabiert oder Städten in Kolumbien aufgrund extremer Dürre das Wasser ausgeht, handelt es sich nicht um einen realen biophysikalischen Prozess, sondern um eine Idee, die Wirkung zeigt. Um den Klimawandel aufzuhalten, müsste diese Idee also lediglich verworfen werden. Vielleicht könnten wir sie sogar einfach gegen globale Abkühlung eintauschen. Wenn wir Castree beim Wort nehmen – Klimawandel stellt keinen Prozess innerhalb der biophysikalischen Realität dar, der ungeachtet unserer Vorstellungen davon stattfindet, sondern eine Erfindung des menschlichen Bewusstseins: Nichts anderes ist Natur –, gelangt man zwangsläufig zu diesen Schlussfolgerungen. Es erscheint unwahrscheinlich, dass er sich dafür starkmachen würde, was nahelegt, dass sein Argument schlicht wenig Sinn ergibt und er einer banalen Form des epistemischen Trugschlusses, des »epistemic fallacy«, aufsitzt, der besagt: Gerade weil wir durch Messungen und Vergleiche, durch Konzepte und Ableitungen Kenntnis von der globalen Erwärmung erhalten, sind es diese Dinge, aus denen sie sich zusammensetzt.[11] Sollten wir nicht in der Lage sein, diesen Trugschluss zu verwerfen und zu bekräftigen, dass es auf Labuan tatsächlich Natur gab – nicht im Sinne einer Idee, sondern einer objektiven, außerdiskursiven Realität –, in der die Briten Kohle zur ebenfalls in der Natur stattfindenden Verbrennung fanden, was gleichermaßen reale Konsequenzen in der Zukunft nach sich zog, wären wir in einem schwerwiegenden methodischen Nachteil. Denn um dieses historische Phänomen zu verstehen, bedarf es augenscheinlich eines Realismus der Vergangenheit *als auch* eines Realismus der Natur.

Nun ist Castree bei Weitem nicht der Erste, der die Ansicht vertritt, Natur sei eine Fiktion. Im Jahr 1992, während der Blütezeit der Postmoderne, verkündete Donna Haraway, Natur sei »eine machtvolle diskursive Konstruktion«. Sie sei »eine Trope. Sie ist Figur, Konstruktion, Artefakt, Bewegung, Verschiebung. Die Natur kann nicht vor ihrer Konstruktion existieren«, ebenso wenig wie Organismen oder Körper, die erst diskursiv entstünden.[12] Dieser Gedanke bildete einen Eckpfeiler des Postmodernismus und hält sich – zumindest unter gewissen Akademiker:innen – selbst heute noch beharrlich. So behauptet Paul Wapner etwa in dem Buch *Living through the End of Nature. The Future of American Environmentalism*, Natur sei »keine selbst erhaltende Entität«, sondern »eine kontextualisierte *Vorstellung*«, »eine ideelle Leinwand«, »eine Projektion kultureller Übereinkünfte«, »eine soziale Konstruktion« – eine Anschauung, die er für gleichermaßen »solipsistisch« wie »zwingend« hält.[13] Wir werden noch über viele solcher Fälle stolpern.

Dass eine derart weltfremde Doktrin im Zeitalter der globalen Erwärmung Bestand haben kann, muss als bemerkenswert erachtet werden. Umso mehr, als sie sich verheerenden Gegenargumenten ausgesetzt sieht.[14] Der Umstand, dass alle möglichen Ideen über die Natur in dem und um das menschliche Bewusstsein herumwirbeln, rechtfertigt jedoch noch lange nicht den Schluss, diese ließen sich nicht von ihrem Gegenstand unterscheiden: Als Angelegenheit sind Naturkonzeptionen selbstverständlich kulturell bedingt, doch heißt dies nicht, dass der Referent infolgedessen gleichermaßen konstituiert wird. Zehn Hirten können ganz unterschiedliche Porträts derselben Ziege zeichnen, was nicht zur Folge hat, dass die Ziege ein Gemälde ist. Wenn drei Wanderinnen mit voneinander abweichenden Eindrücken einen Berg hinuntersteigen – erstere fand es einen mühelosen Ausflug; die zweite ist hochschwanger und schaffte es nur mit großem Aufwand; die dritte ist vor allem von der Neuartigkeit des Schnees überwältigt –, schließen wir daraus nicht, dass sie drei verschiedene Berge erklommen haben müssen. Wir sind der Meinung, es handle sich um einen einzigen Berg, und dieser besitzt bestimmte Eigenschaften wie Höhe, Steigungsgrad und Schneedeckenmächtigkeit, die an sich existieren, unabhängig davon, wie sie von den Wanderinnen wahrgenommen wurden. Als menschliche Wesen können wir nicht sagen, was ein Sturm ist, ohne Sprache zu verwenden, aber das heißt nicht, dass der Sturm eine linguistische Entität ist oder aus Sprechakten besteht.[15]

Im Grunde handelt es sich um eine ziemlich banale Auffassung, Naturvorstellungen seien Produkte des sozialen Lebens – ist das doch schließlich bei allen Vorstellungen der Fall –, während die Behauptung, Natur entspräche diesen Vorstellungen und verändere sich ihnen gemäß, äußerst rätselhaft anmutet. Denn damit würde beispielsweise ausgesagt werden, dass die Sonne sich einst um die Erde gedreht und dann den Platz mit ihr getauscht hätte. Entweder der tatsächlich existierende Wald ist reich an wild lebenden Tieren oder nicht; entweder erwärmt sich die Biosphäre, oder sie tut es nicht – *wie* wir Wildtiere und Erwärmung *auffassen*, ist jedoch eine ganz andere Frage. Was Castree und andere ihm Gleichgesinnte vertreten, ist eine Form des Konstruktionismus der Natur. Obwohl diese der arglosen Erkenntnis entspringen dürfte, dass wir denken und sprechen, sobald wir über Natur denken und sprechen, versteigt sie sich zu der Behauptung, die Natur würde dadurch überhaupt erst konstruiert, käme durch unsere Vorstellungen in die Welt, und darüber hinaus existierte schlicht keine andere Natur.[16] Es handelt sich um einen Konstruktionismus der idealistischen, neu-kantischen, eindeutig postmodernen Sorte.[17]

Dieser Konstruktionismus scheint jedoch außerstande, zu jener Art von Theorie zu inspirieren, die wir so dringend benötigen. Schließlich steigen die Temperaturen nicht, weil Menschen über Kohle nachgedacht oder sich mentale Bilder von Autobahnen ausgemalt haben: Dadurch kommt es nicht zur Umweltzerstörung. »Kurzum«, um es mit der bemerkenswerten Formulierung Kate Sopers zu sagen, »es ist nicht die Sprache, die ein Loch in ihrer Ozonschicht hat«, kein Text, der sich aufheizt, »und das ›reale‹ Ding wird selbst dann noch verschmutzt und abgetragen werden, wenn wir unsere dekonstruktivistischen Erkenntnisse auf der Ebene des Signifikanten immer weiter verfeinern« – worauf manch Gesellschaftstheorie, sogar wenn sie vorgibt, sich eigentlich mit der Natur zu befassen, nach wie vor geradezu versessen scheint.[18] Wie aber würde eine alternative Sicht auf die Natur aussehen? In *What Is Nature? Culture, Politics and the Non-Human* – mit Abstand die geistreichste Auseinandersetzung mit dieser Frage, die je geschrieben wurde – gibt Soper folgende Antwort: Natur nennt man

> jene materiellen Strukturen und Prozesse, die unabhängig von menschlicher Aktivität bestehen (in dem Sinne, dass sie kein von Menschenhand geschaffenes Produkt sind), deren Stärken und kausalen Kräfte die notwendigen Bedingungen jeglicher menschlicher Praxis sind und die darüber entscheiden, welche mögliche Gestalt diese annehmen kann.[19]

Diese Definition verdient es, erneut gelesen und im Gedächtnis behalten zu werden. Viele andere wurden vorgeschlagen – einige davon werden wir weiter unten eingehender betrachten –, aber wir wollen diese realistische Definition als diejenige behandeln, die bestmöglich einfängt, was wir uns unter dem von uns als Natur bezeichneten Bereich vorstellen. Allein die Existenz dieses so definierten Bereichs ist jedoch bereits heftig umstritten.

DIE PRODUKTION DER NATUR?

Können wir tatsächlich sagen, dass das Klima des Planeten Erde – als eine der wesentlichen Komponenten der Natur – von menschlichen Aktivitäten unabhängig ist, das heißt: nicht von Menschenhand geschaffen? Ist es mittlerweile nicht genau umgekehrt? Dies scheint zumindest für die Theorie »der Produktion der Natur« zu gelten. Von Neil Smith in *Uneven Development. Nature, Capital, and the Production of Space* dargelegt, besagt sie, dass Natur alles andere als unabhängig sei; in einem lang vergangenen, vormenschlichen Nebel mochte das womöglich sogar noch der Fall gewesen sein, aber mittlerweile sei das eindeutig vorbei. Heutzutage sei die Natur durch und durch gemacht, von innen her und in ihrer Gesamtheit, da die Kräfte des Kapitals die Materie gemäß ihrer jeweiligen Logik umstrukturierten und umarbeiteten. Wann aber die urzeitliche Natur einer solch beeindruckenden sozialen Macht gewichen sein soll? Smith bleibt in diesem Punkt vage. An manchen Stellen wirkt es, als würde er sich dafür aussprechen, dass die Produktion der Natur tatsächlich ein kapitalismusspezifisches Phänomen sei; an anderen deutet er wiederum ein sehr viel früheres Datum menschlicher Vereinnahmung an. Nichtproduzierte Natur erlösche, wo immer eine Spezies Fuß gefasst habe: »Menschen haben jedwede Natur hervorgebracht, die ihnen zugänglich wurde« – nicht erst in den letzten Jahrhunderten, sondern schon seitdem sie sich in Höhlen zusammengerottet und Wälder nach Essen durforstet hätten.[20] Der Zweck der Theorie scheint hier nicht darin zu bestehen, eine historische Verschiebung nachzuvollziehen, als vielmehr in dem Versuch, das Natürliche mit dem Sozialen in eins fallen zu lassen, ungeachtet der Daten und Epochen, gewissermaßen a priori. Smith deklariert geradezu »eine gesellschaftliche Priorität der Natur; Natur ist nichts, wenn nicht sozial«.[21] Noel Castree, der sich als Geograf oft für Smiths Theorie starkgemacht hat, erklärt, dass diese »beabsichtigt, der Vorstellung einer unabhängigen, nicht-sozialen Natur entgegenzuwirken«, und pocht auf die Vermischung von Gesellschaft und Natur *»seit Anbeginn«*.[22]

Worin genau bestehen nun die analytischen Vorteile dieses Schritts? In der Erstausgabe seines 1984 erschienenen Klassikers erwähnt Smith noch den anthropogenen Klimawandel als ein Beispiel für die Produktion von Natur, aber im Nachwort der dritten Auflage von 2008 hat er etwas ganz anderes darüber zu sagen: Wir können nicht wissen, in welchem Maße sich das Klima aufgrund menschlicher Aktivitäten verändert.[23] Allein der Versuch würde bereits die irrige Trennung voraussetzen:

> Die Bemühung, zwischen dem gesellschaftlichen und dem natürlichen Anteil zu unterscheiden, stellt nicht bloß eine müßige Diskussion dar, sondern entspringt auch einer närrischen Philosophie: Sie belässt die Kluft zwischen Natur und Gesellschaft unangetastet – Natur in der einen Ecke,

> Gesellschaft in der anderen –, genau jenes Schibboleth modernen westlichen Denkens also, das »die Produktion der Natur«-These zu zerschlagen angetreten war.[24]

Fast klingt es wie das Zugeständnis, dass dieser Theorie bei der Erforschung der Erderwärmung im Grunde keine sonderlich relevante Rolle zuzugestehen sei. Denn wenn wir darauf verzichten sollten, die Erwärmung als etwas zu beschreiben, das durch soziale und nicht natürliche Faktoren hervorgebracht wurde, wir also auch aufhörten, zwischen den beiden zu unterscheiden – indem wir das eine erwägen und das andere verwerfen –, wie ließe sich dann überhaupt ihre Existenz anerkennen, geschweige denn als Resultat der Geschichte erforschen?

In *Alienation and Nature in Environmental Philosophy*, der erhellendsten Arbeit, die seit Sopers Buch aus diesem Forschungsgebiet hervorgegangen ist, betont Simon Hailwood, dass gerade die Vorstellung anthropogener Kausalität das Konzept der unabhängigen Natur zwingend erforderlich mache. »Insofern es wichtig ist zu behaupten, dass *Menschen* das gemacht haben, verursacht haben, dass sie für dies und jenes verantwortlich sind, müssen wir uns auch mit der Vorstellung vertraut machen, dass zumindest manche Vorkommnisse *nicht* innerhalb unseres Einflussbereichs liegen« – in unserem Fall also das, was der Fossilwirtschaft voranging und ohne sie fortbestanden hätte: das für das Holozän charakteristische Klima.[25] Wie Smith selbst einräumt, ließe sich die globale Erwärmung nicht mehr in den Blick nehmen, sobald man den nicht-sozialen Naturhintergrund entfernen würde (und entsprechend seiner Logik würde deshalb nur ein Narr es überhaupt versuchen).[26] Offensichtlich folgt daraus, dass irgendeine Form von Unterscheidung zwischen »Gesellschaft« und »Natur« sowohl für die Erforschung der Geschichte der fossilen Ökonomie als auch für die Klimawissenschaft selbst unabdingbar bleibt; nebenbei bemerkt, werden im Bereich der Ereignisattribution Simulationen jüngster Stürme Modellen gegenübergestellt, die zeigen, wie das Wetter in Abwesenheit menschlichen Einflusses verliefe.[27] Dadurch werden historische Spuren offengelegt.

Und dennoch: Ist nicht gerade das heutige Klima produziert? Die Erhaltung einer Natur ohne menschlichen Einfluss in kontrafaktischen Computermodellen ist noch lange kein Beweis für ihren tatsächlichen Fortbestand. Könnte sich die Theorie also doch als nützlich erweisen, insofern man sie lediglich auf die letzten beiden Jahrhunderte beschränkte? Um diese Möglichkeit zu untersuchen, müssen wir uns ein paar der anderen Ansätze zuwenden, die behaupten, Natur sei mittlerweile grundlegend sozial.

DAS ENDE DER NATUR?

Im Jahr 1990, ein Jahr nach der Veröffentlichung von Jamesons *Postmodernism*, verkündete Bill McKibben in dem gleichnamigen, heute als das erste populäre Buch über den Klimawandel geltenden Buch »das Ende der Natur«. Er war einer der Ersten, die das Gefühl hatten, dass die veränderte Zusammensetzung der Atmosphäre alles auf den Kopf stellte, angefangen mit der Bedeutung des Wetters. Denn ein plötzlicher Wolkenbruch ließ sich nicht länger ignorieren und ein Nachsommer nicht mehr als Laune der Natur genießen. *Alles* Wetter müsse mittlerweile als ein Artefakt »unserer Lebensweise« beargwöhnt werden, selbst noch auf einem Spitzbergener Berggipfel oder auf einer Sanddüne in der Atacama-Wüste, in Gebieten also, die als abgeschiedene Wildnis gälten: Aufgrund des Kohlenstoffdioxids finde sich der menschliche Fingerabdruck überall. »Wir haben das CO_2 produziert – wir machen der Natur ein Ende« – oder:

> Indem wir das Wetter verändern, machen wir jeden Fleck auf der Erde zu etwas Künstlichem, zu Menschenwerk. Wir

> haben die Natur ihrer Eigenständigkeit beraubt, und das hat verhängnisvolle Folgen für ihr Wesen. Das Wesen der Natur *ist* ihre Eigenständigkeit; ohne sie gibt es nur noch uns.[28]

Innerhalb welcher Definition aber ist die Natur verschwunden? Auf den ersten Blick mag es den Anschein haben, als bediente sich McKibben einer Definition, die derjenigen Sopers nicht unähnlich ist – mit »Eigenständigkeit« bzw. »Unabhängigkeit« als Schlüsselbegriff –, doch geht er noch einen entscheidenden Schritt weiter. Er bezieht sich nicht auf die Natur als eine Reihe an materiellen Strukturen und Prozessen mit eigenen kausalen Kräften, nicht auf das Ende der Fotosynthese, der Atmung oder der Wolkenformation; all diese Dinge, beteuert er, bestünden auch weiterhin. Vielmehr *»haben [wir] dem ein Ende gemacht, was zumindest in der Neuzeit Natur für uns definiert hat … ihrer Trennung von der menschlichen Gesellschaft«*, das heißt ihre Reinheit, ihr vollkommen ursprünglicher, unberührter, vom Menschen unbeeinträchtigter Zustand.[29] Nur unter Anerkennung dieser Definition ließe sich behaupten, die Natur sei an ihr Ende gelangt. Aber handelt es sich dabei überhaupt um eine vernünftige Definition?

Wenn ich Zucker in meinen Kaffee mische, folgere ich daraus nicht, dass der Kaffee sein Ende gefunden hat. Ich nehme eher an, er hat den einen Zustand abgelegt und dafür einen anderen angenommen: Es ist nicht länger nur schwarzer Kaffee, sondern süßer schwarzer Kaffee. Normalerweise, in unserem Alltag und unserer Sprache, bestehen wir nicht darauf, dass, sobald A mit B in Berührung kommt, A aufhört zu existieren – ein privates Unternehmen bleibt während der Verhandlungen mit dem Staat ein privates Unternehmen; ein See bleibt ein See, selbst wenn Tonnen an Sedimenten hineingeschüttet werden. Besonders für jene, die mit der marxistischen Dialektik vertraut sind, sollte es sich hierbei um einen banalen Gedanken handeln – kapitalistische Eigentumsverhältnisse verschwinden nicht in dem Moment, in dem sie mit feudalen oder sozialistischen vermengt werden; Kapital kann sich nur durch ständige Bezugnahme auf seine Erzfeindin Arbeit und dergleichen vermehren, und zwar lediglich innerhalb einer Welt, in der ein Gefüge aus Gegensätzen keinen überraschenden Umstand darstellt. Sollten wir mit der Natur also anders verfahren? Gibt es irgendeinen Grund, eine bestimmte Bedingung – namentlich die Abwesenheit sozialen Einflusses – in die Definition dieser speziellen Sache als Prüfstein gerade ihrer Existenz zu integrieren?

Wir wollen dies die *puristische* Definition nennen. McKibben präsentiert keinerlei Begründung für sie; er nimmt sie schlichtweg als gegeben hin. Betrachten wir Natur jedoch in einem etwas kleineren Maßstab, erscheint es schwierig, diese Definition aufrechtzuerhalten. Man nehme etwa die Ozeane: Mittlerweile sind sie entstellt – aufgrund des Plastikmülls, der in gigantischen Wirbeln seine Bahnen zieht, aufgrund von Versauerung, Überfischung und anderen menschlichen Einflüssen, die bis in die tiefsten, dunkelsten Winkel hinabreichen. Können wir also sagen, dass Ozeane *ipso facto* nicht mehr existieren? Wohl kaum. Sie befinden sich in einer anderen Verfassung, aber vorhanden sind sie nach wie vor – und wenn das auf die Ozeane zutrifft, die doch einen ziemlich bedeutenden Teil dessen ausmachen, was wir als »Natur« verstehen, warum dann nicht auch auf die maßgebliche Gesamtheit? Es scheint hierfür zwei mögliche Umgangsweisen zu geben. Entweder speist man Heiligkeit, also eine Art (paradoxerweise) übernatürliche Wertigkeit, in die Definition der Natur ein, oder man hält an einer extremen Form des Dualismus fest, was die Überzeugung erlauben würde, die Essenz der Natur sei ihre *vollständige Absonderung* von der menschlichen Gesellschaft.[30]

Wenn wir nun zu Recht zu dem Schluss kommen, dass die puristische Definition analytisch unhaltbar ist, soll damit keineswegs gesagt sein, dass McKibben nicht gut daran tut, das Ende eines *bestimmten Zustands* der Natur zu beklagen.[31] So, wie ich schließlich einen Grund haben könnte, vor Widerwillen aufzuschreien, wenn jemand Zucker in meinen Kaffee kippt, dürften sich noch weitaus überzeugendere Gründe dafür finden lassen, den Verlust eines jeden unberührten Ortes der Welt zu betrauern. Im Hinblick auf unsere Absichten, und darum geht es, gereicht McKibbens traurige Kunde analytisch jedoch zu keinerlei Nutzen. Denn laut der puristischen Definition gehörte die Kohle, die von den Briten an entlegenen Küsten entdeckt wurde, vor deren Ankunft zwar der Natur an, doch als diese Briten (oder vielmehr diejenigen, die für sie arbeiteten) zu graben und die Kohle zu fördern anfingen, fiel das Material irgendwie aus der Natur in die Sphäre des Menschen. Wenn nun aber die Kohle bereits kein Teil der Natur mehr war, wie kann sich das CO_2 dann überhaupt noch tödlich auf sie ausgewirkt haben? Die Antinomien des Dualismus würden auf allen Ebenen einer solchen Geschichte erneut zum Vorschein kommen.

IST JEDE UMWELT GEBAUTE UMWELT?

Sollte der Klimawandel tatsächlich das Ende der Natur bedeuten, müssten wir wohl oder übel den Schluss ziehen, dass der postmoderne Zustand damit in Stein gemeißelt ist. Veröffentlicht hatte McKibben sein Buch, um eine weitere zeitliche Markierung zu nennen, ein Jahr, nachdem Francis Fukuyama seinen Essay »Das Ende der Geschichte?« verfasst hatte. Verkam Fukuyamas These seither jedoch zur Lachnummer der Theorie, wird der oben genannten auch weiterhin größtmöglicher Respekt gezollt. Zwar ist McKibben selbst, als der wohl bedeutendste Anführer der globalen Klimabewegung, inzwischen zu aussichtsreicheren Aktivitäten übergegangen, sein Nachruf auf die Natur aber ist im intellektuellen Klima haften geblieben, obwohl die ihm zugrunde liegende Argumentation, wie wir gesehen haben und auch weiterhin sehen werden, mehr als fragwürdig erscheint. So dient der Nachruf nun sowohl als Ausgangspunkt für Wapners Diskussionen über die Dilemmata des Umweltschutzes als auch für die jüngste Variante des philosophisch weit fortgeschrittenen und etwa von Steven Vogel unternommenen Versuchs, den die Natur betreffenden Konstruktionismus zu verteidigen.

In seinem ersten Buch *Against Nature. The Concept of Nature in Critical Theory* entspinnt Steven Vogel ein aus einer eigenwilligen Lektüre des Kanons der Frankfurter Schule gespeistes konstruktionistisches Programm. Dabei zeigt er vier Einsichten auf, aufgrund derer Natur als »eine soziale Kategorie« zu verstehen sei: Man könne niemals in eine Natur außerhalb des menschlichen Vorverständnisses treten; die Natur, die Forscher:innen zu untersuchen vorgeben, sei ein Produkt ihrer eigenen Praktiken – so weit alles postmoderner Grundstock –; natürliche Objekte seien in das Gesellschaftsleben integriert; und würden durch Arbeit hergestellt.[32] Nur die letzte Auffassung, die originellste der vier, wird auch in *Thinking like a Mall. Environmental Philosophy after the End of Nature* beibehalten. Darin vertritt Vogel, obwohl er ein wenig von seinem früheren Idealismus zurückrudert, den Konstruktionismus stärker denn je. Als Ausgangspunkt dafür dient ihm die Annahme, dass McKibben recht hatte: Die Natur sei tatsächlich an ihr Ende gelangt, am offensichtlichsten aufgrund der steigenden Temperaturen. Die puristische Definition bejahend, hebt Vogel McKibbens These jedoch auf die nächste Stufe und behauptet, dass, wenn die Natur in dem Moment erlösche, in dem der Mensch mit ihr in Berührung komme, sie schon tot und begraben gewesen sein müsse, lange bevor irgendwelches CO_2 aus Schornsteinen gebauscht gekommen sei.[33] Ohne eine ausdrückliche Verbindung zur globalen Erwärmung zu ziehen, heißt es bei ihm, dass es sich bei dem »Ende der Natur um etwas handeln könnte, das in der Formulierung Heideggers, die hier relevant erscheint, *immer schon geschehen* ist.« Kraft axiomatischer Notwendigkeit habe die Natur »in dem Moment aufgehört zu existieren, als der erste Mensch in Erscheinung trat« – »vor so langer Zeit, dass wir außerstande sind, dafür ein Datum zu ermitteln«.[34]

Was also ist es, was uns heute zu umgeben scheint? Keinesfalls Diskurse oder der Schlamm epistemischer Gemeinschaften; auf dergleichen hat es Vogel längst nicht mehr abgesehen. Umgeben seien wir vielmehr von einer soliden realen Umwelt, bei der es sich jedoch um eine *gebaute* Umwelt handele, eine, die der Mensch buchstäblich von Grunde auf physisch konstruiert habe. Da es für den Menschen keine Möglichkeit gebe, »auf irgendeine Landschaft zu stoßen, ohne sie zu verändern«, müsse jedwede mit Menschen in Berührung gekommene Landschaft als gebaut klassifiziert werden, entlegene Inseln genauso wie Ballungsräume, die Wüsten ebenso wie Autobahnen und – hierin liegt der Kern des Buches – die Atmosphäre mindestens genauso wie das Einkaufszentrum.[35] Nicht unbedingt die Schlussfolgerung, die McKibben vorgeschwebt sein dürfte, folgt sie dennoch einer kompromisslosen, wenn auch verschrobenen Logik. In Anlehnung an Aldo Leopolds zeitlose Aufforderung, »wie ein Berg zu denken«, um dem Land so näherzukommen, empfiehlt Vogel Umweltschützer:innen, vermehrt wie ein Einkaufszentrum zu denken, da ein Kaufhaus schließlich genauso Teil der Umwelt sei wie ein Berg und nicht weniger Schutz und Ehrfurcht verdiene.[36]

Die Variante des hier herausgearbeiteten Konstruktivismus weicht offenbar vom Idealtypus ab: Wie Vogel mehrfach betont, verwendet er das Wort »Konstruktion« im wörtlichen Sinn, nicht anders also, als er es angesichts der Pyramiden gebrauchen würde. Folglich können wir zwischen einem idealistischen und einem buchstäblichen Konstruktionismus der Natur unterscheiden; Vogel und Smith sind beide von ersterem zu letzterem übergegangen, wohingegen Castree sich in die entgegengesetzte Richtung hat treiben lassen.[37] Wichtig dabei ist es anzumerken, dass keiner von ihnen als Strohmann fungiert. Vogel meint wirklich, was er sagt. »In unserer Umwelt gibt es nichts, bei dessen Produktion wir nicht auf die eine oder andere Weise unsere Finger im Spiel hatten«, nichts Physikalisches oder Chemisches rings um uns, das fernab der Arbeit entstanden sei, »keine Rohstoffe, keine ›natürlichen Ressourcen‹, die nicht bereits selbst Gegenstand vorangegangener Konstruktionspraktiken gewesen« seien – Äußerungen, die sich in Dauerschleife durch sein aktuellstes Werk ziehen.[38] Und alle Anzeichen deuten darauf hin, dass Vogel wirklich will, dass wir das ernst nehmen. Tun wir das also. Wahr wird, was er sagt, dadurch dennoch nicht, wie sich an Kohle als hinreichendem Gegenbeweis zeigt: Wir wissen, dass sie sich gebildet hat, als Vegetation in Sümpfen absank, deren Wasser die Vegetation vor der Oxidation bewahrte. Als die abgestorbenen Pflanzen tiefer sanken, stiegen der Druck und die Temperaturen an; langsam und graduell verhärtete sich das Material zu Kohle, überwiegend während des Karbons vor etwa 286 bis 360 Millionen Jahren, als noch kein Mensch bei dem Prozess überhaupt hätte behilflich sein können. Kohle in einem Dschungel Borneos zu entdecken bedeutet also, eine Passage zu dieser Vergangenheit zu öffnen und das in unsere Zeit zu holen, was nicht von Menschenhand geschaffen wurde. Das Gleiche gilt für die Gewinnung jedes bisschen aus den Eingeweiden unseres Planeten geborgenen fossilen Brennstoffs.[39]

Dermaßen einfach – so einfach, dass sich der Spott geradezu aufdrängt, aber so ist sie nun mal, die Beschaffenheit dieser Theorie – lässt sich zeigen, dass der buchstäbliche Konstruktionismus empirisch falsch ist. Fossile Brennstoffe stellen in unserer Umwelt keine Kleinigkeit dar; ebenso wenig die Sonne, die Erdkruste, der Sauerstoff, das Element des Feuers… Man müsste schon einiges an Wortklauberei auffahren, um zu beweisen, dass etwas davon in irgendeinem Sinne vom Menschen »konstruiert« oder »gebaut« wurde, konstituieren doch gerade diese Dinge die *Mise en Scène* und *Conditio sine qua non* und was weiß ich noch alles der sich erwärmenden Welt. Die einzige Möglichkeit, den Konstruktionismus davor in

Schutz zu nehmen, wäre es, auf eine Extremvariante der puristischen Definition zu bestehen: Bei jeglichem Kontakt mit den Menschen – sei es, auf sie zu fallen, sie zu tragen oder ihre Lungen zu durchströmen – würden dann Sonneneinstrahlung und Sedimentgesteine, Luft und alles andere auf magische Weise zu deren Produkten. Und wenn Vogel von »Bauten« und »Konstruktion« spricht, wirkt es, als setzte er eine derartige Metamorphose tatsächlich voraus. Etwas zu affizieren hieße dann, es zu bauen. »Es gibt nichts, was wir tun, das die Umwelt nicht irgendwie verändert *und also baut*«, behauptet Vogel in einer großzügigen Ausdehnung des Begriffs.[40] So verwendet, wäre es mir möglich, rechtmäßig zu behaupten, eine Pyramide in Gizeh allein mittels Skalierung und schwarzer Farbe gebaut zu haben.

Sobald der Mensch mit einer Landschaft in Berührung komme, verändere er diese zwangsläufig; indem er sie verändere, baue er sie; insofern habe der Mensch jedwede Landschaften gebaut (und logischerweise sollte das auch für den Mond und den Mars und alle weiteren Himmelskörper gelten). Der offensichtliche Schwachpunkt dieses Syllogismus, der doch das ganze Argument stützt, besteht in dem Gebrauch des Wortes »Bauen« als Synonym für »Affekt« oder »Veränderung«. Vogel verteidigt die Gleichsetzung dieser Wörter, indem er beteuert, »etwas zu bauen *heißt*, ein Material ›zu affizieren‹ und es dadurch in etwas Neues umzuwandeln – Holz in ein Bücherregal, Ton in ein Gefäß, Silikon in einen Speicherchip«.[41] Gewiss, wobei gerade das keineswegs auf dem Spiel steht. Schneide ich Holz zurecht und gestalte damit ein Bücherregal, habe ich dieses Bücherregal zweifellos gebaut – wenn ich jedoch einen Zweig vom Baum absäge, habe ich diesen Baum dann ebenso gebaut? Darauf läuft Vogels Argumentation hinaus: Nicht indem man etwas baue, affiziere man Materie, sondern *indem man Materie affiziere, baue man sie*. Im allgemeinen Sprachgebrauch meint man mit diesem Wort etwas anderes. Würden wir uns Vogels vorgeschlagener Neudefinition anschließen, hätte dies enorme Konsequenzen: Schauen Sie sich die Markierung an, die ich in meiner Wohnung hinterlassen habe – sehen Sie, ich bin es, der diese Eigentumswohnung gebaut hat. Oder wie Val Plumwood angemerkt hat: Ich affiziere die mir nahestehenden Personen, verändere ihre Leben tatsächlich durch und durch; folglich könnte ich behaupten, sie gebaut, produziert oder konstruiert zu haben.[42] An dieser Stelle läuft der Konstruktionismus wahrlich völlig aus dem Ruder.

Was bedeutet es also, etwas gebaut oder produziert – buchstäblich konstruiert – zu haben? Auch diesmal liefert Kate Soper die überzeugendste Antwort: Das ausschlaggebende Kriterium bestehe darin, »ein Produkt einzuführen, das zuvor noch nicht existiert hat«.[43] Wenn wir davon sprechen, dass der Pharao Cheops die Große Pyramide von Gizeh erbaut hat, wollen wir damit ausdrücken, dass es sie zunächst nicht gab und es dieser Mann war, der vor etwa 4600 Jahren einen Konstruktionsprozess in die Wege leitete, der das Bauwerk an genau jener Stelle hervorbrachte, an der es auch heute noch steht. Es ist die menschliche Erbauerin, die eine Entität hervorbringt. So etwas wie eine Uhr oder ein Computer werden durchaus gebaut oder produziert, schließlich verdanken sie ihre Existenz menschlichen Handlungen – indem sie ausgewählte Materialien auf eine bestimmte Art affizieren, erschaffen die Menschen diese Dinge *de novo* –, Kohle und Ozeane und der Kohlenstoffzyklus fallen jedoch in eine andere Kategorie. Und mit dem Klima verhält es sich allem Anschein nach ähnlich. Denn die Erde wies ein Klima auf, lange bevor sie überhaupt Menschen aufwies.

WAS KONSTRUIERT IST UND WAS NICHT

In der Tat sollte die Konstruktionsmetapher beim Wort genommen werden: Wenn man etwas baut, verändert oder affiziert man es nicht nur, sondern man ruft das Bauwerk ins Leben.[44] Paradoxerweise stellt Bauen jedoch genau jene menschliche

Praxis dar, um die herum Vogel seine Argumentation errichtet, ohne sie auch nur im Ansatz zu begreifen. Besser wäre es also, sich William H. Sewell zuzuwenden, der den wahren Nutzen der Metapher in seinem Buch *Logics of History. Social Theory and Social Transformation* präzise schildert. Im Gegensatz zu dem für die Postmoderne so charakteristischen synchronen Denken

> impliziert die Konstruktionsmetapher eine ganz andere, durchaus diachrone Zeitlichkeit. Konstruktion ist ein Substantiv, das aus einem Verb gebildet wird; es bezeichnet einen *Prozess* des Bauens, der von menschlichen Akteuren vollzogen wird und sich über einen Zeitraum erstreckt. (Rom, wie das Sprichwort besagt, wurde nicht an einem Tag erbaut.) Die gesellschaftliche oder kulturelle Konstruktion von Bedeutung ist implizit also auch ein zeitlich ausgedehnter Prozess, der die kontinuierliche Arbeit menschlicher Akteure erfordert. Zudem setzt soziale Konstruktion voraus, dass, sobald eine Bedeutung aufgebaut worden ist, sie stark dazu tendiert, auf Dauer bestehen zu bleiben: Sozial konstruierte Geschlechterverhältnisse oder wissenschaftliche Wahrheiten werden oftmals naturalisiert, akzeptiert und zu beständigen Eigenschaften der Welt, im gleichen Maße wie einmal gebaute Gebäude als beständige Eigenschaften der physischen Umwelt fortbestehen.[45]

In keinem Sinn würde das Klima die Voraussetzung für diese Art von Metapher erfüllen – die fossile Ökonomie hingegen mit Bravour.[46]

Soll der Begriff »soziale Konstruktion« sinntragend sein, muss er laut Ian Hackings *Was heißt »soziale Konstruktion«?* auf ein X Bezug nehmen, das »infolge einer Reihe sozialer Ereignisse« entstanden ist. Eine Konstruktionistin nimmt normalerweise an, das fragliche X »hätte nicht existieren müssen«, wären diese Ereignisse nicht eingetreten.[47] Überträgt man diese Überzeugung auf den Bereich der Natur, erscheint sie in höchstem Maß absurd. Drei Erzählstränge verfügen jedoch über das Potenzial, den buchstäblichen Konstruktionismus in intelligible Aussagen zu transformieren. Erstens: Die Menschen wurden auf einen leeren Planeten (oder in ein leeres Universum) gebeamt, wo sie in der Rolle der göttlichen, nicht-produzierten Produzent:innen die Natur von Grund auf konstruierten. In diesem Fall würde es tatsächlich den Anschein haben, dass das X mittels sozialer Ereignisse entstanden ist. (Die Frage, woher die Rohstoffe stammen sollten, bliebe freilich unbeantwortet.) Zweitens: Die Menschen gingen aus einer bereits vorhandenen Natur hervor, doch in dem Moment, da sie auftauchten und anfingen, auf dem Planeten umherzustreifen, annullierten sie sie. Von dieser Glanzleistung beflügelt, gingen sie dazu über, jedwede Umwelt auf der Erde zu bauen. Dies entspricht Vogels Logik, die ein paar Fragen aufwirft, etwa, wie die Menschen zugleich direkte Nachkommen als auch augenblickliche Beseitiger:innen der Natur sein könnten (ein allein auf Basis der puristischen Definition nachvollziehbarer Handlungsstrang). Oder drittens: Lange Zeit lebten die Menschen inmitten der bereits vorhandenen Natur, und erst in den letzten Jahren haben sie einen dermaßen schädlichen und tiefgreifenden Einfluss darauf ausgeübt, dass die Natur nicht mehr als das gelten kann, was sie einst war. Das gleicht eher einer der Konstruktion gegenläufigen Aktivität – der *De*struktion –, jedoch lässt diese Erzählung die Erde und alles auf ihr zumindest zum Ergebnis sozialer Ereignisse werden. Sogleich tauchen aber andere Fragen auf. Wenn die Natur durch den jüngsten menschlichen Einfluss – sprich: anthropogener Klimawandel – an ihr Ende gelangt ist, welche Mächte und kausalen Kräfte bestimmen dann die möglichen Formen, die dieser Einfluss annehmen kann? Woher stammen sie? Wurden die Kanäle, in welche die CO_2-Emissionen eingespeist werden, soeben erst von den Menschen erbaut?

Die Absurdität erstreckt sich auf beide Varianten des Natur-Konstruktionismus.[48] Das ist vielleicht auch der Grund, weshalb dessen Befürworter:innen – die keineswegs auf den Kopf gefallen sind – immer wieder Schnitzer unterlaufen. So erwähnt Castree etwa aus heiterem Himmel »eine biophysikalische Welt, die auf irgendeiner Ebene existiert« und »nichts weiß von den Werten und Zielen, denen zufolge wir diskutieren, auf sie reagieren und in sie eingreifen«.[49] Smith wiederum gibt gerade jene Unterscheidung preis, die er aufzulösen angetreten war: »Anders als die Gravitation weist das Wertgesetz nichts Natürliches auf; keine Gesellschaft hat je gelebt, ohne das Wirken der Gravitation zu erfahren, wohingegen viele auch ohne das Wertgesetz existiert haben« – Natur auf der einen Seite, Gesellschaft auf der anderen.[50] Und Vogel, der doch vorgibt, der unerbittlichste Feind jedweder Verwendung des Naturbegriffs zu sein, gibt Äußerungen von sich wie »wir Menschen sind selbst natürlich«. De facto bringt er in der Mitte seines Buches sogar ein ganzes Kapital damit zu, über das Schicksal jener Artefakte nachzudenken, die der Natur ausgeliefert sind. Jedes Gebäude sei dem Niederschlag und der Oxidation, der Entropie und der Hitze sowie anderen »Prozessen ausgesetzt, deren grundlegender Charakter – ich wäre sogar versucht zu sagen, deren *Natur* – uns nicht in vollem Maße bekannt ist und es auch nicht sein kann«, da sie »momentan [sic] von den Menschen unabhängig agieren« und »nichts sind, was wir *produzieren*«.[51] Aussagen wie diese können dazu dienen, Argumentationen eine nuancierte Stoßrichtung zu verleihen, an der es sonst vollends mangeln würde. Tatsächlich aber fördern sie bloß erdrückende Inkonsistenzen zutage.[52] Und an manchen Stellen scheinen Konstruktionist:innen sie sogar als Vorbehalte des allgemeinen Menschenverstandes einzusetzen, um sich dadurch geflissentlich die Hände von den Implikationen ihrer eigenen Argumentationen reinzuwaschen – aber selbstverständlich glauben wir nicht, die Erde sei lediglich ein Märchen! Wer käme auf so eine verrückte Idee? Vor und nach solch kurzen Einschüben – seien sie nun absichtlich oder aus Versehen abgefasst – beharren die Autor:innen in ihren Darstellungen der Weltgeschehnisse weiterhin darauf, die Natur auszuklammern, auszuschließen, zu verleugnen und zu verwerfen.[53] Bis sie an irgendeinem Punkt unweigerlich in ebendiese Welt hinaustreten und das Eingeständnis, dass es die Natur doch gibt, von Neuem machen müssen. Nicht einmal die militantesten Vertreter:innen schaffen es, sich der Kategorie der Natur zu entledigen, was wohl daran liegen mag, dass dazu wirklich niemand in der Lage ist.

Ähnlich ergeht es jenen, die das Ende der Natur betrauern: McKibben kann nicht anders, als über eine »neue« Natur zu sprechen, die sich abweichend verhalte, aber immer noch das zu sein scheint, was doch eigentlich bereits zu Ende gegangen sein soll.[54] In dem Buch *After Nature. A Politics for the Anthropocene* offeriert Jedediah Purdy noch eine zusätzliche Version der McKibben'schen Nekrologie und verkündet, dass die Natur endgültig verschwunden sei – »in jeglicher Hinsicht wird die Welt, die wir bewohnen, fortan die Welt sein, die wir gemacht haben« (in jeglicher Hinsicht!) –, und fügt sicherheitshalber noch an, dass die Natur »nicht die Art Ding ist, der Bedeutung zukommt«.[55] Anschließend aber, ohne sich dessen überhaupt bewusst zu sein, bringt er Seite um Seite damit zu, Aussagen zu treffen wie »unsere Kontrolle über die Natur gleicht einer prekären Fantasie«, »man kann den Menschen nicht von der ökologischen Natur trennen«, »wir sind weniger vom Rest der Natur unterschieden, als wir uns häufig einbilden«, »sich darum zu bemühen, eine friedliche und humane Welt zu gestalten, bedeutet, einen Weg zu finden, mit der Natur in Einklang zu leben«.[56] Nach der Natur? Danach klingt das jedenfalls nicht. Offensichtlich schaffen es nicht einmal die Nekrolog:innen, die Leiche zu beschreiben, ohne an ihre Bewegungen zu erinnern, was wohl daran liegen muss, dass sie immer noch am Leben ist.[57]

Die Kategorie der Natur lässt sich nicht aus dem menschlichen Vokabular tilgen. Sie bezieht sich auf jenen Teil der bewohnten Welt, auf den die Menschen zwar stoßen, den sie aber nicht mittels ihrer Vorstellungskraft konstruiert, geschaffen, gebaut oder hervorgezaubert haben – und dieser Teil ist wahrlich nicht zu unterschätzen.[58] Die Natur ging uns voraus, umgibt uns und wird auf uns folgen; sie wurde, ist und wird auch ohne uns, von sich aus, hervorgebracht; mag sie auch allen möglichen Einflüssen ausgesetzt sein, setzt ihr das dennoch keineswegs ein Ende, genauso wenig wie ein Kontinent zu sein aufhört, bloß weil Wolkenkratzer auf ihm stehen. Als die Briten sich auf den Weg durch den Dschungel von Labuan machten, produzierten sie nicht Natur, sondern sie *stießen* geradewegs *auf* sie. Der in der Lithografie festgehaltene Moment stellt nicht den Moment dar, in dem sie das Sonnenlicht und das Wasser, die Pflanzen und die Kohle erzeugten: All diese Dinge waren schon vor ihnen da und gehörten jenem Teil der Welt an, in dem es ihnen kaum möglich gewesen sein dürfte, anwesend zu sein, wenn es ihn nicht schon vorher gegeben hätte. Allein, was sie mit dieser Natur *zu tun* beabsichtigten, oblag ihrem Ermessen. Erst an diesem Punkt setzte das Moment der Konstruktion ein: Sie fingen an, die Kohle als Material ihrer fossilen Ökonomie zu kartografieren, zu testen, zu kaufen und zu verkaufen, als Material ihres Roms, das nicht an einem Tag, sondern im Laufe des 19. Jahrhunderts gebaut wurde. Wir sollten uns das Gerede über »Konstruktion« für genau solch eine Unternehmung aufsparen und sie vom Klima entschieden abgrenzen – den Konstruktionismusball gewissermaßen also der Gesellschaft zurückspielen und die Natur als Kategorie sui generis akzeptieren. Wobei das selbstverständlich voraussetzt, dass sich die beiden wirklich voneinander unterscheiden lassen.

2

Über kombinierte Entwicklung. Wider den Hybridismus

DAS HYBRIDISTISCHE GEFLECHT

Ein großer Teil der zeitgenössischen Theorie wird nicht müde zu verlautbaren, dass es unmöglich geworden sei, Gesellschaft und Natur auseinanderzuhalten, seien die beiden im Grunde genommen doch ein und dasselbe. Und die wichtigste Inspirationsquelle für diese Art zu denken ist sicherlich Bruno Latour. Ein quantitativer Indikator seines Einflusses zeigte sich etwa, als das Magazin *Times Higher Education* die in den Geisteswissenschaften am häufigsten zitierten Autor:innen des Jahres 2007 auflistete: Angeführt von Michel Foucault, landete Latour auf Platz zehn der Liste, einen Rang vor Sigmund Freud, sechzehn vor Benjamin und ganze sechsundzwanzig Plätze vor Karl Marx.[1] Zehn Jahre später verkündete einer seiner größten Fans, dass »es langsam so aussieht, als träte Latour Michel Foucaults mögliche Nachfolge als Standardzitation in den Geisteswissenschaften an – in den Sozialwissenschaften nähert er sich diesem Punkt bereits mit großen Schritten«.[2] Und tatsächlich steht die Bedeutung Latours für das zeitgenössische Nachdenken über die Beziehung zwischen Gesellschaft und Natur wohl außer Konkurrenz. Im Folgenden wird er daher einen zentralen Platz einnehmen.

Sein für dieses Denken grundlegender Text heißt *Wir sind nie modern gewesen* und beginnt damit, dass Bruno Latour eines Morgens aufwacht, die Zeitung liest und dabei vom Verschwimmen der Grenzen zwischen dem Sozialen und dem Natürlichen überrascht wird: Zunächst entdeckt er einen Bericht über die Ozonschicht (geschrieben wurde das Buch 1991). Atmosphärenwissenschaftler:innen warnen darin, dass sich das Loch vergrößere, während Industrielle und Politiker:innen den stufenweisen Abbau der schädlichen Stoffe vorschützten. »Ein und derselbe Artikel vermischt chemische und politische Reaktionen«: eine wirklich bemerkenswerte Vermengung.[3] Beim Weiterlesen stößt der Autor auf einen Artikel über die Entwicklung der AIDS-Epidemie und das Zögern der pharmazeutischen Industrie; auf einen weiteren über einen Waldbrand, bei dem seltene Arten vernichtet würden; sowie auf einen über Embryos in Reagenzgläsern und immer so fort – die ganze Zeitung scheint eine einzige Gemengelage. Wohin Latour seinen Blick auch wendet, überall sieht er *Hybride*. Es gebe keine Möglichkeit mehr festzustellen, wo die Gesellschaft aufhöre, wo die Natur beginne, und umgekehrt; alles spiele sich jenseits ihrer Wirkungsbereiche oder im Niemandsland dazwischen ab; die Welt bestehe aus Mischlingszüchtungen, und sie zu entzweien – hier gesellschaftlich, dort natürlich –, könnte nur mit einem Schwert gelingen, das wir im Wissen um die Vergeblichkeit wieder in die Scheide steckten.

Als Herzstück von Latours Projekt und Prestige bedarf dieses Argument einer etwas genaueren Betrachtung.[4] Zunächst einmal besitzt es eine quantitativ geschichtliche Komponente. Diese besagt, dass sich die Bündnisse neuerdings in solch einem Maße vermehrt hätten, dass das Soziale und das Natürliche nicht mehr auseinandergehalten werden könnten. Habe es in den Anfangstagen der Moderne vielleicht noch die eine oder andere Leerstelle gegeben, füllten die Hybride mittlerweile die gesamte Bildfläche aus:

> Aber wo läßt sich die Geschichte mit dem Ozonloch einordnen, die *Erwärmung der Erdatmosphäre* oder das Wald-

> sterben? Wo soll man die Hybriden unterbringen? Sie sind unser Werk. Sind sie also menschlich? Aber sie sind nicht unser Tun. Sind sie also natürlich? [...] Die Hybriden sind so zahlreich geworden, daß nicht mehr zu sehen ist, wie sie alle noch im alten gelobten Land der Moderne unterkommen können.[5]

Dem Anschein nach das Eingeständnis intellektueller Verwirrung – ich habe keine Ahnung, wie man etwas, das zugleich das Produkt menschlicher Arbeit als auch dessen Gegenteil ist, begreifen soll –, handelt es sich im Grunde wohl eher um das rhetorische Verfahren, die moderne Illusion einer fest umrissenen Grenzziehung zwischen Natur und Gesellschaft platzen zu lassen. Latour nimmt freilich an, dass die beiden in keiner Weise, Gestalt oder Form je voneinander getrennt waren: Folglich »sind [wir] nie modern gewesen«. Neu jedoch sei die schiere Allgegenwart der Kreuzungen beziehungsweise der »Quasi-Objekte« oder »Kollektive«, die es unmöglich mache, die Fantasie einer Grenze aufrechtzuerhalten: Und hätten wir das erst einmal realisiert, begriffen wir schlussendlich auch, dass »Natur und Gesellschaft nicht mehr und nicht weniger als Ost und West« existierten.[6] Die Begriffe bezeichnen Latour zufolge »keine Wesen der Welt oder Bezirke der Realität«. Es seien vielmehr vollkommen willkürliche Pole auf einer mentalen Karte, nichts weiter. »Wir dagegen behaupten«, erklärt Latour in *Das Parlament der Dinge. Für eine politische Ökologie*, dass »die Grenzen zwischen Natur und Gesellschaft *ein für allemal* verwischt sind und man niemals mehr zu zwei unterschiedlichen Ensembles zurückkehren kann«.[7] Lasst die Kategorien sich im Realen verflüssigen.

Wir können das als das Kardinalprinzip des Hybridismus betrachten, als den allgemeinen Rahmen für die Auseinandersetzung mit dem Spinnennetz aus Gesellschaft und Natur, indem man jegliche innere Polarität oder Dualität verleugnet. Der Hybridismus besagt, dass die Wirklichkeit aus gesellschaftlichen und natürlichen Hybriden bestehe und dass die beiden Begriffe demnach keinen Referenten mehr besäßen – sofern das denn überhaupt je der Fall gewesen sein sollte. In seinem Buch *Bruno Latour. Reassembling the Political* bekräftigt Latours treuer Knappe Graham Harman ein weiteres Mal den Zusammenbruch der »Differenz« von Gesellschaft und Natur als Kern seines Denkens und unterstreicht diese Position nachdrücklich: »Wir müssen endlich anfangen, alle Entitäten in exakt der gleichen Art und Weise zu betrachten.«[8] Wie wir noch sehen werden, taucht der Hybridismus auch in anderen Formen auf, mit abweichenden Schwerpunkten und Absichten, doch in der Überzeugung, dass »Gesellschaft« und »Natur« zwei Worte ein und derselben Identität darstellten und also überflüssige (sowie schädliche) Signifikaten seien, stimmen sie alle überein – und Latour lugt stets um die Ecke. In *Environments, Natures and Social Theory*, einer neueren Übersicht der hybridistischen Ansätze, wärmen Damian F. White und weitere Autoren die Grundprinzipien von Latours 1991 erschienenem Manifest ein weiteres Mal auf:

> Und während dieser ganzen Debatte wird uns zunehmend bewusst, dass wir in Welten aus multiplen hybriden Objekten leben. Immer mehr davon tauchen auf: von Ozonschichten über gentechnisch veränderte Nutzpflanzen, prothetischen Implantaten bis hin zu Geschichten modifizierter Landschaften. Sind sie gesellschaftlich? Sind sie natürlich? Alle Versuche, diese hybride Welt mittels der Aufbereitung von Objekten und Subjekten in Schubladen mit der Aufschrift »Gesellschaft« oder »Natur« zu verstehen, sind nur bedingt von Nutzen.[9]

Man beachte hier eine für den Hybridismus grundlegende Behauptung: Gerade weil die natürlichen und sozialen Phänomene Verbindungen eingegangen sind, lassen sich die beiden nicht mehr anders als mittels Gewalt voneinander unterscheiden. Vermischt zu sein heißt, ein und dasselbe zu sein.

Als eine Art theoretischer *Zeitgeist** findet sich diese Behauptung wiederholt in den Schriften all jener Denker:innen, die wir bisher unter die Lupe genommen haben. Um nur zwei Beispiele herauszugreifen: Aufgrund der anthropogenen, im Klimawandel gipfelnden Transformation der Erde »ist es unmöglich geworden, noch zu differenzieren, wo die Menschheit aufhört und die Natur beginnt«, schreibt Wapner; und mit einer ähnlichen, vom Klima angeführten Aufzählung resümiert Purdy, dass »der Kontrast zwischen dem, was Natur ist, und dem, was sie nicht ist, keinen Sinn mehr ergibt«.[10] Es handelt sich um die gleiche Epiphanie, wie sie schon McKibben widerfahren ist, dieses Mal jedoch in zwei verschiedenen Versionen: Erstens, da sie so dermaßen miteinander vermischt seien, existierten Gesellschaft und Natur nicht (nennen wir das den ontologischen Hybridismus); und aufgrund dieses Vermischungsgrades bestehe zweitens keine Notwendigkeit, liege kein Nutzen, keine Weisheit mehr darin, das eine vom anderen abzugrenzen (nennen wir das den methodologischen Hybridismus). Sich häufig überlappend, sind ihnen einige signifikante Probleme gemein.

DER HYBRIDISMUS ALS KARTESIANISMUS

Beobachter:innen unserer Welt stoßen häufig unvermittelt auf Verbindungen. Denken wir etwa an Theologiestudierende: Ein weitverbreitetes Phänomen in der Glaubensgeschichte ist der Synkretismus, der sich in den Tiefen der meisten Glaubensrichtungen versteckt und schließlich hin und wieder an die Oberfläche tritt, beispielsweise in Gestalt des Glaubenssystems der Drusen, in dem hinduistische, schiitische, platonische, gnostische, christliche, pythagoreische, jüdische und Lehren anderer Provenienzen miteinander verbunden sind. Nun wird eine Studentin, die den drusischen Glauben erforscht, verblüfft sein von der unverwechselbaren Einheit, die diese Religionsgemeinschaft aus derart unvorstellbar disparaten Elementen hervorgebracht hat. Sie wird genau untersuchen, wie die einzelnen Elemente zu einer neuen Gesamtheit zusammengesetzt wurden; wie sie dabei miteinander in Beziehung stehen; wie sie im Laufe der Zeit Eingang in den Glauben gefunden haben; auf welchen Ursprung ein bestimmter Drusen-Glaube zurückgeführt werden kann und so weiter. Folgendes aber wird sie wahrscheinlich eher nicht behaupten: Der Glaube der Drusen ist eine hybride Form, weshalb wir nicht versuchen sollten, die platonischen Bestandteile von den schiitischen abzusondern, deren Spuren innerhalb dieser Vermischung verloren gegangen sind; es ist unmöglich zu sagen, wo die einen aufhören und die anderen beginnen; es handelt sich hierbei um einen ganz gewöhnlichen Vorgang innerhalb der Welt der Religionen, lasst uns also die Kategorien Platonismus, Schiismus und wie sie alle heißen gänzlich verwerfen. Eine derartige Behauptung würde keineswegs als Versuch gewertet werden, den drusischen Glauben zu verstehen. Es wäre wohl eher eine Kapitulation vor der Aufgabe.

In der Medizin untersucht man die Wirkungsweisen von Substanzen auf den menschlichen Körper, beispielsweise von Tabak auf die Lunge. Worauf wäre die Forschung hinausgelaufen, wenn behauptet worden wäre, dass, da der Tabak und die Lunge im Körper des Rauchers miteinander vermengt seien, auch ihre Kategorisierung obsolet geworden sei (sofern sie denn überhaupt jemals relevant gewesen sein sollte) und die Auswirkungen folglich nicht sinnvoll voneinander unterschieden werden könnten? Oder sehen wir uns an, wie die Etymologie Sprachen erforscht: Hebt Spanisch Arabisch und Latein auf? Oder im Bereich der internationalen Beziehungen: Vermischt die Europäische Union Deutschland mit Griechenland?

Hybridismus als Orientierungshilfe innerhalb der Welt hätte bestimmt einige interessante politische Konsequenzen zur Folge. Als Leo Trotzki das zaristische Russland durchforstete und

»das Gesetz der *kombinierten Entwicklung* [...] im Sinne der Annäherung verschiedener Wegetappen, Verquickung einzelner Stadien, des Amalgams archaischer und neuzeitiger Formen« herausdestillierte, hätte er damit womöglich zu dem Schluss kommen können, dass der Kapitalismus mittlerweile dermaßen grundlegend mit dem Zarismus verstrickt sei, dass es sinnlos wäre, den daraus hervorgegangenen Teilen der russischen Sozialdynamiken nachzuspüren, geschweige denn, sie für eine Sonderbehandlung herauszugreifen.[11] Die antikapitalistische Revolution wäre dadurch sicherlich zu einem müßigen Unterfangen geworden. Oder jemand könnte darauf hinweisen, dass die physische Beschaffenheit der im Jahr 1967 besetzten Gebiete durch die Vermischung zionistischer sowie palästinensischer Materie strukturiert werde – schließlich sei die Luft in Gaza erfüllt vom Geräusch der Drohnen und Muezzins; in den Häusern Hebrons wohnten Siedler:innen Tür an Tür mit einheimischen Familien; Giftmüll aus den Siedlungen durchmische sich mit Wasser in den Tälern der West Bank – und dass diese Situation in Kisten mit der Aufschrift »das zionistische Projekt« und »das palästinensische Volk« anzuordnen daher nur eingeschränkt von Nutzen sei, zumal die Gegenüberstellung der beiden nicht mehr länger sinnvoll sei.

Nun würde eine Hybridistin vielleicht einwenden, diese Analogien seien ungerecht. Platonismus und Schiismus sind nun mal in etwa das Gleiche. Bei durch Zigarettenrauch verschmutzter Luft und bei sauberer Luft handelt es sich um Modalitäten derselben Substanz. Deutschland und Griechenland sind lediglich zwei Nationen, Kapitalismus und Zarismus zwei Gesellschaftsformen, Zionist:innen und Palästinenser:innen zwei Menschengruppen – ihre Kombinationen sollten keine Verwunderung hervorrufen. Sie erforderten nicht die Überarbeitung unserer Ontologien oder Methoden; sie deuteten nicht an, dass die Wirklichkeit in einem Ausmaß bastardiert worden sei, wie es sich nur die wenigsten vorstellen könnten; die Vereinigung von ähnlich gelagerten Komponenten hebe deren Unterschiedlichkeit nicht auf. Aber ein solcher Einwand würde bloß das Problem an der Wurzel des Hybridismus offenlegen. Nur wenn man Natur und Gesellschaft als in unterschiedlichen Universen situierte Kategorien auffasste, würde ihre Kombination ihren vollständigen Zusammenbruch garantieren. Nur mit einer impliziten Vorstellung der beiden als einander wesensfremder als alle sonstigen Dinge könnte man zu dem Schluss gelangen, dass ihre Beimengung, im Gegensatz zu so vielen stumpfsinnigen Gemischen, ihre Existenz widerlegen würde. Die Offenbarung fiele sich so selber in den Rücken – ach, Natur und Gesellschaft waren also doch überhaupt nie in sich abgeschlossene Galaxien! Dann können wir auch nicht länger über sie reden!

Im Hintergrund lauert wiederum das Erbe einer Extremform des Dualismus. Latour bezeichnet diese gern als »die Verfassung der Moderne«; eine gebräuchlichere Genealogie leitet sie jedoch aus der Philosophie René Descartes' ab. Dieser war der Meinung, dass Geist und Körper zwei »unterschiedene Substanzen« seien. Der Körper erstrecke sich im Raum und bestehe aus Teilen, die wie Zahnräder aus dem Getriebe geschnitten und entfernt werden könnten – im größtmöglichen Gegensatz zum denkenden Geist. Denn wenn ein Herz aus dem Körper herausgeschnitten werde, verliere dieser Körper eine vitale Komponente und höre auf zu sein – wo aber sei das Herz des Geistes? Wo seien dessen Arme, dessen Beine, dessen möglicherweise voneinander getrennt konstituierende Bestandteile? Sie seien nirgendwo, argumentierte Descartes, da der Geist ein Ding sei, ein Ganzes, unteilbar, unzerstörbar; er besitze keine materielle Gestalt. Der Körper besitze eine physische Substanz, doch der Geist sei eine Art ätherisches, spirituelles Ding. Aus diesem Grund könne der Geist auch ohne den Körper weiterleben und gedeihen; nach Tod und Verwesung bleibe er weiterhin bestehen, weil er aus gänzlich anderem Material gemacht sei. »Zwei Substanzen werden *real unterschieden* genannt«, legt Descartes sein zentrales Kriterium fest, »wenn jede der beiden ohne die jeweils andere existieren kann«: Und von daher ist sich Descartes hier »sicher, daß ich von meinem Körper tatsächlich unterschieden bin, und ohne ihn existieren kann«.[12] Seine Philosophie ist diejenige des *Substanzdualismus*.

In der Debatte über Natur und Gesellschaft haben Kritiker:innen des Kartesianismus die Angewohnheit, seine Philosophie als Kennzeichen des nämlichen Paars anzusehen.[13] Descartes selbst äußerte sich zwar nie in Bezug auf diese Kategorien – sein Anliegen galt dem Problem von Körper und Geist, nicht demjenigen von Natur und Gesellschaft –, jedoch erkannten viele Beobachter:innen den Fingerabdruck dieses Philosophen innerhalb der westlichen Weltanschauungen und sahen sein dualistisches Modell gewissermaßen aus Bequemlichkeit auf analoge Bereiche erweitert. Und tatsächlich lässt sich die allzu gebräuchliche konzeptuelle Trennung von Natur und Gesellschaft als die logische Fortführung des kartesianischen Denkens verstehen. Wenn auch eher mangels Alternative denn aufgrund einer expliziten Ausrichtung an Descartes, behandelt eine typisch kartesianische Auffassung von Natur und Gesellschaft die beiden nämlich als eindeutig voneinander getrennte Substanzen, zwischen denen es zwar durch die winzige Zirbeldrüse gelegentlich zu einem Austausch kommen könne, doch ihre Essenzen seien gegensätzlicher Art und bewegten sich in gesonderten Bahnen.

Nun springt dem Kartesianismus die Feindseligkeit des Hybridismus entgegen, wo immer sich ihre Wege kreuzen. Der Hybridismus gebart sich als die absolute Negation dieser missliebigen Philosophie, zumal er sich weigert, noch den kleinsten Unterschied zwischen Natur und Gesellschaft zu billigen, und teilweise sogar ihre jeweiligen Existenzen leugnet. Dieser letztgenannte Schritt – diese Eile, mit der die Kategorien, sobald das Ausmaß ihrer Verstrickungen aufblitzt, über Bord geworfen werden – ist bei genauerer Betrachtung jedoch lediglich die Kehrseite des Substanzdualismus. Descartes selbst zeigte dessen logische Konsequenz klar auf: »Denn die Vereinigung von zwei Sachen begreifen bedeutet, beide als eine einzige Sache zu begreifen.«[14] Wer immer der Meinung sei, Körper und Geist bildeten eine Gemeinschaft, argumentierte er, sei gezwungen, sie als undifferenzierte Einheit anzuerkennen. Indem nun die Beobachtung ihrer Kombination als Anlass genommen wird, Natur und Gesellschaft von der Weltkarte zu tilgen, bereitet der Hybridismus Descartes' Logik für unsere Zeit neu auf. Mehr noch, er bezieht all seine rhetorische Kraft aus Jahrhunderten kartesianischen Denkens, zu dem die quantitative historische Komponente in direktem Verhältnis steht und die Verwunderung über die wuchernden Kombinationen dem Vermächtnis des extremen Dualismus entspringt: Angesichts dieses Gedankens stellt der Hybridismus weniger eine Ablehnung des Kartesianismus als vielmehr dessen Konsequenz dar. Um eine Negation handelt es sich bei ihm lediglich in jener Art und Weise, wie ein Kater die Negation des Besäufnisses darstellt. Und postkartesianisch ist der Hybridismus allein in dem Sinn, in dem manche Wissenschaftler:innen postkeynesianisch oder postkantisch sind: Sie tragen den Kodex des ursprünglichen Glaubens in sich, wenn auch nur in abgeschwächter Form. Hybridismus ist für den Kartesianismus, was E-Zigaretten für Zigaretten sind.

HISTORISCHER MATERIALISMUS ALS EIGENSCHAFTSDUALISMUS

Descartes zufolge ist der Geist nirgendwo. Er nehme keinerlei Position im Raum ein. Die Substanz, aus der er bestehe, sei nicht von solcher Art, die auf einem Stuhl sitze, ein Gewicht stemme oder einen Stein schmeiße; definiert werde er gerade dadurch, dass er keine Ausdehnung besitze, gänzlich außerweltlich und von sterblichem Fleisch abgeschnitten sei. Diese Philosophie führt zu einem altbekannten Problem: dem der kausalen Interaktion. Wenn ein Stein einen Pfad entlangrollt, liegt das daran, dass er an einem bestimmten Ort mit einem Fuß in Kontakt gekommen ist. Der Fuß hat Bewegungsenergie an den Stein weitergegeben, wodurch er über den Boden rollen konnte; die beiden Objekte haben am Ort des Aufpralls miteinander interagiert, und so kommt es gemeinhin zur Kausalität. Um das Verhalten einer Sache herbeizuführen, muss diese an einem gemeinsamen Standort von einer anderen Sache gestoßen, gestreichelt, angerempelt, gekitzelt oder auf eine andere Weise berührt werden. Wenn sich aber der Geist nirgendwo oder bloß auf seiner numinosen Ebene befindet, wo kann er dann seinen Einfluss auf den Körper geltend machen? Wenn die Seele keine räumliche Position einnimmt, wie soll es ihr möglich sein, mit etwas Physischem in Kontakt zu treten? Wie begegnen die beiden einander jemals? Erscheint ein solches Aufeinandertreffen nicht sogar noch übersinnlicher als ein Gedanke, der eine Billardkugel anstößt? Weder Descartes noch irgendeine andere Verfechterin des Substanzdualismus haben bisher auch nur ansatzweise eine zufriedenstellende Lösung für dieses Problem gefunden. Und da eines der hervorstechendsten Merkmale der Beziehung zwischen Geist und Körper doch gerade darin liegt, dass die beiden aufeinander einwirken, hat die moderne Philosophie diesen Standpunkt als nicht haltbar abschreiben müssen.[15]

Doch in der konventionellen Wahrnehmung von Gesellschaft und Natur ist der kognatische Substanzdualismus nach wie vor lebendig und wohlauf. Er macht sich bemerkbar, wo immer jemand das Gefühl hat oder so auftritt, als ob die Gesellschaft sich nicht weiter darum zu kümmern bräuchte, was in der Natur vor sich geht, sosehr der Körper der Natur auch bluten mag – als ob die Gesellschaft auch ohne einen solchen existieren könnte. Vorbehaltlos können wir daher die von Val Plumwood in ihren beiden Büchern *Feminism and the Mastery of Nature* und *Environmental Culture. The Ecological Crisis of Reason* entwickelte Kritik an dieser Version des kartesianischen Dualismus übernehmen: Ein derartiger Dualismus ist immer dann gegeben, wenn Menschen sich in den Kopf setzen, in einer Gegend zu leben, die irgendwo jenseits der Biosphäre schwebt, davon unabhängig und ungebunden, und in der Lage sind, die Natur als ein minderwertiges, in keiner Beziehung außer der eines Vorratslagers von auf Dauer zu verbrauchenden Rohstoffen stehendes System auszuklammern.[16] Nicht unbedingt ein philosophisches, von strebsamen Prediger:innen verkündetes Programm, mehr Syndrom denn Credo, findet sich dieser Dualismus überall, angefangen bei der neoklassischen Ökonomie über die Leugnung des Klimawandels bis hin zur völligen Gleichgültigkeit gegenüber Aspekten der Ökologie. Zugunsten grober Fahrlässigkeit entwickelt, ist diesem Dualismus daher ein kausales Interaktionsproblem zu eigen: Er besitzt keinerlei Vorstellung davon, wie die Gesellschaft eine Krise innerhalb der Natur verursachen kann, geschweige denn andersrum.

Sich einzugestehen, es gebe eine ökologische Krise, die das große Potenzial besitzt, den Menschen zu schaden, heißt also, mit dem Substanzdualismus zu brechen. Denn wir bestehen, wie sich herausgestellt hat, aus exakt derselben Substanz wie die Natur, bewohnen dieselbe Erde und berühren einander ständig, und zwar überall. Bezogen nun auf die Philosophie des Geistes bedeutet das eine Verpflichtung zum *Substanzmonismus*. Hier tun sich jedoch zwei Wege auf, zwischen denen es zu wählen gilt. Entweder man argumentiert weiterhin dafür, dass das Soziale und das Natürliche nicht nur die Substanz teilen, sondern dass sie auch keinerlei signifikante Eigenschaft besitzen, die sie irgendwie voneinander abheben würde – ein Substanz- sowie *Eigenschaftsmonismus*. Das entspricht der Position der Hybridist:innen, von Bruno Latour bis hin zu Val Plumwood: Es gibt nur eine Substanz, und alles, was aus ihr gemacht wird, verfügt über dieselben grundlegenden Merkmale (was genau diese sind, werden wir bald sehen). Daneben gibt es noch die Ansicht, dass die Gesellschaft zwar aus der gleichen

Substanz wie die Natur besteht, jedoch ein paar sich deutlich unterscheidende Eigenschaften aufweist – worunter man in der Philosophie des Geistes den substanzmonistischen *Eigenschaftsdualismus* versteht.[17] Um diese Position ein wenig mehr zu erhellen, wenden wir uns zunächst Dale Jacquettes *The Philosophy of Mind. The Metaphysics of Consciousness* zu, einer meisterhaften Verteidigung ebendieser Position.

Das Dilemma von Körper und Geist, mit dem sich Descartes mit derart unzufriedenstellendem Ergebnis abmühte, hat sich nicht einfach in Luft aufgelöst. Denn mein Gehirn ist eine physikalische Entität. Es beinhaltet Zellen, Gewebe, Flüssigkeiten, Neuronen, Synapsen, Blutgefäße, Weiße, Schwarze und Graue Substanz. Aber machen diese Dinge auch meinen *Geist* aus? »Mein Geist«, schreibt Jacquette,

> setzt sich bei zwangloser Betrachtung aus Erinnerungen, Wünschen, Erwartungen, unmittelbaren Empfindungen, Peinlichkeiten, Vorlieben und Abneigungen zusammen. Mein Gehirn hingegen umfasst bei flüchtiger Betrachtung keines dieser Dinge.[18]

Ereignisse im Gehirn haben Gewicht und Farbe, aber Gedanken verfügen offensichtlich über nichts dergleichen. Welche Farbe trägt mein Gedanke, dass Donald Trump ein Rassist ist? Wie schwer wiegt er? Macht er einen Schlenker, sobald ich mit meinem Auto scharf nach rechts abbiege? Wie könnte die Körperlichkeit dieses Gedankens *als Gedanke* lokalisiert und gemessen werden? Angenommen, ich würde ein Konzert von Run the Jewels besuchen, und angenommen, die Intensität der Performance steigerte sich noch durch den eben erfolgten Freispruch eines *weißen* Polizisten, der einen Schwarzen angeschossen und getötet hat, und nun mal angenommen, eine Neurowissenschaftlerin käme in ebendiesem Augenblick vorbei, um mein Gehirn einer Beobachtung zu unterziehen: Sie würde Neuronen sehen, die wie Feuerwerkskörper aufloderten und entbrannten, doch wäre es ihr nicht möglich, meine bewusste Erfahrung als solche in Augenschein zu nehmen oder die Beschaffenheit dessen zu erfassen, wie sich der musikalische Furor in mir auswirkt, oder das Gefühl gemeinsam empfundener Wut. Subjektive Zustände wie diese treten schlichtweg nicht wie Eigenschaften eines materiellen Objekts in Erscheinung. Als solche sind sie für die Beobachtung durch Dritte weder gleich einem Mikrofon oder einem T-Shirt zugänglich, noch lassen sie sich von neurowissenschaftlichen Instrumenten ablesen oder in einer streng physikalischen Sprache beschreiben.[19]

Auf den ersten, nach innen gerichteten Blick könnte man also tatsächlich versucht sein, anzunehmen, der Geist sei etwas vom Körper Grundverschiedenes. Andererseits aber verfügen wir über keine handfesten Beweise für körperlose Gedanken, keine Kenntnis über von Gehirnen unabhängige Geister, keine Daten, die nahelegen würden, dass manche Arten von Seelen auch nach dem Verfall ihrer körperlichen Stätte weiterleben. Stattdessen besitzen wir ein Übermaß an Erfahrungen, die bezeugen, dass der Geist den Körper dahingehend lenkt, verschiedene Handlungen auszuführen, und dass der Körper sich in die Funktionsweisen des Geistes einmischt; was letzteren kausalen Verlauf angeht, so kann jeder, der einmal unter dem Einfluss von Alkohol oder psychoaktiven Drogen gestanden hat, dessen Existenz bestätigen, und der Angriff auf die Sinne während eines Konzerts kommt bestimmt der Entzündung eines mentalen Feuerwerks gleich. Die Beziehung scheint also von Abhängigkeit *und* Differenz geprägt zu sein. Doch wie lassen sich die beiden miteinander versöhnen?

Die Lösung des substanzmonistischen Eigenschaftsdualismus – oder schlicht und einfach »Eigenschaftsdualismus« – setzt an bei der Anerkennung des Gehirns als Sitz aller mentalen Vorgänge. Diese müssen zu einem absoluten und unüberwindbaren Ende kommen, sobald die Gehirnfunktionen nachlassen. Das legt jedoch nahe, dass die physische Einheit des Gehirns – als auch der menschliche Körper als Ganzes – Träger *menta-*

ler Eigenschaften ist, die ihrerseits nicht auf bloße Materialität reduziert oder mit physischen Komponenten gleichgesetzt werden können. Sie sind im Körper verankert und nicht von ihm ablösbar: Folglich zählen sie zu genau derselben Substanz wie dieser. Es handelt sich bei ihnen um nicht-physische Eigenschaften des Körpers, deren Summe den Geist konstituieren.[20] Ihr Erkennungsmerkmal ist das, was Jacquette und andere Philosoph:innen als »Intentionalität« bezeichnen. Ein Gedanke hat immer *einen Inhalt*, ist immer *über* etwas. Er weist auf ein anvisiertes Objekt hin, sei es die Tochter, die ich vermisse, das Essen, nach dem ich lechze, das Argument, das ich entwickle, der Gott, den ich bezweifle, der Sturm, den ich erwarte, der Bauchschmerz, der mich heimsucht, oder die Faschisierung der Gesellschaft, die mir Angst macht. In diesem Zusammenhang bezieht sich »Intentionalität« auf eine abstrakte Beziehung zwischen einem Geisteszustand und einem Objekt, auf eine Verbindung, mit der Ersterer auf Letzteres verweist. Es handelt sich demnach also um einen Aspekt *des Denkens selbst* – es ist nicht dieses oder jenes Kapillargefäß, dieser oder jener Kortex, der einen Inhalt hat; als rein materielle Entität verstanden, ist das Gehirn nicht zu einer Tochter oder einem Abendessen hingewendet. Es bringt die mentale Eigenschaft des intentionalen Denkens hervor, die sich von jeglicher physischen Ausformung des Gehirns unterscheidet und sich in der Sprache, die dieser zugrunde liegenden Ebene angemessen wäre, nicht ausdrücken lässt. Bisher hat niemand dargelegt, wie man das Gehirn möglicherweise durchleuchten und so die neurochemische Verfasstheit ermitteln könnte, die Donald Trump und nicht Daenerys Targaryen anvisiert.[21]

Wenn ich darüber hinaus über Daenerys Targaryen nachdenke und mir ihren nächsten Schritt im Kampf um die Eroberung Westeros' überlege, dreht sich mein Denken um eine Person, die nicht existiert. Da es sich bei ihr um eine fiktive Figur handelt, kann sie physisch nicht mit den materiellen Objekten verbunden sein, aus denen mein Gehirn besteht. Hierbei genügt es keineswegs zu sagen, dass ich eigentlich an das Buch von George R. R. Martin oder an die HBO-Serie denke, schließlich bezieht sich mein Denken weder auf das eine noch das andere davon, sondern eben auf Targaryen selbst und auf ihr nächstes taktisches Manöver. Mir fallen noch viele andere Dinge ein, die im Hier und Jetzt nicht existieren, unter anderem etwa eine Welt, die sechs Grad wärmer ist. Diese Fähigkeit, sich mit Dingen zu beschäftigen, die es (noch) nicht gibt – etwas, wozu das Gehirn und das Nervensystem streng genommen an sich nie in der Lage sein dürften –, begründet eine eigentümliche Ausrichtung auf die Zukunft, eine Aufgeschlossenheit gegenüber unterschiedlichen Möglichkeiten, die Fertigkeit, sich ein Ziel zu stecken, Fähigkeiten wie Vorstellungskraft, Kreativität und Raffinesse. Daraus folgt, dass »der Geist eine neue Kategorie des Seienden in der materiellen Welt darstellt«.[22] Eigenschaftsdualist:innen wie Jacquette beharren darauf, dass dieser Erscheinungsform nichts Übernatürliches zu eigen sei – lehre uns doch bereits die Wissenschaft, dass sich das Leben mit all seinen erstaunlichen Merkmalen spontan herausgebildet habe, nachdem sich die Materie selbst in hinlänglich komplexen Strukturen angeordnet habe.[23] Warum also sollte es dem Leben ab einem bestimmten Stadium seiner Entwicklung verwehrt sein, das Wunder des Geistes hervorzubringen? Intentionalität stellt eine emergente Eigenschaft dar, die sich nicht auf das Fundament reduzieren lässt, dem sie sich beigesellt und ohne das sie nicht existieren kann. Jeder Gedanke wird durch Ereignisse im Gehirn realisiert, und jeder Gedanke besitzt wenigstens eine Eigenschaft, über die die Hirnsubstanz *sensu stricto* nicht verfügt.[24]

Der Eigenschaftsdualismus lässt demnach nur eine Substanz gelten – Materie –, betrachtet den menschlichen Körper dabei jedoch als eine besondere, im Besitz einzigartiger mentaler Eigenschaften seiende Gattung dieser Substanz. Das Schöne an dieser Lösung ist nun, dass damit die kartesianische Ohnmacht angesichts des Interaktionsproblems umgangen und gleichzeitig die Unterscheidung zwischen Körper und Geist aufrechterhalten wird. Versagt nämlich der Substanzdualismus in Bezug auf ersteren Punkt, scheitert der Substanz- und Eigenschaftsmonismus – beziehungsweise doppelte Monismus – hinsichtlich des letzteren. Jacquette untermauert seine Argumentation mit einem besonders eindrücklichen Beispiel:

> Was wäre, wenn eine Chronik des Watergate-Skandals in einem Buch veröffentlicht werden würde, die nur aus chemischen Formeln bestünde, die das Gehirn und andere während dieser Zeit stattfindende physikalische Ereignisse der an dem Einbruch, der Abhörung und der Vertuschung Beteiligten beschrieben? [...] Würde eine solche chemische Geschichte die soziopolitischen Vorfälle erklären, selbst dem Neurophysiologen, der versiert ist im Verständnis chemischer Symbolik? Wenn überhaupt scheint es, als wären die eigenschaftsmonistischen Erklärungen im Vergleich zu den eigenschaftsdualistischen Darstellungen der sozialen und psychologischen Phänomene im Erklärungsnachteil.[25]

Und schon sind wir wieder bei unserem Ausgangspunkt angelangt, bei dem Verhältnis von Gesellschaft und Natur.

Während die Kartesianer:innen ihr intellektuelles Gift verspritzten, gab es noch einen alternativen Standpunkt: Natur und Gesellschaft seien materielle Substanzen schlechthin, wobei die eine nicht mit der anderen gleichgesetzt werden könne. Uns hätte also nie gesagt werden müssen, dass wir nie modern gewesen seien, sofern damit die Erkenntnis gemeint sei, dass Gesellschaft und Natur nicht voneinander loskommen könnten.[26] Genau das hat die Gemeinschaft der Historischen Materialist:innen immerzu gepredigt – nicht zuletzt ist das Beharren darauf, dass der Mensch aus Materie besteht, ihrem Namen bereits eingeschrieben, während das Adjektiv »historisch« besagt, dass sich daraus keine sozialen Verhältnisse ableiten lassen, sind diese doch gleichermaßen materiell in ihrer Substanz als auch vollkommen undenkbar außerhalb der Natur, gleichwohl sie emergente Eigenschaften an den Tag legen, die sich von ebendieser Natur unterscheiden. Stellen wir uns hierfür einen Baum vor. Er wächst aus dem Boden, bezieht Nahrung daraus, stirbt ab, sobald er davon abgeschnitten wird: Und dennoch lässt er sich nicht darauf reduzieren. Die Natur ist der Boden für die Gesellschaft, der Schoß, aus dem sie hervorgesprossen ist, die Hülle, aus der sie niemals ausbrechen wird, doch genauso wie der Baum von seinem Boden abgesondert werden kann, kann auch die Gesellschaft von der Natur unterschieden werden, schließlich ist sie aus der Erde geschossen und hat sich im Laufe dessen, was wir mit Historie bezeichnen, in unzählige Richtungen verzweigt.[27]

Wenn das jemand weiß, dann Bruno Latour. Er ist sich darüber bewusst, dass sich der Historische Materialismus in permanenter Opposition zum Kartesianismus befindet, und dennoch hält er ihn für die fürchterlichste Abscheulichkeit von allen – die »Marxisten, [diese] Modernisierer par excellence« –, behalte der Historische Materialismus doch die Idee der Gesellschaft und Natur als Paar bei. Der Irrtum bestehe Latour zufolge darin, einen Gegensatz wahrzunehmen, wo gar keiner sei. »Auch die dialektische Interpretation ändert hier nichts, denn sie behält die beiden Pole bei und begnügt sich damit, sie durch die Dynamik des Widerspruchs in Bewegung zu bringen« – schlimmer noch, sie lasse die Nichtbeachtung der Hybridität »noch unkenntlicher als im dualistischen Paradigma [werden]. Denn sie täuscht vor, [diese] durch Schleifen und Spiralen und andere komplizierte akrobatische Figuren zu überwinden. Sie redet wortwörtlich um den heißen Brei herum.«[28] Dabei gebe es doch nur den heißen Brei, das verfängliche Netz aller Dinge. Man muss Latour hier zugutehalten, dass er den Unterschied zwischen seinem Ansatz und dem des Historischen Materialismus korrekt festmacht: Ja, die Dialektik ist der Tanz der Gegensätze und bedarf mindestens einer Dyade. Der absolute Monismus schließt die Dialektik aus. Allein der

Eigenschaftsdualismus kann eine Dialektik von Gesellschaft und Natur miteinkalkulieren.

Von welcher »Gesellschaft« aber sprechen wir? Über eine vorläufige Definition von »Natur« verfügen wir bereits; nun fehlt noch eine für ihr Gegenstück. Eine prägnante und vernünftige Entsprechung lässt sich bequem den *Grundrissen* entnehmen: »Die Gesellschaft besteht nicht aus Individuen, sondern drückt die Summe der Beziehungen, Verhältnisse aus, worin diese Individuen zueinander stehn.«[29] Dieses Ding namens Gesellschaft hat Eigenschaften entwickelt, die innerhalb der Natur per se nicht auffindbar sind. Und damit sollte nun auch klar sein, wie sich die Matrix der Positionen innerhalb der Philosophie des Geistes auf den Nexus von Natur und Gesellschaft auswirkt: Der Historische Materialismus ist ein substanzmonistischer Eigenschaftsdualismus. Er steht sowohl dem kartesianischen Substanzdualismus als auch dem hybridistischen Doppelmonismus (sofern man die beiden als zwei Seiten derselben Medaille versteht) entgegen.[30] Wir werden seine Position weiter unten noch detaillierter abstecken; fürs Erste wollen wir lediglich ein weiteres Mal bekräftigen, dass es keineswegs merkwürdig ist, wenn zwei Dinge aus derselben Substanz bestehen und dennoch unterschiedliche Eigenschaften besitzen. Gerade als Material bewohnen der Baum und die Kettensäge den gleichen Wald: Deshalb kann die eine den anderen fällen. Zugleich folgen sie jedoch unterschiedlichen Bewegungsgesetzen. Auch deshalb kann die eine den anderen fällen.

Und so erweist sich nun, dass der Doppelmonismus ein ganz eigenes, höchst bedenkliches kausales Interaktionsproblem hat: Denn wenn die Gesellschaft über keine Eigenschaften verfügt, die sie vom Rest der Welt abgrenzen – also von dem, was wir beharrlich als Natur bezeichnen wollen –, *wie ist ein derart erschreckendes Ausmaß an Umweltzerstörung dann überhaupt möglich?*

Der die Gesellschaft und Natur betreffende substanzmonistisch-materialistische Eigenschaftsdualismus – oder schlicht »Eigenschaftsdualismus« – legt nahe, dass nichts an der Kombination der beiden Bereiche überraschen sollte. Vielmehr sollte genau sie als Norm vorausgesetzt werden. Denn im Anschluss an Hailwood können wir sagen, dass die Verstrickung der gesellschaftlichen und natürlichen Beziehungen nicht nur möglich, sondern auch unvermeidlich ist, wenn man bedenkt, dass die beiden fortwährende Bestandteile der materiellen Welt sind »und nicht vollkommen unterschiedliche Seinsordnungen«.[31] Die Frage also lautet, wie sich die Kombinationen überhaupt entwickelt haben. Mögen manche auch unverfänglich und irrelevant sein, andere milde und produktiv, und wiederum andere bösartig und destruktiv – geben wird es sie nun so lange, wie es den Menschen und dessen Gesellschaften geben wird. Und insofern es nur so strotzen dürfte vor Kombinationen, gilt es herauszufinden, durch welches Verfahren sich ihre Komponenten herausfiltern ließen. Fangen wir damit an, das Ganze einem groben Test zu unterziehen: Haben Menschen die Komponente konstruiert oder nicht? Sollte sie sozial sein, ist sie aus den Beziehungen zwischen den Menschen hervorgegangen, die sich im Laufe der Zeit verändert haben, und kann im Prinzip also durch deren Handlungen zerlegt werden; ist die Komponente jedoch natürlich, handelt es sich bei ihr um kein von Menschenhand erschaffenes Produkt, sondern vielmehr um eine Reihe an Energien und von ihrer Handlungsmacht losgelösten Kausalkräften und kann demnach nicht auseinandergenommen werden (genau jene Unterscheidung also, die Latour beseitigen will: die Distinktion zwischen einer Gesellschaft, »die durch und durch unser Werk ist«, und einer Natur, »die nicht unser Werk ist«).[32] Diesen Test durchzuführen, erweist sich nebenbei bemerkt als meistens ziemlich einfach.

Nehmen wir etwa das Loch in der Ozonschicht, eines von

Latours bevorzugten Beispielen.[33] Eine offenkundig soziale Komponente dieser Einheit ist (oder war) die Herstellung von Fluorchlorkohlenwasserstoffen für Kühlschränke, Spraydosen und andere von Unternehmen wie DuPont vertriebene Produkte. Um eine nicht minder offenkundig natürliche Komponente handelt es sich bei jener Art und Weise, wie die Chloratome dieser Substanzen mit den Ozonmolekülen in der Stratosphäre reagieren: Sie spalten sie ins Zehntausendfache auf. Die eine Komponente ist genauso materiell wie die andere, weshalb es ihnen überhaupt erst möglich war, miteinander zu interagieren. Als Einheit von Gegensätzen lässt sich der Prozess des Ozonabbaus noch weiter in seinen zusätzlichen, mit unseren einfachen Kriterien identifizierten sozialen und natürlichen Komponenten analysieren – und zufälligerweise liegt genau darin *die unabdingbare Prämisse jeglicher Lösung eines solchen kombinierten Problems*. Erst nach einem Isolierungsverfahren des Sozialen vom Natürlichen, kurz nach der Entdeckung ihrer gefahrbringenden materiellen Verknüpfung, konnte das Montreal-Protokoll den Unternehmen verbieten, weitere Fluorchlorkohlenwasserstoffe zu produzieren. In dieser Hinsicht glich es ein wenig dem Trotzkismus oder dem palästinensischen Widerstand. Indem es die hybridistische Paralyse in ihre Schranken wies, griff es die Kombination direkt an der Gefahrenquelle an.

Gerade entgegen der Botschaft des Hybridismus folgt daraus, dass *je häufiger wir Umweltzerstörungsproblemen gegenüberstehen, desto notwendiger ist es, die Einheiten an ihren jeweiligen Polen anzugreifen*. Denn anstatt für nichtig erklärt zu werden, erweisen sich die Unterschiede zwischen dem Gesellschaftlichen und dem Natürlichen aufgrund ökologischer Krisen essenzieller denn je. Denken wir nur an eine Ölpest. Ein Unternehmen setzt die Flüssigkeit in einem Flussdelta frei. Es kommt zu einer neuartigen Einheit – Öl und Wasser wurden miteinander vermengt –, was uns aber nicht veranlasst, die beiden Elemente dieser Situation als identisch zu behandeln oder (was aufs Gleiche hinausliefe) zu verkünden, dass das eine das andere aufgezehrt hat. Vielmehr würden wir Genaueres über ihre spezifischen Eigenschaften erfahren wollen. Einerseits stießen wir so auf die biologische Vielfalt des Deltas, die Geburtszeit der Delfine, das Zugverhalten der Vögel, die Nahrungskette, den Wellenschlag und andererseits auf die Betriebsabläufe des Konzerns, die Profitmotivmechanismen, den Wettbewerbsgrad der Ölindustrie, die Funktion des Erdöls innerhalb der Gesamtwirtschaft. Es mag verheerende Auswirkungen haben, dass nach einem bestimmten Ereignis diese beiden Flüssigkeiten nun an derselben Küste angespült werden. Der Frage nach ihrer Differenz-in-Einheit [*difference-in-unity*] verleiht dies aber *energisch* Gewicht – wir müssen herausfinden, wie sie miteinander agieren, welche Art von Schaden der eine Stoff dem anderen zufügt, und vor allem, wie die Zerstörung beendet werden kann. Wie Alf Hornborg kürzlich angemerkt hat, besteht darin die wirklich entscheidende theoretische Aufgabe: die *analytische* Distinktion beizubehalten, um herauszukitzeln, wie sich die Eigenschaften der Gesellschaft mit jenen der Natur durchmischen.[34] Nur so können wir uns die Möglichkeit bewahren, die Quellen des ökologischen Ruins zu beseitigen.

Und nur so können wir die fossile Ökonomie als historisches Phänomen begreifen. Jemanden wie Neil Smith ins Gegenteil wendend, schreibt Hornborg:

> Es ist *prinzipiell* möglich, der Wechselwirkung von aus der Natur und Gesellschaft stammenden Faktoren nachzuspüren. So sollte es beispielsweise machbar sein, abzuschätzen, wie hoch die Konzentration von Kohlendioxid in der Atmosphäre heute sein würde, wenn es nicht zu den aus menschlichen Gesellschaftsprozessen stammenden Zusätzen gekommen wäre [was durchaus ohne Weiteres machbar ist: Die Konzentration läge bei rund 280 ppm, anstelle der derzeitigen 400+, Anm. des Autors]. Menschliche Gesellschaften haben zwar die planetaren Kohlenstoffzyklen verändert,

> nicht aber die Kohlenstoffatome selbst. Wenn die Kategorien Natur und Gesellschaft also hinfällig sein sollten, wie momentan gerne behauptet wird, betrifft das lediglich die Vorstellungen der Natur und Gesellschaft als gebundene, distinkte Bereiche der Realität.[35]

Substanzdualismus führt dazu, dass die Umweltzerstörung, die der Gesellschaft entspringt und auf sie zurückfällt, unerklärlich wird. Dasselbe gilt für den Doppelmonismus. Die Überwindung des kartesianischen Vermächtnisses erfordert einen Verzicht auf dessen Philosophie, keineswegs aber eine Befürwortung des ontologischen oder methodologischen Hybridismus, bei dem die dynamische Durchdringung des Gesellschaftlichen und des Natürlichen erneut unsichtbar und infolgedessen unveränderlich wird. Erreichen lässt sich das durch die Entwicklung eines Eigenschaftsdualismus, der anerkennt, dass alles mit allem anderen in Verbindung steht (das Alpha der ökologischen Wissenschaft) und sich manche Teile innerhalb dieses Netzes störend verhalten (das Omega).

Dementsprechend sind Produktionsverhältnisse materiell und sozial, nicht aber natürlich. Der Kohlenstoffzyklus ist materiell und natürlich, nicht aber sozial. Aufgrund so mancher Ereignisse im Laufe der Zeit verlagerten sich die Ersteren, um sich in Letzterem niederzulassen (gleich einer Kettensäge im Wald) – der in der Lithografie von Labuan festgehaltene historische Moment. Erst wenn wir die britischen Imperialisten als Handlungsträger einer sehr, sehr speziellen Mission betrachten, die sich ihren Pfad durch eine Natur bahnten, deren Gepflogenheiten ihnen unbekannt waren, lassen sich die Ursachen und die Tragweite ihrer Handlungen verstehen. Die Natur stachelte sie nicht dazu auf, nach Kohle zu suchen; die Gesellschaft konstituierte keineswegs die Atmosphäre. Die Konsequenzen haben sich an der Schnittstelle der beiden materialisiert.

EINIGE PROBLEME INNERHALB DES EIGENSCHAFTSDUALISMUS

Es liegt etwas Unvorteilhaftes in der Tatsache, dass Descartes und die Philosophie des Geistes die Konditionen für diese Debatte festgelegt haben. Die bloße, dem Geist analoge Positionierung der Gesellschaft weist auf einen idealistischen Ballast hin. Zudem verbraucht ein Gedanke keine Synapsen oder neuronalen Netzwerke, um bestehen zu bleiben. Man hat wohl noch nie von einer Person gehört, die ihren Verstand so weitreichend und exzessiv benutzt hätte, dass eine Hälfte des Gehirns schlicht aufgebraucht worden wäre – wie es etwa menschlichen Gemeinschaften durchaus möglich ist, einen Ackerboden durch übermäßige Landwirtschaft auszuzehren. Gedanken sind keine metabolisierenden Kreaturen; ihr Verhältnis zum Gehirn ist nicht aufsaugend, umwandelnd, potenziell erschöpfend wie das zwischen dem Menschen und dem Rest der Natur. Folglich besteht das Risiko darin, entlang der Parallele in die Irre zu gehen, was aufgrund gewisser Probleme innerhalb des Eigenschaftsdualismus als einer Philosophie des Geistes noch verstärkt wird, auf die ihre Kritiker:innen mit besonderer Härte einprügeln. Selbstverständlich ist es nicht leicht, sich auszumalen, wie eine mentale Substanz und eine physische Substanz miteinander interagieren können. Warum sollte es also einfacher sein, sich vorzustellen, wie das mentalen und physischen Eigenschaften gelingt? Wenn etwas einen nicht-physischen Charakter besitzt – ein Gedanke beispielsweise –, wie könnte es auf etwas so entschieden Physisches wie die Bewegungen eines Körpers Einfluss ausüben? Der Eigenschaftsdualismus, behaupten dessen Kritiker:innen, halte sich selbst zugute, Descartes' kausales Interaktionsproblem abgestoßen zu haben, nur um es anschließend durch die Hintertür wieder hereinzubitten. Indem man dem Verhalten physischer Objekte – insbesondere menschlicher Körper – irgendeine Art von mentaler Kausalität unterstelle, formuliere man das unlösbare Rätsel lediglich auf einer anderen Ebene neu.[36]

Entgegen dieser kränkenden Anklage haben die Eigenschaftsdualist:innen verschiedene Verteidigungsstrategien entwickelt. Manche wenden ein, dass in dieser speziellen Kausalitätsform physische und mentale Eigenschaften miteinander verknüpft seien, die beiden Positionen einander folglich nicht ausschlössen, sondern eher ineinandergriffen und gemeinschaftlich wirkten. Manch andere schlagen wiederum vor, dass bestimmte physische Ereignisse durch Bewusstseinszustände »ermöglicht« würden, wohingegen wiederum andere die Existenz »psychophysischer Gesetze« postulieren, hinter deren innere Mechanismen wir erst noch kommen müssten, auf deren Spuren wir jedoch unentwegt stießen.[37] Auch wenn das Rätsel bis heute keine zufriedenstellende und allgemein akzeptierte Lösung gefunden hat, besteht ein äußerst zwingender Grund zu der Annahme, dass es irgendeine Art von Lösung geben muss: namentlich das Phänomen der menschlichen Handlung, Gegenstand des nächsten Kapitels. Wenn ich meinen Arm zum Gruß heben will, tue ich das. Wenn ich einem elektrischen Schlag oder einem epileptischen Anfall ausgesetzt bin, schwingt mein Arm möglicherweise mit der gleichen Bewegung nach oben, doch nur der erstgenannte Vorgang wird als Handlung gewertet. Die unschwer feststellbare Tatsache, dass sich in dieser Welt Handlungen vollziehen, verweist nachdrücklich darauf, dass mentale Eigenschaften eine kausale Wirkung auf Körper haben können, selbst wenn wir noch nicht genau wissen, wie sie das anstellen. Der Preis, den man zu zahlen hätte, um eine der beiden zuvor genannten Alternativen zu akzeptieren – Substanzdualismus, der die gegenseitige Beeinflussung ganz eindeutig ausschließt, oder Physikalismus, der alles Mentale beseitigt –, scheint untragbar, was uns mit dem Eigenschaftsdualismus als Leitstern mit den größten Aussichten auf weitere Untersuchungen zurücklässt.[38]

An dieser Stelle sollten wir jedoch innehalten und uns nicht weiter in das Labyrinth der Philosophie des Geistes vorwagen. Stattdessen wollen wir den Eigenschaftsdualismus als eine spezifische Haltung gegenüber der Natur und Gesellschaft reformulieren. Der einfachste Weg dabei, die Kategorie der Substanz für unsere Zwecke zu begreifen, besteht darin, sich eine Antwort vorzustellen auf die Frage: »Um was für ein Ding handelt es sich?« Demgegenüber ist eine Eigenschaft das, was durch eine Antwort auf die Frage »Wie ist dieses Ding beschaffen?« beschrieben werden kann. Entsprechend können wir sagen, dass eine Flagge ein physisches Ding ist, bestehend aus Atomen und anderen Teilchen, und der Stein ebenso. Aber die Flagge ist rot und flattert im Wind, wohingegen der Stein grau ist und rasch wieder zu Boden fällt, sobald er einmal geworfen wurde. Die beiden Gegenstände bestehen aus der gleichen Substanz, besitzen jedoch verschiedene Eigenschaften in Bezug auf Farbe, Form, Masse und Gewicht, und das stellt uns vor keinerlei Rätsel.

Bis hierhin lassen sich vier Grundsätze unseres Eigenschaftsdualismus spezifizieren, erstens: Natürliche und soziale Eigenschaften sind verschiedene Arten von Eigenschaften. Zweitens: Natürliche und soziale Eigenschaften heften sich an materielle Entitäten ein und derselben Substanz. Drittens: Eine Entität kann sowohl natürliche als auch soziale Eigenschaften besitzen, sodass es sich bei ihr um eine Kombination der beiden handelt. Und viertens: Soziale Eigenschaften hängen letztlich von natürlichen Eigenschaften ab, nicht aber umgekehrt.

Diese Unterscheidung beruht auf der Realität, ist also keine bloße Laune der Klassifizierung. Das lässt sich, in Übereinstimmung mit dem obigen Test, durch eine Frage belegen, die zwangsläufig ätiologisch zu sein hat: Ist diese Eigenschaft das Resultat der Beziehungen zwischen den Menschen oder dasjenige von Strukturen und Prozessen, die unabhängig von menschlichem Handeln geschehen? Darüber hinaus lässt sich jetzt ohne Weiteres feststellen, dass die kausale Interaktion kein dem der Philosophie des Geistes entsprechendes Problem darstellt, da soziale Eigenschaften genauso wenig immateriell oder mental sind wie natürliche.[39] Der Verkehr zwischen den beiden erfordert keinen Übergang zwischen dem Nicht-Physischen und dem Physischen. Sollten Menschen über Geist verfügen, so muss das daran liegen, dass ihre komplexen körperlichen Verfassungen diesen hervorgerufen haben, was bedeutet, dass sie *von Natur aus* über Geist verfügen; folglich sind mentale Eigenschaften sowohl auf der natürlichen als auch auf der sozialen Seite der Medaille eingeprägt. Dementsprechend stellt auch die soziale Verhaltenskausalität von physischen Objekten kein ontologisches Rätsel dar.

An diesem Punkt müssen wir jedoch noch einer anderen Definition der Natur Beachtung schenken: nämlich Natur als all das, was ist. Manche würden behaupten, die Natur sei der Kosmos als Ganzes, die grenzenlose Totalität, in der alles existiere, das Universum des Physischen (und vielleicht auch des Göttlichen). Dieser Ansicht nach ist die Gentrifizierung einer Nachbarschaft genauso natürlich wie die Rotation eines Planeten, schließlich findet beides innerhalb von all dem statt, was ist. »Natur« aber in diesem eher trivialen Sinn zu gebrauchen, würde außer Acht lassen, was in der hier behandelten Debatte auf dem Spiel steht; niemand bis auf die eingefleischtesten Transzendentalist:innen würde es wagen, den Kosmos in Zweifel zu ziehen, und niemand stellt das Kosmische dem Gesellschaftlichen gegenüber. Denn laut der realistischen Definition ist es die Natur, die beide Positionen einnimmt. Keineswegs aber deutet diese Definition an, dass das Gesellschaftliche neben, parallel oder schwankend über dem Natürlichen steht: ganz im Gegenteil. Eben weil es aus materieller Substanz besteht und eben weil die materielle Welt im Grunde natürlich ist – bis die Gesellschaft aus ihrer Mitte emporgeschossen kam, war die Natur auf sich allein gestellt –, muss alles Soziale etwas Natürliches als sein *Substrat* haben. Materiell zu sein bedeutet, mit der Natur zusammenzuhängen. Insofern Produktionsverhältnisse materiell sind, sind sie definitionsgemäß auf dem Natürlichen begründet und dadurch bewahrt. Es ist das Materielle, das Natur und Gesellschaft innerhalb dieses

Dreiecksverhältnisses verbindet, jedoch keineswegs als eine symmetrische oder neutrale Basislinie, schließlich muss sich Materie den Naturgesetzen grundlegend unterwerfen.[40] Weder innerhalb der realistischen noch innerhalb der kosmischen Definition gibt es ein Außerhalb der Natur. Wenn das paradox klingt, liegt das daran, dass es paradox *ist*, wie Soper eloquent zum Ausdruck gebracht hat:

> Natur ist das, was die Menschheit in sich selbst vorfindet und zu dem sie in gewissem Sinne gehört, aber auch das, von dem sie ausgeschlossen zu sein scheint, sobald sie entweder über ihre Andersartigkeit oder ihre Zugehörigkeit reflektiert.[41]

Wir werden versuchen, diese prekäre Position ausführlicher zu bestimmen und insbesondere auf den Begriff des »Substrats« zurückkommen. Vorerst dürfte all das aber ein wenig verständlicher werden, wenn wir uns dem Konzept der *Emergenz* zuwenden.

Das klassische Beispiel für Emergenz ist Wasser. Obwohl ein Bestandteil davon (Wasserstoff) für sich allein genommen leicht entzündlich ist und der andere (Sauerstoff) dafür sorgt, dass Dinge schneller brennen, ist diese Flüssigkeit in der Lage, Flammen zu löschen. Bei null Grad gefriert dieses H_2O, wohingegen H und O bei solchen Temperaturen bereits Gase wären. Indem die Atome auf der Ebene des Moleküls in einer bestimmten Anordnung fixiert werden, tritt auf dieser Ebene etwas Neuartiges auf, und das Gleiche gilt für etliche andere Moleküle, wie etwa CO_2, das die Fähigkeit besitzt, in einer Weise hin und her zu schwingen, sodass Infrarotlicht blockiert und dorthin zurückgestrahlt wird, wo es hergekommen ist, vornehmlich auf die Erde, und so die Hitze im Inneren des Systems einschließt. Für sich genommen wäre ein C- oder O-Atom außerstande, desgleichen zu leisten. Zu weiteren bekannten Beispielen zählen Bienenstöcke und Ameisenhügel: Die individuelle Biene oder Ameise verfügt über ein begrenztes Repertoire und verhält sich, auf sich allein gestellt, oftmals unberechenbar, während sich das kollektive System durch eine erstaunlich komplexe Arbeitsteilung auszeichnet, die jedem Mitglied eine Aufgabe zuweist.[42] Formeller ausgedrückt, handelt es sich bei einer emergenten Eigenschaft also um eine Eigenschaft des Systems, die sich aus der Organisation von dessen Teilen ergibt. Laut den jüngsten Fortschritten innerhalb des Studiums der Emergenz – die von Dave Elder-Vass in der Soziologie entwickelte »relationale« Theorie, Carl Gilletts »mutuale« in der Wissenschaftstheorie – liegt der Ursprung der Neuartigkeit gerade in den komplexen Zusammenhängen zwischen den Komponenten einer Entität, seien es Atome innerhalb eines Moleküls, Neuronen im Gehirn oder einzelne Menschen innerhalb der Gesellschaft.[43] Die spezifische Art und Weise, in der das Kollektiv zusammengesetzt ist, prägt die Rolle, die von den Komponenten ausgefüllt wird. Es ist mehr als ein bloßes Klischee, zu sagen, dass »sich Teile in Ganzheiten unterschiedlich verhalten« oder dass »Ganzheiten mehr als die Summe ihrer Teile sind«.[44]

Abermals findet sich, entgegen dem Vorurteil, kein Fünkchen Magie in solch einer Emergenz, keine wohlriechende Substanz oder eine aus dem Hut springende Vitalkraft.[45] Es handelt sich allein um die trockene Angelegenheit der Konfigurierung von Teilen zur Erzeugung neuartiger Eigenschaften, wie etwa des Treibhauseffekts im Falle von Kohlenstoff und Wasserstoff. Mit dieser Eigenschaft ausgestattet, kann das Ganze – das CO_2-Molekül – für sich genommen schließlich eine kausale Wirkung auf den Rest der materiellen Welt erzielen. Die Eigenschaft selbst ist eine genuine Neuheit, kein vorübergehendes Versagen der Wissenschaftler:innen, sie innerhalb ihrer Einzelteile aufzuspüren; zwar lässt sich die Neuheit durch das Zusammenspiel der Bestandteile erklären, doch existiert sie nicht in ihnen. Allein in der Gesamtheit ist sie als solches vorhanden.[46] Eine überzeugte Reduktionistin würde einwenden, dass, wenn wir nur fest genug an der Oberfläche kratzten, wir schlussendlich einsehen würden, dass es nichts außer den Teilen innerhalb eines Systems gebe. Und deren gesammelte Eigenschaften ließen sich in der Sprache der niederschwelligsten Physik beschreiben. Wenn überhaupt generierte also die kontinuierliche Anhäufung von Komponenten – so und so viele Exemplare des Partikel X, plus so und so viel von Z und Y – bestimmte Muster, die im Grunde dann jeweils wissenschaftlich zerlegt werden könnten.[47] Ein solcher Reduktionismus hat in den Naturwissenschaften zwar mäßige empirische Erfolge gegenüber manch übertriebenen Visionen der Emergenz erzielt, doch gibt es ein Gebiet, in das es ihm unmöglich scheint, einzudringen: das der Gesellschaft. Die Eigenschaften der Gesellschaft können nicht aus der atomistischen Aggregation ihrer Mitglieder abgeleitet werden. Etwas wie kapitalistische Eigentumsverhältnisse entsteht schließlich nicht aus der gleichmäßigen Anhäufung eines Körpers auf den anderen.

Denken wir an Rex Tillerson. Als menschliches Individuum stellt er das niedrigste Teilchen, wenn man das so sagen kann, in seiner Gesellschaft dar. Gleichzeitig handelt es sich bei ihm um einen eminent natürlichen Körper. Nackt und allein verfügt er über keinerlei Macht, aber als der Paterfamilias seiner reproduktiven Einheit genießt er mit vier Kindern gewisse Privilegien; als CEO von ExxonMobil trug er zu deren begründender Macht von beachtenswerter Reichweite bei; und als Außenminister des Trump-Regimes war er mit gewissen Befugnissen ausgestattet und es wurde von ihm erwartet, sich der einen oder anderen Etikette entsprechend zu verhalten. Innerhalb der Familie, des Unternehmens und des Staatswesens übertragen die charakteristischen Prinzipien der wechselseitigen Beziehungen ein festgelegtes Repertoire von wahrhaft wirkmächtigem Verhalten auf den Körper (sowie den Geist) von Rex Tillerson. Im Gegenzug beeinflusst er selbst diese Wechselbeziehungen – hierin liegt die Essenz von Gilletts »mutualer« Theorie, laut der die Komponenten und die Zusammensetzung einander wechselseitig bedingen, wie auch jene von Marx' Diktum, Geschichte werde unter unmittelbar gegebenen Umständen gemacht –, aber für sich genommen ist Tillersons Körper ohnmächtig. Die Macht ist keine ihm innewohnende Funktion, die sich wahllos, ordnungsgemäß oder kumulativ auf andere Personen übertragen ließe. Ohne Verweis auf den komplizierten Aufbau der Beziehungen ist diese Macht nicht nachvollziehbar, denn wäre Rex Tillersons Körper in ein anderes Setting verfrachtet – in ein Flüchtlingslager etwa oder an ein Fließband –, würde er seine gegenwärtige Befehlsgewalt über die körperlichen Regungen anderer unmittelbar einbüßen. Der Versuch, zu erklären, was in diesen Arenen vor sich geht, indem man bis zur niedrigsten Stufe vordringt – Tillersons physischer Körper, dessen Metabolismus und sein Zusammenstoß mit desgleichen anderen –, wäre ein Kategorienfehler.

Die Gesellschaft besitzt laut der *Grundrisse*-Definition in der allerletzten Instanz natürliche Komponenten. Diese sind aber in Verhältnisse gegliedert, *aus denen eine Gesellschaft hervorgeht*, zu einem System mit neuartigen Eigenschaften, *die in der Natur nirgendwo zu entdecken sind* – das betrifft auch Bewegungsgesetze, über die kein menschlicher Körper, nicht einmal die räumlichen Verhältnisse zwischen zweien oder dreien davon, an und für sich verfügen. Um welche handelt es sich genau? Als Gefüge von Beziehungen strotzt die Gesellschaft bloß so vor emergenten Eigenschaften. Es wäre unsinnig, zu versuchen, sie hier aufzulisten. Im Folgenden sollen deshalb bloß einige wenige erwähnt werden. Sie können dabei alle möglichen kausalen Auswirkungen auf den Rest der Welt haben, insbesondere auf die Natur.[48] Wie jede mit emergenten Eigenschaften ausgestattete Ebene kann auch die Gesellschaft eine *abwärts gerichtete Kausalität* auf ihre einzelnen Bestandteile und elementaren Grundlagen ausüben. Sie ist aus der Natur hervorgegangen – genauer gesagt aus den biologischen Körpern der Angehörigen unserer Spezies – und muss, ähnlich wie Wasser, das ausschließlich auf einem Planeten mit Sauerstoff existieren kann, innerhalb dieser Bettstatt verbleiben. Gleichzeitig aber besitzt die Gesellschaft die einzigartige Fähigkeit, Aspekte der Natur in solchem Maße zu affizieren, dass eine Krise ausgelöst werden kann.

Innerhalb dieser Auffassung der Welt wirkt es jedoch so, als lägen die Grenzwerte der Emergenz im Millionen- oder Milliardenbereich. In der Natur ist die Chemie jedoch voll davon. Und in der Biologie lässt Stephen Jay Gould seine bahnbrechende »hierarchische Selektionstheorie« sogar auf der Ebene der Gene, Organismen, Populationen, Spezies und Kladen gründen, mit ihren jeweiligen charakteristischen Eigenschaften, die Gegenstand selektiver Zwänge werden können: »Im Haus meiner Mutter – der Erde – gibt es viele Wohnungen.«[49] Oder wie es in dem von Gillett bemühten architektonischen Gleichnis heißt, »besitzen wir verschiedene Arten von Grundgesetz-›Türmen‹, gleich einer Ansammlung an Stufenpagoden, die sich über den Dschungel erheben. Innerhalb dieser Landschaft verfügen wir also über eine Reihe an unterschiedlichen Typen von Grundgesetzen«, die in einer gewaltigen »Gesetzespyramide« jeweils zum nächsten führen.[50] Eine Aufzählung würde alles von Quarks über Zellen bis hin zu Gattungen und Galaxien umfassen und über die beschränktere Aufeinanderfolge von Laub, Baum, Hain, Wald und etlichen anderen derartigen Dingen hinweggehen. Innerhalb der Gesellschaft ließen sich wiederum Haushalt, Arbeitsplatz, Unternehmen, Industrie, Klasse, Nationalstaat, Weltsystem anführen und dazwischen ziemlich viele Wohnungen und Pagoden. In der Natur *und* in der Gesellschaft verfährt die Emergenz also, als ob sie sich von den grundlegenderen Einheiten zu den höheren entwickeln würde – oder in der von Vertreter:innen des Critical Realism bevorzugten vertikalen Metapher ausgedrückt: von einer Schicht zur nächsten, mit jeweils eigens definierten Mechanismen und einer relativen Autonomie, bis ganz hinauf in den Kosmos als Ganzem, jenseits der Unendlichkeit der »Stratifikation«.[51]

Diese Sicht der Welt steht dem Hybridismus mit seinem Drang, ontologische Hierarchien einzuebnen und alle Unterschiede zu tilgen, eindeutig entgegen.[52] Aber auch mit dem Eigenschaftsdualismus scheint sie im Widerspruch zu stehen. Denn in den Worten Andrew Colliers gibt es nicht den »einen Großen Graben« zwischen Gesellschaft und Natur, sondern »viele Aufspaltungen zwischen gegenseitig irreduziblen Schichten«, einen Strom von Emergenzen, die sich nicht darum kümmern, wo das Natürliche aufhört und das Soziale beginnt.[53] Die differenzierteste materialistische Position müsste demnach eigentlich ein Eigenschafts*pluralismus* sein. Auf dieses Problem gibt es jedoch eine ganz klare Antwort. Umweltzerstörung, einschließlich des Klimawandels, findet nicht an der Grenze zwischen Tröpfchen und Wolke oder zwischen Blütenblatt und Blume, Stein und Abhang, Betriebsratsvorsitzendem und Verband oder zwischen Gemeinde und den Vereinten Nationen statt. Sie vollzieht sich *direkt an der Schnittstelle zwischen Gesellschaft und Natur.* Wir sollten den Eigenschaftsdualismus also als Spezialfall oder Unterabteilung eines größeren Pluralismus behandeln, solange wir daran denken, dass jede der beiden Übertotalitäten gleich einer Matrjoschkapuppe eine ganze Reihe an eingenisteten Totalitäten beinhaltet. Obwohl diese Sichtweise nun in der Terminologie der »Substanzen« und »Eigenschaften« zum Ausdruck gebracht wurde, können wir darüber hinaus ebenso gut zwischen natürlichen und sozialen Beziehungen, Dynamiken, Phänomenen, Entitäten oder Kategorien unterscheiden, insofern wir die formulierten Kriterien mitbedenken. Das vorausgeschickt, findet sich der Eigenschaftsdualismus, der Natur und Gesellschaft betrifft, nun genau dort, wo wir ihn haben wollen, nämlich mitten im Kreuzfeuer unserer heutigen Zeit.

DAS PARADOX HISTORISIERTER NATUR

CO_2 ist ein Spurengas. Es entspricht nicht den menschlichen Bedürfnisse, davon mehr als einen winzigen Bruchteil der Atmosphäre zu erzeugen. Bei diesem Bruchteil handelt es sich bisher zwar nur um einen Anstieg von 280 auf etwa 400 *parts per million*, aber schon dieser kleine Eingriff in die Zusammensetzung – kombiniert mit Gasemissionen, deren Konzentration in den *parts per billion* und *trillion* liegt – war ausreichend, um die bis dato wahrnehmbaren Auswirkungen des Klimawandels einzuleiten und weitere in Gang zu setzen. Das liegt daran, dass CO_2 über eine einzigartige Funktion innerhalb des Klimasystems verfügt, was hin und wieder mit einem »Kontrollknopf« verglichen wird, dessen Drehung eine ganze Reihe an Mechanismen auslöst, die die Erde abkühlen oder erwärmen: Und mittlerweile wird daran »schneller gedreht als zu jedem anderen Zeitpunkt in der Geschichte der geologischen Aufzeichnung«.[54] Und eben hieran bemisst sich der menschliche Einfluss. Trotzdem handelt es sich dabei bloß um eine geringfügige Umstrukturierung der Sandkörner innerhalb eines Systems, dessen ungeheure Ausmaße unseren Verstand bei Weitem übersteigen; alles Weitere ist eine Lawine aus Kettenreaktionen, zu deren Verwirklichung der Mensch nichts beiträgt (insofern schmälert das Drehen des Knopfes die Kontrolle). Bedenken wir die Tatsache, dass Eis bei mehr als null Grad Celsius schmilzt. Diese Beziehung – zwischen Wasser in seinem festen Zustand und der Temperatur – ist den Menschen und was sie miteinander tun absolut vorgängig und äußerlich. Nun wird ein Signal durch das Klimasystem übermittelt, das diese Beziehung wie eine vibrierende Saite in Schwingung setzt und sich über die Eiskappen, -schilder und -schelfe auf- und zwischen den Polen verteilt. Oder nehmen wir den Albedo-Effekt: jenes Vermögen weißer Oberflächen, Strahlung zurück ins All zu reflektieren, und das konträre Vermögen schwarzer Oberflächen, sie zu absorbieren, auf der Erde zu speichern und so einen Rückgang des Eises in einen Wärmestau auf offenem Ozean umzuwandeln, wodurch bewirkt wird, dass noch mehr Eis schmilzt und immer so weiter. Auch hierbei handelt es sich um eine absolut *natürliche* Beziehung zwischen Entitäten innerhalb der Natur, ohne jeglichen sozialen Input.

Welchen Hebel auch immer man ansetzt, um die Erderwärmung als materiellen Prozess innerhalb der Biosphäre zu untersuchen, man stößt in der Natur auf Zusammenhänge zwischen Dingen, die die Natur nicht bloß verzieren oder an ihren Rändern etwas hinzufügen, sondern die sie vollständig konstituieren. Weit davon entfernt, sich in Luft aufzulösen, definieren Tausende natürliche Beziehungen – zwischen dem arktischen Meereseis und dem Jetstream, zwischen dem Salzgehalt des Wassers und den Tiefenströmungen des Ozeans, zwischen Monsunen und Feuchtigkeit, Sturmfluten und Meeresspiegeln, Habitaten und Hitze, Trockenzeit und Evapotranspiration, Korallen und Übersäuerung, Niederschlag und Schwankung – dieses Phänomen in all seiner verwirrenden Komplexität. Die Verbrennung fossiler Energieträger wird kraft ihrer Beziehung zu diesen ganzen Variablen zu einem Problem, das sich am besten nicht als eines der Konstruktion oder Produktion, sondern als eines der Störung, der Unruhe, der Verwirrung beschreiben lässt. Die Gesellschaft hat den Klimawandel in Gang gesetzt, die Natur erledigt den Rest der Arbeit. In der Handwerkskunst wäre ein vergleichbares Szenario beispielsweise, eine Schraube in ein Brett zu drehen, um dann, wie auf ein Signal hin, all den Ziegeln und Balken und dem Betonstahl und den Fensterscheiben zuzusehen, wie sie zur Baustelle drängten und sich spontan zu der Form von, sagen wir, einem Einkaufszentrum zusammensetzten: ein magisches Ereignis, was heißt, dass Konstruktion sich so nicht zuträgt. Die Erderwärmung wurde nicht gebaut, sondern ausgelöst. Das Klima ist nicht geschaffen, sondern verändert, zerrüttet, gestört, destabilisiert.

Und die Komponenten des Prozesses lassen sich auseinandersieben. Die groß angelegte Verbrennung fossiler Energieträger kam durch eine äußerst merkwürdige Menschheitsgeschichte auf und ließe sich wieder einstellen, wohingegen der Umstand, dass sich Ozeane ausdehnen, sobald sie sich aufheizen, außerhalb jeglichen menschlichen Einflussbereiches liegt. Subventionen für fossile Energieunternehmen sind seit dem 20. Jahrhundert endemisch und ließen sich von Regierungen leicht aufkündigen, doch gegen die Tatsache, dass der Säuregehalt der Ozeane ansteigt, sobald größere Mengen an CO_2 in der Luft vorhanden sind, lässt sich nichts ausrichten.[55] Der Hybridismus leugnet, dass es irgendeinen qualitativen Unterschied zwischen den UN-Klimaverhandlungen und dem Vorgang der Fotosynthese gibt, doch nicht nur besteht ganz offensichtlich ein Unterschied – das eine wurde von Menschen geschaffen, das andere nicht –, die Leugnung dieses Unterschieds fegt zugleich auch die Signifikanz der Kombination fort. Denn das Problem des Klimawandels besteht doch gerade darin, wie sich soziale Verhältnisse mit natürlichen verbinden, welche nicht durch sie hervorgebracht wurden. Ohne die Vorherrschaft der natürlichen Gesamtheit würde die Emission von CO_2 und anderen Treibhausgasen kein Problem darstellen. Wenn die Menschen darüber entscheiden, ob sie fossile Brennstoffe extrahieren oder nicht, ob sie die Industrie subventionieren oder nicht, Emissionen weltweit drastisch reduzieren oder nicht, treffen sie Entscheidungen über jene materielle Brücke, die sie mit genau den Faktoren des Erdsystems verbindet, die schließlich die Konsequenzen ziehen. Wenn sich die Brücke nicht über beide Seiten erstreckte, hätte die Entscheidung keinerlei Bedeutung.

Die Klimawissenschaft erzielt Fortschritte, indem sie Mechanismen innerhalb der Natur ans Licht bringt, die ihren Schatten schließlich auf die Politik zurückwerfen. Man nehme beispielsweise die im April 2016 in der Zeitschrift *Science* veröffentlichten Ergebnisse eines Forscherteams aus Yale, die nahelegen, dass die Rolle der Wolken bei der globalen Erwärmung deutlich unterschätzt wurde. In Wolken mit uneinheitlichem Inhalt reflektieren Eiskristalle mehr Sonnenlicht ins All zurück, als es Wassertröpfchen tun, weshalb eine Wolke mit höherem Eiskristallanteil dahingehend wirkt, dass der Planet abkühlt – in Klimamodellen wird den Wolken bisher jedoch ein unrealistisch hoher Eisanteil beigemessen. In Wahrheit beläuft sich die Anzahl der Wassertröpfchen auf weit mehr als bislang angenommen. Das bedeutet, dass, egal wie groß die Emissionsmengen auch sein mögen, der sich daraus ergebende Temperaturanstieg höher sein wird als bislang prognostiziert. Und tatsächlich kommt die Yale-Forschergruppe zu dem Schluss, dass Standardschätzungen zwar voraussagen, dass eine Verdopplung der atmosphärischen CO_2-Konzentration gegenüber dem vorindustriellen Niveau zu einer Erwärmung zwischen 2 Grad Celsius und 4,6 Grad Celsius führen werde, die Rückkopplungsmechanismen der Wolken jedoch einen Messbereich von 5 Grad Celsius bis 5,3 Grad Celsius andeuten.[56] Das wirft ganz neues Licht darauf, was es bedeutet, eine weitere Tonne CO_2 auszustoßen. Oder nehmen wir die Forschungsergebnisse, die besagen, dass beim Auftauen des Permafrostbodens mikrobielle Gemeinschaften zum Leben erwachen und anfangen, den bis dahin im Boden gelagerten Kohlenstoff abzubauen, und entweder als Methan oder Kohlendioxid freisetzen, und zwar sehr viel schneller, als bisher angenommen.[57] Erneut liegt hier ein kausaler Effekt aus dem Reich der Natur vor, bei dem es sich zwar nicht um ein gesellschaftliches Produkt handelt, der aber dennoch von jedweder Klimapolitik miteinkalkuliert werden sollte. Genau darin besteht die allgemeine Form des Problems.

Gerade weil sie kontinuierlich Anteil an der gesamten materiellen Welt haben, greifen das Soziale und das Natürliche ineinander. Aber nur, wenn wir sie analytisch voneinander getrennt halten, können wir zwischen jenen Aspekten der Welt differenzieren, die der Mensch konstruiert hat – das heißt die emergenten Eigenschaften der Gesellschaft –, und jenen, die durch vom Menschen unabhängige Mächte und kausale Kräfte erzeugt werden – sprich die emergenten Eigenschaften der Natur –, um zu überprüfen, wie die beiden in immer größeren Komplexitätsgraden miteinander verflochten wurden. Sein Projekt dem Zeitalter des Klimawandels anpassend, hält Latour weiterhin daran fest, dass »es keinen einzigen Fall gibt, in dem es sinnvoll wäre, zwischen dem, was ›natürlich‹, und dem, was ›nicht natürlich ist‹, einen Unterschied zu machen«.[58] Er glaubt, diese Epoche sei der letzte Nagel im Sarg der Unterscheidung.[59] In Wahrheit ist es jedoch genau andersrum. Um die Überlebenschancen zu maximieren, müssen wir der Dichotomie dessen, was durch und durch von den Menschen geschaffen wird, und dem, was nicht in ihrer Macht liegt, mehr Aufmerksamkeit denn je zuteilwerden lassen. Das bedeutet selbstverständlich nicht, dass ein sich erwärmender Planet buchstäblich in zwei Teile geschnitten werden kann – wäre das möglich, wären wir nicht in dieser misslichen Lage –, aber die Auseinandersetzung damit muss ein vergleichbares Verfahren anwenden. In der einen Ecke ExxonMobil, in der anderen der gefährdete Permafrost: Und dann schreitet man zur Tat.

Die Triebkraft des Klimawandels ist ein Gesellschaftstyp – die fossile Ökonomie –, den es vor dem 19. Jahrhundert noch nicht gab. Wenn CO_2-Emissionen die wichtigste Verbindungslinie dieser Gesellschaft zum Klima darstellen, liegt das allein daran, dass eine ganze Reihe an sozialen Verhältnissen konstruiert wurde, die derartige Ausflüsse in die Atmosphäre befördern; einmal oben angelangt, schließen sie sich mit unzähligen natürlichen Ganzheiten zusammen. Die globale Erwärmung ist kein flacher, monolithischer Hybrid, kein »Quasi-Objekt«, sondern eine bewegliche Einheit der Gegensätze, eine dynamische Kombination, ein Prozess, in dem soziale und natürliche Bestandteile übereinander stolpern: Und sobald der Knopf gedreht wird, treibt die Natur sie weiter an. Weit davon entfernt, diese Domäne aufzugeben, aktiviert die Verbrennung fossiler Energieträger bestimmte

> materielle[] Strukturen und Prozesse, die unabhängig von menschlicher Aktivität bestehen (in dem Sinne, dass sie kein von Menschenhand geschaffenes Produkt sind), und deren Stärken und kausalen Kräfte die notwendigen Bedingungen jeglicher menschlichen Praxis sind und die darüber entscheiden, welche mögliche Gestalt diese annehmen kann.[60]

Genau aus diesem Grund braust der Sturm auf die Türschwellen der ganzen Welt zu.

Hier lässt sich nun ein Paradoxon ausmachen: Je tiefgreifender die Menschen in ihrem Werdegang die Natur prägen, desto intensiver wirkt sich die Natur auf ihre Leben aus. Je stärker die Sphäre der sozialen Verhältnisse jene der natürlichen bestimmt, desto heftiger der in Richtung eines Zusammenbruchs verlaufende Rückschlag. Wir können dies *das Paradox historisierter Natur* nennen. Es strukturiert den Erwärmungszustand, wenn auch in einer ungleichmäßigen und abschüssigen Weise. Gerade jene sozialen Verhältnisse mit den am heftigsten durchlebten Dislokationen finden sich am weitesten von jenen Verhältnissen entfernt, die diesen Prozess am vehementesten herbeigeführt haben. Und obwohl im Augenblick – und in naher Zukunft noch mehr – den an den Rändern lebenden Armen das schlimmste Schicksal beschieden ist, stehen sie doch nur an erster Stelle einer Strecke, die auf einen Endpunkt zusteuert. Die immense Popularität der Ende-der-Natur-These stellt möglicherweise bloß ein verzerrtes Spiegelbild der Anfangsphasen der Erderwärmung dar, schließlich gerät die Macht der sozialen Verhältnisse gerade erst ins Blickfeld. Wenn es jedoch so weit sein wird, könnte das Ende der Gesellschaft als weitaus überzeugenderes Argument erscheinen. So zumindest lautet die sequenzielle Logik des Paradoxes der historisierten Natur: Wenn die Temperaturen ansteigen, werden wir nicht weniger Natur und dafür mehr Gesellschaft zu erwarten haben, sondern wohl eher das genaue Gegenteil. Sechs Grad, und der Rest wären wohl überwiegend Naturgewalten und kausale Kräfte.

Insofern hat E. Ann Kaplan recht, wenn sie schreibt, dass die Natur mittlerweile »der Menschheit durch ihre äußerst gewaltsamen Eingriffe Unterricht erteilt«.[61] Es handelt sich wirklich um die Natur, die in einer sich erwärmenden Welt tosend in die Gesellschaft zurückkehrt, und es ist die Zeit, die mit den Hufen scharrt, während das passiert. Jene Natur, die an die Tür des postmodernen Zustands klopft – sie gelegentlich einreißt, durchs Glas hindurchschmettert und die Trennwände selbst noch in ihrem Inneren wegfegt –, hat etwas von einem geisterhaften Geschöpf, denn sie wird vermittels einer menschlichen Vergangenheit immer weitergetragen. Die irrsinnige Kraft, über die sie verfügt, ist eine Funktion der Schächte, durch welche die Zeit seit dem frühen 19. Jahrhundert geflossen ist; anstatt der Rache der Natur aber handelt es sich dabei eher um die Rache der Historizität *im Mantel* der Natur. Je höher die kumulativen CO_2-Emissionen, desto unkontrollierbarer der Sturm; je mehr die Gesellschaft in die Natur eingedrungen ist und weiterhin in sie eindringt, desto stärker greift die Natur mit einer Geisterarmee in die Gesellschaft ein, deren einstige Übergriffe wir jetzt zu spüren bekommen. Genauso wie die Natur einst aus dem Blick der historischen Zeit geraten ist, finden beide jetzt wieder zueinander. Die Tatsache, dass die Natur in einen negativen Modus gedrängt wurde, wobei die Beziehungen so virulent in Schwingung gerieten, dass sie ganze Biome auszulöschen drohten, schmälert keineswegs ihre Präsenz (genauso wenig, wie es ein Asteroideneinschlag tun würde). Castree unterstellt, dass das Gerede von einer unabhängigen Natur pure Ideologie sei, dabei wäre es angemessener zu sagen, dass eine unabhängige Natur das Einzige ist, was nicht zu einem Ende kommen kann.[62] Das Paradox des Klimawandels besteht darin, dass die Natur durch ihn umso lebendiger zum Vorschein kommt.

3

Über das Wirken der Materie. Wider den Neuen Materialismus

EINE ASSEMBLAGE VIELGESTALTIGER SCHWARMMATERIALAKTANTEN

In letzter Zeit hat sich in den Reihen der Theoretiker:innen Unmut über den Cultural turn breitgemacht. Materialität, so die vielfach geteilte Überzeugung, spiele tatsächlich eine Rolle und könne »zurückbeißen«: Ein Korrektiv zur Diskursobsession sei längst überfällig. Die avantgardistische Gruppe, die sich selbst als »Neue Materialist:innen« bezeichnet, hat sich zum Ziel gesetzt, Theorie auszunüchtern und wieder zurück in die physische Welt vorzustoßen, wo die Dinge noch eine Funktion hätten; schließlich, so lautet ein beliebtes Argument, müsse jede Sekunde auf Erden innerhalb des materiellen Kraftfelds ausgelebt werden, angefangen beim banalsten Gegenstand (das Handy, das einen weckt) bis hoch in die kosmischsten Höhen (die Sterne, die über einem schweben) – »wie könnten wir [also] irgendetwas anderes als Materialistinnen sein?«[1] Text, Sprache, Symbole, Semiotik seien allesamt schön und gut und unzweifelhaft Elemente der menschlichen Existenz, aber welchen Grund gebe es, anzunehmen, dass sie, abgesehen von ein paar nachklingenden kartesianischen Vorurteilen, mehr zählten als die Materie selbst?[2] Schlimmer noch – und in den Augen der Neuen Materialist:innen liegt gerade darin die Hauptsünde des Cultural turns –, wie könnten wir weiterhin gar so tun, als ob die Menschen die Protagonist:innen dieses Planeten wären, obwohl doch mittlerweile offensichtlich sein sollte, dass Materie mit nicht weniger folgenschweren Auswirkungen agiere?[3] Eine autoritäre Macht scheint den Dingen anzuhaften.

Die Neuen sind jedoch nicht bloß unzufrieden mit dem, was wir idealistischen Konstruktionismus genannt haben, sondern genauso unglücklich über die *alten* Materialist:innen, die nicht weit genug gegangen seien und zugleich daran scheiterten, »der Materialität das zu geben, was ihr zusteht«.[4] Frühere Kohorten behandelten Materie, als wäre sie lediglich eine Masse an toten Objekten, die den Menschen zwar von allen Seiten her erfülle und umgebe, gleichzeitig aber nach wie vor ausschließlich als Bühne seiner inneren Dramen fungiere, worauf sich die eigentlich aufregende Handlung abspiele. Dieser Vorwurf richtet sich selbstverständlich gegen die Marxist:innen: Signalisiert der »Materialismus« einen Abschied von der Dekonstruktion, so markiert das »Neue« eine Distanzierung zur historischen Ausprägung. Zwei Beiträge in dem Band *Material Powers. Cultural Studies, History and the Material Turn* heben die Unterschiede deutlich hervor. Im Historischen Materialismus bestimmten die Verhältnisse zwischen den Menschen, wie auf Materie Bezug genommen werde; oder, anders ausgedrückt: Produktionsverhältnisse seien die Hände, die die Produktionskräfte zu ihren Hämmern schmiedeten und erwählten. Folglich, so lernen wir, »handelt es sich [dabei] in keiner sinntragenden Weise um einen Materialismus. Man sollte es sich möglicherweise eher als eine Art ›Sozialismus‹ vorstellen«, nicht im Sinne eines Programms zur Vergesellschaftung der Produktionsmittel, sondern im Sinne einer Theorie, die das Soziale als Dynamo der Entwicklung privilegiere.[5] Ein wirklicher – neuer – Materialismus müsse es sich zur Aufgabe machen, diese Rolle der Materie qua Materie beizumessen. Marxist:innen behandelten Materie als ein »Ergebnis«, ein »Mittel«, ein »Hindernis«, und das sei eine ausgemachte Frechheit. Materie sei das, was »die Dinge geschehen lasse; es verfüge über« – das Schibboleth – »*Handlungsmacht*«.[6]

Das ist es also, was den Neuen Materialismus ausmacht: die Behauptung, Materie besitze Handlungsmacht.[7] Käme es allein darauf an, zu zeigen, dass Materie eine Rolle spielt oder dass alles Materie ist oder dass menschliche Praxis untrennbar an die Umgebung von Materie gebunden ist, dann wäre es mit einer Variante des alten zwar möglicherweise getan, gleichzeitig jedoch ziemlich bescheiden. Materie ist die aktive Gestalterin der Welt. Unter diesem Banner führt die neue Brigade die Theorie zu einem »Material turn«, dessen weitverbreitete Doxa gerade darin liegt, dass Handlungsmacht fälschlicherweise als menschliches Privileg verstanden worden sei und nun schleunigst in den Dingen selbst ausgemacht werden müsse: in Würmern, Fettsäuren, Hunden, Wolken. Mit dieser Aussage ist der Material turn in der Umweltgeschichte auf fruchtbaren Boden gestoßen, jenem Forschungsbereich, in dem jegliche Historie der fossilen Wirtschaft unweigerlich verortet sein muss. Umwelthistoriker:innen – nicht alle, aber viele – sprechen liebend gern über die Handlungsmacht von Dreck, Insekten, Flüssen, Ackerböden; tatsächlich betrachten einige den Nachweis natürlicher Handlungsmacht als den Hauptzweck ihrer Forschung. In typischer Manier werden wir aufgefordert, »Natur als eine aktive, gestaltende Kraft« anzusehen; dazu angehalten, die Dichotomie zwischen Natur und Kultur niederzureißen und Handlungsmacht gleichmäßig zu verteilen, sodass die Natur ihren Platz als »eine Mitschöpferin der Geschichte« einnehmen könne; und darauf hingewiesen, dass Umwelthistoriker:innen bewiesen hätten, dass Bestien und Bäume und der Planet selbst »eigentlich authentische Akteure im historischen Drama« seien.[8] Die Menschen hätten schließlich lange genug im Rampenlicht gestanden.

Auch dem Klimawandel sind derartige Erkennungswörter zu eigen. Wir werden nachdrücklich ermahnt, einzusehen, dass, wenn es darum gehe, den Planeten aufzuwärmen, weder die

Eliten noch die Menschen alleine über Handlungsmacht verfügten, sondern ebenso »chemische Spezies und geophysikalische Kräfte«.[9] In einem Angriff auf marxistische Klimapolitikanalysen fordert uns Adam Trexler dazu auf, sowohl das Kapital als auch die Menschheit vom Thron zu stoßen und Platz zu schaffen für »die Handlungsmacht von anderen Arten, Treibhausgasen, arktischem Meereseis und Gletschern«, die besondere Handlungsmacht des »Wetters«, des »Kohlendioxids und Methans« anzuerkennen und uns nicht zuletzt an die »Handlungsmacht der Kohleschwaden« sowie jener von »Kohle« und »Öfen« und »Kohlekraftwerken« zu erinnern.[10] Das scheint möglicherweise genau das Gegenmittel zum Konstruktionismus zu sein, das wir brauchen. Lässt unsere Kritik am Konstruktionismus nicht gerade darauf schließen, dass die Natur dazu beiträgt – in einem äußerst lebhaften und aufgebrachten Zustand: wie ein Feuerball –, die Welt zu gestalten? Liegt nicht gerade darin die Bedeutung des Satzes, dass die Menschen den Kontrollknopf drehen und die dunklen Oberflächen und flüssigen Tropfen und Mikroben in der Tundra anschließend den Rest der Arbeit erledigen? Der Material turn scheint nicht nur der Materialität, sondern auch der Natur ihre Berechtigung zukommen zu lassen.

Die wichtigste Inspirationsquelle für diese Art des Denkens ist wieder einmal Bruno Latour. Im Doppelmonismus seiner Akteur-Netzwerk-Theorie ist die Handlungsmacht die zentrale Eigenschaft aller Entitäten, die bislang durch »die Verfassung der Moderne« getrennt waren. Objekte, sagt Latour, besäßen genauso viel Handlungsmacht wie Personen – denn schlägt nicht der Hammer den Nägeln auf den Kopf? Kochen nicht Wasserkessel Wasser, schneiden nicht Messer Fleisch, entfernt nicht die Seife den Schmutz? Solche Verben wiesen Handlungen aus, die genauso real seien wie die Stimmabgabe bei einer Wahl oder miteinander zu schlafen (wobei das Papier des Stimmzettels, das Holz der Urne, die Laken und das Bett nicht weniger Akteure seien als die Wähler:innen und die Liebenden).

Dinge seien es gewöhnt, zu »erlauben« und zu »verhindern«, zu »autorisieren« und »nahezulegen«, »auszuschließen« und zu »ermutigen«; nichts in ihrer Natur mache sie irgendwie weniger agentiell als unsere eigene, allzu häufig arrogante Spezies. Latours Definition der Handlungsmacht ist unkonventionell, aber hinlänglich einfach: »[S]ie mach[t] einen Unterschied für eine gegebene Situation«.[11] Die einzige Frage, die wir bezüglich Y stellen müssten, sei, ob es einen gewissen Effekt auf irgendein Z habe. Sollte die Antwort ja lauten, besitze Y Handlungsmacht. Es sei die Fähigkeit, etwas zu verändern, die zähle.[12]

Jane Bennett trägt in ihrem Buch *Lebhafte Materie. Eine politische Ökologie der Dinge*, das einem philosophischen Manifest der Neuen-Materialismus-Strömung am nächsten kommt, die Fackel weiter. Aufbauend auf Latour, übernimmt sie dessen Terminologie der »Aktanten« – Stellvertreter:innen des gewöhnlichen »Akteurs« –, die mit der Fähigkeit ausgestattet seien, »einen Unterschied zu bewirken, Wirkungen zu zeitigen, den Verlauf von Ereignissen zu modifizieren«; eine »Assemblage« von Aktanten sei die wahre Quelle der Handlungen in unserer Welt. Aktanten – Menschen und Nichtmenschen gleichermaßen – partizipierten zu gleichen Teilen an der Handlungsmacht, insofern sie sich zusammenschlößen, um anteilig ein Resultat herbeizuführen und einen »Schwarm verschiedener und vielfältiger, lebhafter Materialitäten« zu bilden.[13] Nun nimmt die Kategorie der Natur einen etwas ungünstigen Platz innerhalb dieses Schemas ein. Im Vertrauen auf den Hybridismus versuchen die Neuen Materialist:innen alle Unterschiede zwischen »natürlich« auf der einen Seite und »sozial« oder »kulturell« oder »menschlich« auf der anderen im grenzenlosen Ambiente der Materie aufzulösen. Eine andere prominente Exponentin, Diana Coole, meint, dass »die Natur mittlerweile so dermaßen geprägt und zerstört von menschlichen Projekten sein soll – Projekte, die die Geologie und Biosphäre des Planeten selbst verändern –, dass es nicht mehr länger Sinn ergibt, sich auf irgendeine verhältnismäßig unabhängige Domäne zu berufen«: Die Natur sei am Ende, doch Materie triumphiere.[14] Mittlerweile dürfte klar sein, dass vieles von dem, was die Neuen Materialist:innen als »Materie« oder »Materialität« bezeichnen, genauso gut von der realistischen Naturdefinition abgedeckt werden würde, die wir verteidigt haben.

Demnach scheint es also so, als besäße diese Theorie das Potenzial, die Welt zu erhellen. Auf die Anfangstage der fossilen Ökonomie übertragen, würde sie andeuten, dass zum Beispiel die Kohle im Dampfschiff, der Dampf, das Eisen des Kessels, der Kolben des Motors, der Heizer, der Kapitän, die Direktoren des Unternehmens und das Kohlendioxid in der dichten Rauchsäule sich zu einer Assemblage schwärmender Aktanten zusammensetzten, jeder mit eigenen »Bestrebungen«, keiner ausschlaggebender oder bestimmender als irgendein anderer.[15]

Und tatsächlich hat Bennett unlängst selbst die Behauptung aufgestellt, dass gerade aus diesem Grund ihre Strömung dem Marxismus gegenüber überlegen sei: Dieser könne auf das »wachsende Bewusstsein des Klimawandels« schließlich keine »gleichermaßen befriedigende Antwort« geben.[16] In einer sich erwärmenden Welt funktioniere der Neue Materialismus besser als die historische Variante. Doch im Moment der Niederschrift ist es noch an Bennett, die Gründe dafür zu liefern, warum genau das so sein sollte – doch ebenso liegt es an uns, die von ihr aufgestellte Behauptung zu überprüfen, und es sollte durchaus möglich sein, eine Antwort auf das vom Neuen Materialismus gestellte Problem zusammenzustückeln.

Aber denken wir doch noch einmal an das Bild aus Labuan. Hat die Kohle den Status eines Akteurs – oder Aktanten – tatsächlich verdient in dem, was sich dort gleich offenbaren wird? Ist die Lichtung aktiv an der Entdeckung beteiligt? Spielen die beiden Männer in dieser Episode keine Sonderrolle? Können wir sagen, dass die Ablagerung bestrebt ist, offengelegt zu werden, und der Kohlenstoff aus dem Untergrund gefördert werden möchte? Schließlich hat doch die Kohle auf Labuan sehr wohl zu einer Abweichung vom Sachverhalt beigetragen. Selbiges gilt für die Rümpfe der Dampfschiffe. Sollen wir also sagen, dass eine Assemblage von Aktanten auf Labuan aufgetaucht ist, wobei sich die Handlungsmacht der infrage stehenden Menschen qualitativ nicht von jener der Kohle, der Schiffsrümpfe und all der anderen anwesenden Materialien unterschieden hat? Offenkundig ist das die Botschaft, die der Neue Materialismus und der übrige Material turn bezüglich dieser Szene vermitteln möchte, was geradewegs die Frage aufwirft, ob sie nicht lieber den Schleier des Vergessens darüber ausbreiten wollten.

HAT EIN FLUSS EIN ZIEL?

Die zentrale Kategorie, der wir auf den Grund gehen müssen, ist allem Anschein nach also Handlungsmacht. Was bedeutet es, über sie zu verfügen? In der Alltagssprache und Küchenphilosophie wird Handeln mit Wollen assoziiert. Jemand, die handelt, ist jemand, die etwas tut, weil sie etwas in der Welt will. Die Sonne handelt nicht, wenn sie am Morgen aufgeht (obwohl sie sicherlich zu einer Abweichung vom Sachverhalt beiträgt), schließlich benötigt es aus Sicht des Laien dazu ein Element, das im Morgengrauen abwesend ist: ein Akteur, der ein Ziel erreichen will. Der Elternteil, der sein Kind bei Sonnenaufgang weckt, besitzt – im Kontrast zum morgendlichen Licht – Handlungsmacht. Das Kind selbst wird wahrscheinlich nicht sehr lange brauchen, bevor sie den Unterschied versteht, die Absicht des Elternteils bemerkt und zu protestieren und mit ihm in einer Weise zu diskutieren beginnen wird, wie sie es mit dem Morgenlicht keinesfalls tun würde. Es gibt Hinweise darauf, dass diese Disposition, Umgebungen in intentionale Akteure und nicht-intentionale Dinge zu zergliedern, in allen menschlichen Kulturen geteilt wird.[17] Die Grenzlinie wird nicht nur von der breiten Öffentlichkeit, sondern auch von professionellen Spezialist:innen der Handlungstheorie gezogen, einem Untersuchungsfeld, das bislang so unempfänglich für Latour und den Neuen Materialismus war, wie auf Distanz bedacht. *Philosophy of Action. An Anthology*, eine aktuelle Zusammenstellung von 37 der wichtigsten Aufsätze dazu, begründet diese Unterscheidung als eine Art kleinster gemeinsamer Nenner aller in diesem Bereich Tätigen.

Jennifer Hornsby: »Ein Ereignis, das die Bezeichnung ›Handlung‹ verdient, ist das intentionale Tun *einer Person.*«[18] Harry G. Frankfurt: »Wenn wir handeln, sind unsere Bewegungen zweckgerichtet.«[19] Helen Steward: »Kann eine Welle handeln? Oder ein Computer? Wenn nicht, warum nicht?« Alles hängt davon ab, ob »Dinge möglicherweise von der Entität im Lichte dessen, was diese denkt und will, nachvollziehbar geregelt werden können«.[20] Frederick Stoutland:

> Es gibt keine Handlung, bei der kein *intentionales* Handeln besteht. Was bloßes Verhalten – bei dem Dinge passieren, ohne dass es Handlungsmacht gibt – vom Handeln unterscheidet, ist, dass Letzteres unter mindestens einem Gesichtspunkt intentional ist. Das heißt, handeln ist *essenziell* intentional.

Ohne »die Fähigkeit, aus Gründen zu handeln«, kann nicht von einer echten Handlungsmacht gesprochen werden.[21] Diese Philosoph:innen mögen sich in einer Vielzahl anderer Fragen widersprechen – welche Rolle spielt das Begehren bei der Herausbildung von Intentionen? Liegt einer Handlung dieselbe Art Ursache zugrunde wie irgendeinem anderen Ereignis? Bringt die Akteurin ihr Handeln oder dessen Resultat hervor? Gibt es kollektive Akteure? –, doch in ihren Grübeleien gehen sie alle von der gemeinsamen Erkenntnis aus, dass Handlungsmacht eine scharf umrissene Eigenschaft innerhalb der Welt ist.[22] Sie gehört nicht allen Dingen an. Nur manche Ereignisse verdienen es, als Handlung klassifiziert zu werden: Ich, der ich beispielsweise meinen Arm hebe, und ich, der ich meinen Arm mit geballter Faust hebe, jedoch nicht ich, der ich atme oder der ich wegen eines Kitzelns niese. Wenn ich auf nassem Laub ausrutsche und auf die Bahngleise falle, *passiert* es, aber wenn ich meinem Leben ein Ende setzen möchte und mich vor einen Zug werfe, handle ich. In letzterem Fall steuere ich die Bewegungen meines Körpers, um ein Vorhaben, das ich mir gesetzt habe, zu verwirklichen; in ersterem initiieren außerhalb meiner Kontrolle liegende externe Kräfte diese Bewegungen. Wenn der Wind die Blätter auf die Schienen weht, ist niemand, der auch bloß umständehalber ein Akteur wäre, daran beteiligt. Diese Linie teilt das Universum recht radikal, ordnet Ereignisse und Entitäten auf beiden Seiten an, während wir durch das Leben stolpern.

Über Handlungsmacht zu verfügen, ist in der öffentlichen und philosophischen Auffassung folglich eng damit verknüpft, einen *Verstand zu besitzen.* »Handeln heißt zunächst, nachzudenken. Was nicht denken kann, kann nicht handeln«, erklärt Jacquette. Darüber hinaus nehme der Verstand des Akteurs einen spezifischen Modus von Intentionalität an – keine mentale Ausgerichtetheit auf ein Objekt, wie wenn ich etwa an den toten Vogel denke, den ich im Wald gesehen habe, sondern ein besonderes Abzielen auf ein noch nicht eingetretenes X. Ich beabsichtige, mein Kind zu wecken, das in diesem Moment noch nicht wach ist; ich beabsichtige, meinem bisher noch andauernden Leben ein Ende zu setzen. Wenn man so will, ist das der Targary'sche Modus der Intentionalität, aber unter dem entscheidenden Vorbehalt, dass die Akteurin bestrebt ist, ihre Vorstellungen in den Realitätsbereich zu ziehen: »Wann immer wir handeln«, fährt Jacquette fort, »beabsichtigen wir, etwas zu tun, und unsere Intention *beabsichtigt oder zielt auf oder über einen Sachverhalt, der noch nicht eingetreten ist*« – demgemäß sind Handlungen »zukunftsgerichtet und in manchen Fällen fiktionsgeleitet«, da es vorkommen kann, dass der Zustand, den die Akteurin anstrebt, niemals Wirklichkeit wird (etwa eine Utopie).[23] Wenn auch bloß verschwommen, aus Gewohnheit oder aus einem Impuls heraus, machen sich der pünktliche Elternteil sowie die Suizidkandidatin innere Bilder von dem, was sie beabsichtigen, und projizieren diese anschließend durch ihr körperliches Handeln auf die Welt: Und in exakt diesem Sinne ist Intentionalität essenziell für die Handlungsmacht.

Nun wird diese Standardmeinung jedoch nicht nur vom gemeinen Volk und den Philosoph:innen, sondern auch von Historischen Materialist:innen bereitwillig aufgegriffen. Eine ihrer klassischen Darlegungen taucht im ersten Band des *Kapitals* auf:

> Eine Spinne verrichtet Operationen, die denen des Webers ähneln, und eine Biene beschämt durch den Bau ihrer Wachszellen manchen menschlichen Baumeister. Was aber von vornherein den schlechtesten Baumeister vor der besten Biene auszeichnet, ist, daß er die Zelle in seinem Kopf gebaut hat, bevor er sie ins Wachs baut. Am Ende des Arbeitsprozesses kommt ein Resultat heraus, das beim Beginn desselben schon in der Vorstellung des Arbeiters, also schon ideell vorhanden war.[24]

Das ist die *differentia specifica* der menschlichen Arbeit, diese immerwährende Existenzverfassung unserer Spezies. Im Sinne der Handlungstheorie postuliert Marx die »Priorität der zukunftsgerichteten Intentionen« als Markenzeichen unserer Interaktion mit dem Rest der Welt; er beobachtet, heißt es in den Worten der Biologen Richard Levins und Richard Lewontin, dass das, was »einzigartig am Menschen ist, die bewusste Planung und Vorstellung des Resultats ist, bevor dieses Wirklichkeit wird«.[25] Manche würden dieser Ansicht vehement widersprechen. Posthumanist:innen, Wissenschaftler:innen der Critical Animal Studies, einige Handlungstheoretiker:innen würden etwa dafürhalten, dass Tiere in der Tat den vollendeten Verstand von Architekt:innen besitzen: Biber seien in ihren Bauarbeiten nicht weniger geflissentlich als Menschen; Raubtiere schmiedeten komplizierte Pläne, bevor sie sich auf ihre Beute stürzten; Bienen zeichneten sich durch das koordinierte Verhalten einer Planwirtschaft aus.[26] Aber lassen wir solche Einwände vorerst beiseite, schließlich stellen die Neuen Materialist:innen eine weit waghalsigere Behauptung auf. An Tieren sind sie nicht primär interessiert. Vielmehr bestehen sie darauf, dass unbelebte Materie ebenso viel Handlungsmacht besitze wie der Mensch. Marx würden sie dafür tadeln, die Handlungsmacht der Spinnennetze selbst, deren klebrige Seide, die Kruste, auf denen sie gebaut sind, und, im Falle der Biene, die Handlungsmacht der Honigwabenzelle übergangen zu haben. Wir können uns also ganz auf die Trennung zwischen Menschen und unbelebter Materie konzentrieren und bekräftigen, dass Neuer und Historischer Materialismus gegensätzliche Ansichten vertreten. Letzterer misst dem Menschen eine Art der Handlungsmacht bei, die im Wachs nicht vorhanden ist. Und es ist gerade diese Handlungsmacht, die er für das, was auf diesem unserem Planeten passiert, als absolut wesentlich erachtet.

Demgemäß beharrt Perry Anderson in *Arguments within English Marxism* darauf, dass die Art der von Marx herausgehobenen zukunftsgerichteten Handlungsmacht die Geschichte der Menschheit mit Leben erfüllt habe. Fast immer hätten fast alle Menschen fast ihr ganzes Leben damit zugebracht, »private« Ziele zu verfolgen: einen Handlungsverlauf zu kultivieren, eine Fertigkeit zu trainieren, einen Partner zu finden, eine Familie zu gründen, ein bedrohliches Schicksal abzuwehren. Prosaisch und oftmals eintönig blieben solche Projekte

> in bestehenden sozialen Verhältnissen eingebettet und reproduzieren diese normalerweise. Trotzdem bleiben sie *zutiefst intentionale Unternehmungen*, die während der überlieferten Geschichte einen großen Teil der menschlichen Energie und Beharrlichkeit verbraucht haben.[27]

Kaum von der Arbeitspraxis zu unterscheiden, baue und erneuere diese Art der Handlungsmacht die materielle Basis der Gesellschaft. Es handle sich, im Verhältnis zu unbelebter Materie, um eine eklatant menschliche Eigenschaft, die immer dann gegeben sei, sobald diese Spezies in der Welt umherziehe; um einen zentralen Punkt auf der Eigenschaftsdualismus-Liste.

Selbstverständlich könnte die Standarddarstellung der Handlungsmacht gleichzeitig Konsens des gesunden Menschenverstands, die marxistische Position als auch falsch sein. Es wäre ebenso gut möglich, dass die Neuen Materialist:innen etwas entdeckt haben, was allen anderen entgangen ist. Ihre Bestrebung kann jedenfalls nicht in Zweifel gezogen werden: Dieser Trupp möchte (sehr wohl ein Ziel) das althergebrachte Wissen über Handlungsmacht aus dem Fenster schmeißen. Und sein erster Schritt besteht darin, die Verbindung zur Intentionalität zu kappen. Ein »Tätigsein [*agency*, Anm. d. Ü.] ist nicht auf menschliche Intentionalität oder Subjektivität ausgerichtet«, verkündet Karen Barad und erklärt, in einer etwas umständlichen Weise Latours Definition aufwärmend, dass Handlungsmacht eine Frage der »Veränderungen in den Apparaten der Produktion von Körpern« sei.[28] Hannah Arendt dafür scheltend, dass sie menschliche Intentionalität als den »wichtigste[n] aller Handlungsfaktoren [setzt] und damit zum Träger einer außerordentlichen Form von Macht erklärt«, beschreitet Jane Bennett zwei verschiedene Wege: Einerseits spürt sie nichtmenschlichen Kräften nach, die »etwas mit dem intentionalen oder zweckgerichteten Handeln von Menschen Vergleichbares aufweisen«, und andererseits entkoppelt sie die Handlungsmacht von genau dieser Art von Verhalten sowie eigentlich überhaupt von jeglicher subjektiven Art. Die beiden offenkundig divergierenden Pfade – ein dreister Anthropomorphismus; ein gleichermaßen gewagter Anti-Subjektivismus – kreuzen sich im allgemeinen Projekt der Grenzaufhebung zwischen menschlicher und nichtmenschlicher, belebter und unbelebter Materie. Dinge seien ebenso sehr Akteure (oder Aktanten), wie

Menschen es sind, da sie über menschenähnliche Intentionalität verfügten und/oder weil Intentionalität kein angemessenes Kriterium für Handlungsmacht darstelle. »Dinge« meint hier beinahe jede Entität oder jedes Ereignis; Bennett schlägt vor, dass man etwa im Falle der amerikanischen Invasion des Iraks den Prozess selbst als einen Aktant betrachten solle, der »selbst über Grade von Handlungsmacht verfügt«.[29] Nicht George W. Bushs Regime sei die Ursache der Handlungen im Jahr 2003 gewesen – sondern der Schwarm der Invasion *qua* Invasion.

Falls Materie im Neuen Materialismus also über Handlungsmacht verfügt, dann deshalb, weil das über alles und jeden behauptet werden kann. Latours Definition ist ausgesprochen minimalistisch: Die Fähigkeit, einen Unterschied zu machen, lässt sich nur schwer von der Eigenschaft des Existierenden trennen.[30] Gibt es auf dieser Welt irgendein Y, das sich nicht irgendwie auf ein Z auswirkt? Er aber beharrt darauf: Wir sollten »unsere gemeinsame Aufmerksamkeit auf die Agenzien richten – das heißt, welchen wirklichen Unterschied macht es [sic] in der Welt?«[31] Oder: »ein Agens, ein Akteur, ein Aktant ist *per definitionem* der, der handelt, agiert, der Wirkungsmacht [*agency*, Anm. d. Ü.] hat, mit Wirkungsmacht versehen ist«.[32] Die letztgenannte Aussage: ein Zirkelschluss. Sie hat keinen erkennbaren Sinn. Vielleicht kommt das notwendigerweise dabei heraus, wenn man die Kategorie der Handlungsmacht jeglicher kontrastiven Wirkung beraubt: Diese Denkweise bewirkt, dass sich schlicht alles auflöst. Als die zentrale, gleich profanem Wasser auf alles, was existiert, gesprenkelte Eigenschaft innerhalb des Eigenschaftsmonismus scheint »Handlungsmacht« jedweden Sinn verloren zu haben, das Konzept wurde nicht bereichert, sondern bedeutungslos gemacht. Unabhängig davon, ob die momentan bevorzugte Strategie darin besteht, die Intentionalität überall zu sehen (eine omni-intentionalistische Konzeption von Handlungsmacht), oder darin, die Notwendigkeit von Intentionalität generell zu leugnen (also anti-intentionalistisch zu argumentieren), das Ergebnis ist stets die Nacht, in der alle Katzen grau sind. Gewissermaßen absichtsvoll wird somit der diakritischen menschlichen Eigenschaft, die – wie die meisten anderen glauben – einen ziemlich wichtigen Aspekt im Lauf der Dinge darstellt, die Aufmerksamkeit entzogen.

Nach wie vor wäre es jedoch möglich, dass Latour und Konsorten auf der richtigen Spur sind. In einem Artikel, der die Nützlichkeit seiner Theorie der Handlungsmacht in Zeiten des Klimawandels zum Ausdruck bringen soll, nennt er das Beispiel zweier benachbarter Flüsse, des Atchafalaya River und des Mississippi River. Der mächtige Mississippi würde in den Atchafalaya münden, dessen Flussbett zwar kleiner, aber auch niedriger gelegen ist, wären da nicht die unbeugsamen Ingenieursarbeiten des Army Corps of Engineers, die den Riesen festnageln und ihn davor bewahren, dass er sich das Gefälle hinunterstürzt. Latour zufolge sieht man daran, dass die Flüsse Ziele haben: Der Atchafalaya will den Mississippi schlucken, der Mississippi will in den Atchafalaya münden. »Die Verbindung zwischen einem kleineren, aber niedriger gelegenen Fluss und einem viel breiteren, jedoch höhergelegenen ist das, was den beiden Protagonisten ein *Ziel* liefert, was ihnen einen *Vektor* verleiht« – und »Ziele zu haben, ist ein essenzieller Teil dessen, was es heißt, ein Handlungsträger zu sein«.[33] Folglich ist der Fluss ein vollwertiger Akteur. In ihrer Bestrebung, die kartesianische Engstirnigkeit zu überwinden, nimmt Val Plumwood eine ähnliche Haltung ein: Sie akzeptiert, dass Intentionalität für die Handlungsmacht essenziell ist, und entscheidet sich für einen uneingeschränkten Omni-Intentionalismus. Ein »sich auf seinen Ausbruch vorbereitender« Vulkan sei »*gleichermaßen intentional*« wie jeder andere Mensch im Umkreis. Berge und Bäume handelten mit dem Ziel, zu wachsen. Fotosynthese besitze eine »intentionale Struktur«; die Übertragung von Pollen werde durch »intentionale Kapazitäten« angetrieben; wir sollten unsere Augen und Ohren für die »sprechende Materie« öffnen – Basaltkegel sprächen zu der aufmerksamen Beobachterin – und zumindest einen »gemäßigten Panpsychismus« befürworten.[34] Ohne mit Latour verbandelt zu sein und noch vor dem Aufschwung des Neuen Materialismus, offerierte Plumwood ihren Omni-Intentionalismus als Heilmittel für die moderne Gefühllosigkeit gegenüber der Natur: Seht doch, sie besitzt genauso viel Handlungsmacht wie jeder von euch überheblichen Ausbeutern.[35]

Aber ist es plausibel, einem Fluss oder einem Berg Ziele zu unterstellen? Sie besitzen offensichtlich kein Gehirn, was bedeutet, dass sie über keinen Verstand verfügen können, was wiederum darauf schließen lassen sollte, dass ihnen die Fähigkeit abgeht, feste Absichten auszubilden, wie es der Begriff üblicherweise besagt – doch hier wird Intentionalität eher mit der Bewegung von einem Ort oder Zustand zu einem anderen gleichgesetzt, unabhängig davon, ob der Handlungsträger in der Lage ist, ein mentales Bild seines Ziels zu malen. Ein Meteorit, der durch den Weltraum stürzt, verfügt dieser Ansicht nach über Handlungsmacht. Es gibt mindestens neun Sinne davon, was es heißt, ein Ziel zu verfolgen, die hierbei auf der Strecke bleiben.

Angenommen, eine Person tritt einer militanten politischen Organisation bei. Der neue Rekrut könnte das Ziel haben, die Bestrebungen der Gruppe zu unterstützen, er könnte aber ebenso gut das Ziel verfolgen, die Organisation im Auftrag der Behörden zu infiltrieren: 1.) Ein und dieselbe Handlung kann mit unterschiedlichen, ja entgegengesetzten Zielen durchgeführt werden. Der Infiltrant wird sich Mühe geben, sich genau wie jedes andere Mitglied zu verhalten, aber 2.) das eigentliche Ziel könnte für die Beobachtung durch Dritte nicht greifbar sein, da es sich um einen mentalen Zustand handelt. Selbst wenn die anderen um ihn herum keine Ahnung haben, was vor sich geht, ist er sich dessen völlig bewusst: 3.) Der Akteur kann sich seine Handlungen in Bezug auf das Ziel erklären.

Und das sind lediglich die Grundlagen. Nehmen wir nun weiter an, der Agent schließt sich der Organisation am 1. Januar 2020 an, der Plan zur Infiltrierung wurde aber im Laufe der vorangegangenen drei Jahre entwickelt: 4.) Ein Ziel kann lange bevor der Plan in Gang gesetzt wurde, das Ziel zu erreichen, formuliert worden sein (darin zeigt sich die Unterscheidung zwischen prioritärer Intention und Intention im Vollzug). Während sich der Infiltrant durch die Organisation hindurchwühlt, passt er sich den Praktiken seiner Kamerad:innen an und modifiziert sein Verhalten, um das Maximum an Informationen herauszuholen: 5.) Der Akteur behält den Überblick über den Fortschritt, den er hinsichtlich seines Ziels macht, und achtet darauf, seine Vorgehensweise den Umständen gemäß anzupassen. Erzielt er Fortschritte, erfüllt ihn das wohl mit Stolz; erzielt er keine, mit Scham: 6.) Wer ein Ziel hat, kann sein Verhalten dahingehend beurteilen. Er mag auf die Mission geschickt worden sein und das Ziel als sein eigenes verinnerlicht haben, und dennoch wird er es womöglich aus dem einen oder anderen Grund niemals ausführen: 7.) Ein Ziel kann existieren, ohne in die Tat umgesetzt zu werden. Oder während er schon dabei ist, es umzusetzen, könnte die Organisation aufgrund interner Zerwürfnisse in die Brüche gehen, sodass er die Infiltrierung einstellen kann: 8.) Ein Akteur unterbricht eine Handlung, sofern der das Ziel untermauernde Wunsch wegfällt. Stellen wir uns schließlich vor, der Infiltrant sei ursprünglich fest entschlossen, die Gruppe zu zerschlagen. Indem er aber sein Leben der Teilnahme an deren Aktionen widmet, die radikale Literatur in sich aufsaugt, sich in ein anderes Mitglied verliebt, die brutale Polizeirepression aus erster Hand erfährt, ändert er allmählich seine Meinung und wird ein wahrlich eifriger Verfechter: 9.) Das Ziel als solches kann revidiert und aufgegeben werden.[36]

Es ist nicht klar, ob ein Fluss in irgendeinem dieser Sinne ein Ziel verfolgt – möglicherweise im fünften und siebten, insofern sie hinreichend gedehnt werden –, da diese sich tatsächlich darauf gründen, über einen Verstand zu verfügen. Es scheint dermaßen viele Gründe zu geben, sich der von Lilian O'Brien in ihrer exzellenten Untersuchung des Handlungstheoriefelds aufgestellten Unterscheidung anzuschließen: zwischen den Akteuren einerseits und den Dingen mit *kausalem Profil* andererseits. Wenn wir von Salzsäure als »korrodierendem Agens« sprechen, wollen wir damit nicht ernsthaft ausdrücken, dass sie ein Ziel verfolgt, sondern dass sie eine bestimmte Art und Weise hat, ihre Umgebung zu beeinflussen (man könnte sagen, sie macht eine bestimmte Art des Unterschieds).[37] Ein Ziel zu haben, setzt das emergente Stratum voraus, welches durch die vorherrschende Meinung genau festgelegt ist: »Von Zielen zu sprechen heißt, darüber zu sprechen, was ein Akteur *im Sinn* hat.«[38] Eine Insel etwa verfügt schlicht nicht über diese Fähigkeit oder Eigenschaft. Aber den Männern, die sich ihren Weg durch den Dschungel bahnen, nachdem sie den Eingeborenen mitgeteilt haben, dass sie auf die Insel gekommen seien, um den Fortschritt zu verbreiten und sie aus Umwelt und Armut zu heben, kann sie durchaus innewohnen. Und erst dann könnte sich etwas von weitreichender Tragweite ereignen, was ohne diese einmalige Handlungsmacht nicht möglich gewesen wäre.

DAS PROBLEM UNBEABSICHTIGTER KONSEQUENZEN

In einem Aufsatz, der – was für diese Strömung eher unüblich ist – ziemlich gut begründet ist, spricht Timothy James LeCain das, was Bennett lediglich angedeutet hat, unmissverständlich aus: Der Neue Materialismus sei die beste Theorie, um die globale Erwärmung wie auch andere mit dem »Anthropozän« in Zusammenhang stehende Umweltkrisen zu begreifen. »Es ist offensichtlich«, schreibt LeCain,

> dass sich der Mensch nicht in den Kopf gesetzt hatte, solche globalen geochemischen Veränderungen herbeizuführen. Vielmehr handelte es sich dabei um die größtenteils unvorhergesehenen und *unbeabsichtigten Konsequenzen* des ausgiebigen Gebrauchs von Kohlenwasserstoffen, Düngemitteln und anderweitigen modernen Technologien.

Aus diesem Grund – denn so etwas wie der Klimawandel war von niemandem, der fossile Brennstoffe ausgrub oder anzündete, je beabsichtigt – sei es unzutreffend, den Menschen als den Akteur hinter dem Prozess zu betrachten. Zu »folgern, dass der Mensch allein für den Ereignisverlauf verantwortlich sei, der aus den Kohleverbrennungen resultierte«, sei geradezu »unsinnig«: Die Kohle selbst trage die Verantwortung. Fossile Brennstoffe hätten dazu beigetragen, »den Menschen und seine Kultur in allen möglichen unerwarteten Weisen zu prägen«; ja, »Kohle hat die Menschen, die von ihr Gebrauch machten, weit mehr geprägt als der Mensch die Kohle« (was, aus einer gewissen Perspektive, tautologische Richtigkeit besitzt, schließlich prägten die Menschen die Kohle niemals). Der Neue Materialismus lehre uns, dass »der Mensch und seine Kultur bestenfalls nicht als Schöpfer ihres Schicksals und ihrer Umwelt verstanden werden sollen, sondern als Produkt einer materiellen Welt, die sie permanent hervorbringt und wiederherstellt« – indem sie beispielsweise ihren Planeten erwärme.[39]

Latour ist der gleichen Ansicht. Die Mikroorganismen und Pflanzen, die die Feedbackschleifen des Klimasystems bereitstellten, würden die vorherrschende Meinung Lügen strafen – und immer häufiger meldeten sie sich zurück, »um sich zu rächen«: »Jede dieser Schleifen zeichnet *unerwartete Reaktionen eines äußeren Akteurs* auf, der das menschliche Handeln kompliziert.«[40] Das unausgesprochene Postulat an dieser Stelle lautet, dass intentionale menschliche Handlungsmacht an genau dem Punkt abbreche, wo unbeabsichtigte Konsequenzen konkrete Formen annähmen. Daraufhin übernehme eine andere Handlungsmacht das Ruder, nämlich diejenige der Entität, die diese Konsequenzen *verursache*. Hierbei handelt es sich um eine Möglichkeit, die Vorstellung einer allgegenwärtigen nichtmenschlichen Handlungsmacht in einer sich erwärmenden Welt zu bewahren, ohne einem Stück Kohle oder einem CO_2-Molekül notwendigerweise eine voll entwickelte Intentionalität zusprechen zu müssen. Deren Beitrag sei allein das Resultat der unbeabsichtigten Konsequenzen, woraus ersichtlich werde, dass sie mindestens genauso viel Handlungsmacht besäßen wie der Mensch, dessen Anteil an dieser Eigenschaft ende, sobald sie sich einmischten.

Stellen wir uns kurz vor, ich beteiligte mich an einem Aufruhr: Mit einem Stein in der Hand rücke ich bis zur vordersten Front, ziele auf die Polizei, und, fest entschlossen, einen davon außer Gefecht zu setzen, schleudere ich das Geschoss mit aller Kraft fort. Es knallt gegen einen Laternenpfahl, den ich in der ganzen Aufregung übersehen habe, und prallt zurück, einer meiner Genossinnen direkt aufs Auge. Dem Verständnis Latours und des Neuen Materialismus zufolge ist es nun der Laternenpfahl, der die Handlungsmacht über das Ereignis besitzt, während meine eigene im Moment des Aufpralls erloschen ist. Und ja, der Laternenpfahl verändert, wie Bennett sagt, »den Lauf des Ereignisses« – der vorherrschenden Meinung nach handelt es sich bei ihm aber nicht um den Akteur, der für die Wunde meiner Genossin verantwortlich ist. Der Akteur ist vielmehr jene Person, die die Ereigniskette in die Wege leitet, das Ereignis hervorbringt, ist »die Quelle eines Beitrags zur Welt«, diejenige, die etwas herbeiführt oder geschehen lässt mittels gelenkter körperlicher Bewegungen, wie etwa jene, die ich ausführe, wenn ich einen Stein aufhebe und werfe.[41]

Was wäre gewonnen, wenn ich eine Linie um meine Handlungsmacht ziehen würde, sobald unbeabsichtigte Konsequenzen aufträten? Zunächst würde es zu der Überlegung führen, dass die menschliche Handlungsmacht definitiv unfähig sei, irgendetwas anderes als *intendierte* Konsequenzen hervorzubringen, da alles sonstige Geschehen das Werk eines anderen Agens (oder Akteurs oder Aktanten) sei. Innerhalb seines eigenen Wirkungsbereichs würde jedes menschliche Agens im Grunde also allmächtig werden. In dem Moment, in dem der Steinwurf vom Kurs abwiche, übte ich meine Handlungsmacht nicht mehr aus; stattdessen nähme irgendein anderer Materiebrocken das Heft in die Hand. Folglich könnten Menschen zwar fossile Brennstoffe lokalisiert und extrahiert haben, die fossilen Brennstoffe und die gesamte damit verbundene Materie aber wären, wie LeCain vorschlägt, die wahren Agenzien der sich daraus ergebenden klimatischen Störung. Die Vorstellung der »unbeabsichtigten Konsequenzen« – dermaßen gewichtig für jeglichen Aspekt der ökologischen Krise – fällt hier in sich zusammen, da sie die zentrale Bedeutung eines Akteurs voraussetzt, der mit einer bestimmten Intention handelt und dabei eine Ereigniskette lostritt, die *dessen* Werk ist, wenn auch nicht mit dessen ursprünglichem Ziel.

Stellen wir uns vor, die Polizei reagierte darauf, indem sie gewaltige Mengen an Tränengas in die Menschenmenge sprühte. Dermaßen viel davon prasselte zu Boden, und der Wind ginge so stark, dass das Gas in das Zimmer eines Säuglings gelangte und ihn erstickte. In einer ausführlichen Darstellung der vorherrschenden Meinung betont Helen Steward, dass »die moralische Verantwortung den Agenzien vorbehalten ist – weshalb eine Welt, die Handlungsmacht ausschließt, auch eine Welt ist, die moralische Verantwortung ausschließt«.[42] Gleichermaßen handelt es sich bei einer Theorie, die Handlungsmacht in dem Maße aufteilt, dass unbeabsichtigte Konsequenzen als Resultat eines materiellen Aktanten verstanden werden, auch um eine Theorie, die die Welt von Leichtfertigkeit, Unbedachtheit, Haftbarkeit, Verantwortung und einer ganzen Reihe weiterer moralischer Parameter freistellt. Die Eltern des toten Säuglings müssten ihre Wut am Wind auslassen. Wir werden auf die ethischen und politischen Implikationen dieser Theorie noch zurückkommen.

Eindrücklich hält John McDowell die alternative Möglichkeit fest: Zu handeln ist wie

> einen Stein in einen Pool fallen zu lassen und Wellen zu erzeugen, die sich in alle Richtungen ausbreiten. Die eigenen Intentionen während der Handlung, *qua* Geschehnisse in der objektiven Realität, zeitigen Wirkungen, die zeitlich

> und räumlich von der ursprünglichen Intervention ausstrahlen. Es scheint keine maßgebliche Art und Weise zu geben, eine Grenze für das mögliche Ausmaß der kausalen Nachhalle eines Stückchen Handelns zu ziehen. Diese übertreffen zwangsläufig die Fähigkeiten des Akteurs zur Voraussicht, ganz zu schweigen von dessen Fähigkeit, sie in das einzubeziehen, was ihm vorschwebt,

nicht weil die Nachklänge oder deren zusätzliche Ursachen mit der Eigenschaft der Handlungsmacht ausgestattet sind, sondern weil das Agens ein materielles Wesen ist, das in einer vollkommen materiellen Welt situiert ist. Daher erzeugt das Resultat, wie unbeabsichtigt es auch immer sein mag, »eine Wahrheit über das, was jemand getan hat«.[43] Derjenige aber, der das Tun getan hat, verbleibt weiterhin der menschliche Agens.

Das gilt für den Steinewerfer, für die Polizeikräfte, für die Entdecker:innen und Extrahierer:innen und Verbraucher:innen fossiler Energieträger: In all diesen Fällen wird das, »was man tut oder getan hat, davon bestimmt, welche Veränderungen innerhalb der objektiven Welt *auf die eigene intentionale Intervention zurückgeführt werden* können, unabhängig davon, ob die Veränderungen intendiert oder gar vorausgesehen waren«.[44] Sollte Handeln wie das Werfen eines Steins in einen Pool (oder in Richtung einer Reihe von Polizist:innen) sein, dann wird eine Handlung, während sie durch die Welt segelt, sich höchstwahrscheinlich verselbstständigen und weitere Eigenschaften annehmen (etwa die Verletzung der Genossin, die Tötung des Kindes oder die Erwärmung des Planeten werden). Möglicherweise wird anschließend festgestellt, dass der Akteur etwas getan hat, das er nie für möglich gehalten hätte. Die Handlung ist deshalb nicht weniger die seine. Weder der Stein noch der Kanister noch die Kohle sind die Agenzien; die Resultate, zu denen sie beitragen, sind integrale Aspekte der ursprünglichen, sich über die Zeit erstreckenden Handlungen.[45] Die globale Erwärmung ist ein integraler Aspekt der fossilen Energieträgerverbrennung, nicht irgendeiner anderen Handlung, die von anderen ausgeführt wurde. Das, so McDowell, erlaubt es uns, »die spezielle Art von Differenz-Macher, die der Akteur ist, von jener Art von Differenz-Macher zu unterscheiden, die ein Meteorit beispielsweise sein kann«.[46] Der Meteorit bewirkt eine Abweichung vom Sachverhalt, was nichts anderes ist als eine Definition der kausalen Wirkung – nicht der Handlungsmacht, die eine Unterklasse der Dinge darstellt, die etwas bewirken.[47] Das ist das genaue Gegenteil des Latour'esken Neuen Materialismus und bei Weitem die überzeugendere Auffassung.

Nehmen wir also zur Kenntnis, dass sich das analytische Problem an dieser Stelle nicht dadurch lösen lässt, dass über die »Distribution von Handlungsmacht« oder über die »relationale Handlungsmacht« in irgendeiner egalitären Manier gesprochen wird. Wenn die eine Hälfte des Steinwurfs mir und die andere dem Laternenpfahl zugewiesen werden würde, wären wir wieder ganz am Anfang angekommen, und das Gleiche gilt für jedes weitere Allokationsprinzip. Latour beteuert, dass, »weit davon entfernt, Natur und Gesellschaft miteinander zu ›versöhnen‹ oder zu ›kombinieren‹, die Aufgabe, die entscheidende politische Aufgabe im Gegenteil vielmehr darin liegt, die Wirkungsmacht so weit [wie möglich] *aufzuteilen*«: das sicherste Rezept, diesen Faktor auszutilgen.[48] Das Paradox historisierter Natur etwa würde dadurch verschleiert. Es würde vollkommen unverständlich, sollte die Handlungsmacht zwischen Menschen und Eis, zwischen denen keine Gleichheit oder Symmetrie besteht, ordentlich aufgeteilt werden. Eis ist randvoll mit Konsequenzen gefüllt, und gerade deshalb können bestimmte menschliche Handlungen so verhängnisvoll sein. Wenn Latour schreibt, dass Menschen in einer sich erwärmenden Welt »nicht länger den Befehlen der objektiven Natur unterworfen sind, schließlich ist das, was auf sie zukommt, eben auch eine ungemein subjektive Handlungsweise«, liegt er vollkommen falsch: Im Schmelzen des Eises liegt nichts intensiv Subjektives außer einer ganzen Menge an Objektivität.[49] Oder wie auf einem Plakat auf einer Demonstration von Wissenschaftler:innen an der American Geophysical Union im Dezember 2016 stand: »Eis hat keine Agenda – es schmilzt einfach.«[50] Besser wäre es, einen restriktiven Begriff von Handlungsmacht anzuwenden und uns gemeinsam mit Maria Alvarez und John Hyman einzugestehen, dass wir »es der Natur überlassen [müssen], die Konsequenzen unseres Handelns zu offenbaren«.[51] Die Tatsache, dass der Mensch innerhalb des Kohlenstoffzyklus und anderer naturaler Kreisläufe agiert, schmälert in keiner Weise unsere Handlungsmacht. Es vergrößert sie noch.[52]

WIRKUNG AUF FOSSILE BRENNSTOFFE

Die britischen Imperialisten kamen mit einem klaren Ziel vor Augen nach Labuan: Sie wollten Kohle finden, zutage fördern, aus dem Boden holen und verschiedene Feuerstätten damit beliefern. Genauer noch können wir, der Lithografie nach zu urteilen, mutmaßen, dass der in der Szene anwesende Unternehmer hoffte, Geld zu verdienen, während der Offizier in den Ablagerungen einen Rückhalt für seine Dampfschifflinien sah. Solche zutiefst vorsätzlichen Unternehmungen waren alles andere als aufsehenerregend: Eher noch waren sie in trivialem Maße typisch für die Kaufmänner und Seefahrer, die zu dieser Zeit versuchten, ihren Reichtum zu vermehren und, wenn möglich, ihre eigenen Imperien auszudehnen. Und doch ist die fossile Wirtschaft ohne exakt diese fest in der materiellen Grundlage der Gesellschaft verankerte Feld-Wald-und-Wiesen-Handlungsmacht undenkbar. So jedenfalls lautet das Fazit der Klimaforschung. Die Menschen haben die Erderwärmung verursacht, indem sie die fossilen Brennstoffe lokalisiert, abgebaut und in Brand gesteckt haben, was weder während einer Somnambulie noch während eines planlosen Streifzugs geschehen ist: Es handelte sich um ein fortlaufendes Projekt der vergangenen beiden Jahrhunderte, angetrieben von einer alltäglichen, in die bestehenden sozialen Verhältnisse eingeschriebenen und diese stets erneuernden Handlungsmacht. Aus diesem Grund können wir sagen, dass der Mensch, und zwar der Mensch allein, den Regler gedreht hat. Oder etwa nicht?

Befürworter:innen des Material turn haben da noch eine andere Idee. »Der Akteur-Netzwerk-Theorie«, beteuert Adam Trexler in *Anthropocene Fictions. The Novel in a Time of Climate Change*, einem ambitionierten Versuch, eine Theorie dieses Phänomens auf Latours Thesen zu begründen,

> geht es nicht darum, einen theoretischen Bericht über die einzelne Quelle zu liefern, sondern vielmehr stellt sie die Mittel zur Verfügung, um die außergewöhnliche Anzahl an Akteuren aufzuspüren, die das, was gemeinhin als Klimawandel bezeichnet wird, gemeinsam erzeugen.

Daraus leitet sich die Behauptung ab, dass Kohle und Öfen und Gletscher über genauso viel Handlungsmacht verfügten wie die Menschheit oder das Kapital – und tatsächlich bemängelt Trexler die Fokussierung auf Konzerne und andere soziale Akteure, weil dadurch verabsäumt werde, »der besonderen, nichtmenschlichen Handlungsmacht des Klimas« gerecht zu werden, womit er teilweise »die hartnäckige Handlungsmacht des globalen Klimas« per se meint (vergleichbar mit der Invasion des Irak).[53] Wir haben zwei Möglichkeiten untersucht, diese Auffassung zu rechtfertigen – entweder kappt man die Verbindung zwischen Handlungsmacht und (menschlicher) Intentionalität, oder man zieht eine Linie zwischen (menschlicher) Handlungsmacht und ihren unbeabsichtigten Konsequenzen –, und daraufhin festgestellt, dass keine der beiden Hand und Fuß hat. Schließlich sind wir zu dem Schluss gelangt, dass sie mehr Dunkelheit als Licht in die Dynamik der sich erwärmenden Welt bringen. Es gilt aber, auch noch ein paar andere Argumente zu überprüfen.

Eine gemäßigtere Interpretation würde besagen, dass die

Kohlevorkommen auf Labuan, wie Latour es ausdrückt, »*Beteiligte* am Handlungsverlauf« und, mit Bennett gesprochen, in die »Zuarbeit, Zusammenarbeit und interaktiven Interferenzen zahlreicher weiterer Körper und Kräfte« verwickelt gewesen seien.[54] Solche Worte benützt man, um andere, der bestimmenden Handlungsmacht leicht unterlegene Handlungsordnungen zu kennzeichnen (einige Hierarchien schleichen sich selbst hier noch ein). Unklar bleibt jedoch weiterhin, womit verhindert werden würde, den Kohlevorkommen eine übertrieben aktive Rolle zukommen zu lassen, denn schließlich gibt es keinen Beleg dafür, dass diese in den 1830ern teilgenommen, kollaboriert, interferiert oder sonst etwas getan hätten: Alles deutet darauf hin, dass sie sich genauso wie sonst auch benahmen – nämlich gar nicht. Sie lagen einfach nur da. Wie alle fossilen Brennstoffe immer und überall war die erstmalig von den Briten erschlossene Kohle vollkommen teilnahmslos, als sie dem Untergrund entwunden, ihrer ewigen Stille entrissen, zum Treibstoff für die Maschinen der Menschen gemacht und gewinnbringend veräußert wurde: Per definitionem handelte es sich dabei also um ein Instrument für die Macht (einiger) Menschen.

Hier aber könnten die Neuen Materialist:innen auf eine andere Verteidigungsstrategie umschwenken. Fossile Brennstoffe seien eine notwendige Bedingung ihrer eigenen Verbrennung. Da es schließlich unmöglich sei, ein Schauspiel ohne Beleuchtung zu inszenieren oder »ein Fernsehgerät mit oder ohne Fernbedienung zu zappen«, seien diese Dinge, so behauptet Latour, nicht minder Akteure wie die auftretenden oder umschaltenden Personen.[55] Eine Bedingung aber lässt sich nicht mit dem Sachverhalt, für den sie erforderlich ist, gleichsetzen. Das käme einer unlogischen Gewährleistung des kommunikativen Zusammenbruchs gleich: Als Säugetier geboren zu werden hieße dann, als Mensch geboren zu sein; am Leben zu sein hieße, tödlich verwundet zu sein. Die Umwelthistorikerin Linda Nash macht sich einer ähnlichen Engführung schuldig, wenn sie den Material turn mit der Behauptung verteidigt, die

»sogenannte menschliche Handlungsmacht kann nicht von der Umwelt abgegrenzt werden, in der diese Handlungsmacht auftaucht«: »Die Natur beeinflusst und beschränkt die menschlichen Handlungen«, heißt es bei ihr, und »Umgebungen prägen die menschlichen Intentionen«.[56] Wohl wahr, aber das bedeutet noch nicht, dass Umgebungen die Eigenschaften sind oder besitzen, die sie in den Menschen hervorzubringen helfen. Der Frühling mag der Schwärmerei dienlich sein, und die Dunkelheit des arktischen Winters lässt manche Menschen melancholisch werden, aber deshalb sagen wir noch lange nicht, dass der Frühling verliebt ist oder dass die Dunkelheit eine schwarze Galle besitzt, es sei denn, wir schrieben Gedichte – ein nobles Unterfangen, anders als kritische Forschung – oder würden versuchen, unseren erbärmlichen Trugschluss in eine Theorie zu verwandeln, wie sie im Buche steht. Etwas mag über alle möglichen, untrennbar damit verbundenen Beschränkungen, Anreize und Vorbedingungen verfügen, und trotzdem wird es nicht völlig in diesen aufgehen, und sie werden dadurch nicht dessen Charakter annehmen. Die Existenz der Kohleflöze auf Labuan war nicht der Akt ihrer Erschließung, ebenso wenig wie der Computer, auf dem das vorliegende Buch geschrieben wurde, das Buch selbst oder dessen Schrift ist, egal wie unerlässlich diese Dinge für die Arbeit gewesen sein mögen.

Eine Eigenschaft, bei der selbst Neue Materialist:innen zögern würden, sie einem Ofen oder einem Gletscher zuzuschreiben, ist die Fähigkeit zur bewussten Reflexion. Im Menschenreich werden Intentionen häufig durch Gewohnheit, persönliche Eigenarten oder emotionale Bauchentscheidungen geformt, jedoch besteht stets die Möglichkeit, innezuhalten, einen Schritt zurückzutreten, die eigenen Wünsche und Überzeugungen unter ein mentales Mikroskop zu halten und sie zum Gegenstand der Überlegungen zu machen.[57] Vielleicht sollte ich anders handeln? Steht ihr fortgeschrittene symbolische Kommunikation zur Verfügung, kann die Akteurin innere und äußere Unterhaltungen führen und beispielsweise einen

Konflikt zwischen den Forderungen ihrer Umgebung und ihren eigenen Zielen im Leben oder zwischen ihren Wünschen und ihren Werten aushandeln.[58] Sie könnte beschließen, dass es besser für ihr Wohlergehen wäre, ihr Grundstück aufzugeben und in ein Kloster zu ziehen, oder die Neigung entwickeln, während der Ausübung ihrer Tätigkeiten Kohle anstatt Holz zu verbrennen, oder beschließen, dass ihr Verlangen, für ein Wochenende auf die Malediven zu fliegen, sich nicht mit ihrem Ideal eines nachhaltigen Lebensstils in Einklang bringen lasse, oder hinsichtlich dieser Frage einfach bloß zwiegespalten sein. Auch das ist Teil dessen, was es heißt, ein Mensch und keine Anemone zu sein.

Dementsprechend könnten die Ureinwohner:innen einer tropischen Insel zu dem Schluss kommen, dass sie den Ausländer:innen bei der Kohleausgrabung in keiner Weise behilflich sein werden. Die Offiziere der Royal Navy könnten sich versammeln und darüber diskutieren, ob Dampf oder Segel die effizienteste Art ist, ihre Schiffe anzutreiben, zu einer Entscheidung gelangen und schließlich die Hindernisse für deren Umsetzung aus dem Weg räumen. Eine solche Reflexion ist, wie Margaret Archer erörtert hat, konstitutiv für die menschliche Handlungsmacht im Allgemeinen und für ihr politisches Potenzial im Besonderen: Nur wenn sie über ihre Situation reflektieren, können die Menschen aktiv an ihrer Gestaltung mitwirken.[59] Die Fähigkeit eröffnet die zweite Stufe in Perry Andersons dreiteiligem Handlungsmachtschema – das Streben nicht nach privaten, sondern nach »öffentlichen« Zielen, in denen Handlungen »eine unabhängige historische Signifikanz als eigenständige kausale Abfolgen und weniger als ein molekulares Muster sozialer Beziehungen erlangen«.[60] Die wichtigsten Beispiele umfassen politische Kampagnen, militärische Konfrontationen, religiöse Kreuzzüge, Vertragsunterzeichnungen, die Errichtung von Denkmälern, die Erkundung ferner Länder. Solche Unterfangen weichen aufgrund ihrer Intentionen von der privaten Ausgangssituation ab, um ihre Spuren im öffentlichen

Raum zu hinterlassen. Hier handelt das Individuum nicht länger, um dem eigenen Ziel näherzukommen, sondern um mit anderen etwas zu erreichen, das sie sich gemeinschaftlich in den Kopf gesetzt haben.

Philosoph:innen würden das als eine Art der »kollektiven Handlung« kategorisieren, und einige von ihnen würden sogar so weit gehen zu sagen, dass der Handlungsträger selbst kollektiv ist, gleich einem Stratum mit emergenten Eigenschaften. Frederick Stoutland hat die wahrscheinlich gewagteste Theorie in dieser Richtung skizziert. Eine Einzelperson kann nicht von sich aus die Hymne »Feel Like Funkin' It Up« spielen: Das kann nur eine Brass-Band. Nur eine Fußballmannschaft kann die Champions League gewinnen, nur eine Regierung den Ausnahmezustand ausrufen, nur etwas wie eine Gewerkschaft mit Streik drohen, nur eine Aktiengesellschaft die Dividenden bekanntgeben. Es ist falsch zu behaupten, dass jedes der acht Mitglieder der Rebirth Brass Band für sich »Feel Like Funkin' It Up« spielt, denn obwohl alle ihren Teil dazu beitragen, den Klang zu erzeugen, sind Rhythmus und Harmonie und unwiderstehlicher Groove nicht teilbar oder auf ein Mitglied reduzierbar. Es ist in Wahrheit die Band, die die Melodie zum Besten gibt, als Agens mit eigener ontologischer Realität. Wenn die Band eine Second Line[61] in New Orleans betritt, tut sie das in der Absicht, »Feel Like Funkin' It Up« zu spielen, aber diese Handlung könnte auch unbeabsichtigte Konsequenzen haben (jemand wird vor Aufregung ohnmächtig). Es handelt sich dabei nicht um eine zufällige Ansammlung von Individuen, wie es etwa bei einer Warteschlange der Fall ist, sondern um ein kollektives Agens mit einer gewissen Kohärenz und Dauer; häufig besitzt es Führungsstrukturen, formelle und informelle. Das Unternehmen eignet sich hierfür als Paradebeispiel. »Ein Unternehmen verfügt über Überzeugungen und Absichten, und auch wenn dessen Angestellte den Gehalt mancher dieser Standpunkte teilen, *handelt es sich dabei dennoch um die Standpunkte des Unternehmens.*« Das Unternehmen legt möglicherweise ein bestimmtes Ziel fest – beispielsweise sich auf die Hälfte der derzeitigen Belegschaft zu verkleinern –, was anschließend der Grund für die Handlungseinheit ist, das zu verwirklichen. In dem Fall »sind es nicht die Handlungen seiner Angestellten, die die Agenzien des Unternehmens erklären; im Gegenteil, die Handlungen des Unternehmens erklären die Handlungen seiner Angestellten«.[62] Das Unternehmen gibt den Takt vor, dem sich die Angestellten fügen.

Nun gibt es eine Gruppe von Unternehmen, die davon profitieren, fossile Brennstoffe zutage zu fördern, sie aus dem Boden zu holen und verschiedene Verbrennungsstätten damit zu beliefern. Tag für Tag wiederholen sie dabei die Szene von Labuan. Es handelt sich um jene Unternehmen, die die Zerstörung von Dörfern in der Lausitz planen, um Platz für die expandierenden Braunkohletagebaue zu schaffen; die im ecuadorianischen Regenwald Yasuní Ölbohrungen durchführen, dessen Biodiversität als die dichteste der Welt gilt; die versuchen, den Widerstand gegen eine Rohölpipeline quer durch die Ländereien und Gewässer der Standing Rock Sioux und anderer Stämme amerikanischer Ureinwohner:innen in North Dakota zu brechen; die nach Wegen suchen, den Kohleabbau in Simbabwe auszubauen; die in den Meeresschutzgebieten der Großen Australischen Bucht nach Öl schürfen; die Öl und Erdgas aus den Dschungeln des nördlichen Teils von Borneo pumpen und zu den labuanischen Umschlagplätzen weiter verschicken; die sich auf der Suche nach immer neuen verkäuflichen fossilen Brennstoffen ihren Weg durch die Kruste fracken, bohren, graben, hacken. Ihre Intention besteht darin, die Brennstoffe an die Oberfläche zu bringen. Geld zu verdienen ist sowohl ihr zugrunde liegendes Motiv wie auch ihre Raison d'Être; einzelne Mitarbeiter:innen mögen eine oder keine entschiedene Meinung dazu haben, aber so ist nun mal die Vorgehensweise dieser Unternehmen. Dieser nachzugehen, ohne mit der Wimper zu zucken, ist die Aufgabe des Gruppenagens. An anderer Stelle haben wir diesen Tätigkeitsbereich »die primitive Akkumulation fossilen Kapitals« genannt – was sich am einfachsten als die Profitgenerierung mittels der Förderung von zum Verkauf stehender Kohle, Öl oder Erdgas beschreiben lässt –, und an Stoutland anknüpfend können wir nun sagen, dass der Anteil der darüber waltenden globalen Kapitalistenklasse tatsächlich beabsichtigt, den Planeten in der maximalen Menge an fossilen Brennstoffen zu tränken.[63]

Was würde passieren, wenn diese Intention realisiert werden würde? Einer Schätzung zufolge reichen die nachgewiesenen fossilen Brennstoffreserven im Boden – ausgenommen jegliche weitere Entdeckung sowie durch neue Technologien zugänglich gemachte Ablagerungen – aus, um einen durchschnittlichen Temperaturanstieg von acht Grad Celsius zu verursachen.[64] Laut einer anderen, unter ähnlichen Annahmen operierenden Schätzung würde ihre Verbrennung den antarktischen Eisschild beseitigen. Der Meeresspiegel stiege dann hauptsächlich im Laufe der nächsten tausend Jahre um rund achtundfünfzig Meter.[65] In Anbetracht der Tatsache, dass diese Schätzungen ausschließlich auf den bereits kartierten und beanspruchten Reserven basieren, müssen sie als unterer Grenzwert dessen betrachtet werden, was den Daseinszweck dieser Klassenfraktion ausmacht. Manche Philosoph:innen würden daraus schließen, dass, selbst wenn die Beseitigung des antarktischen Eisschilds nicht Bestandteil der Intentionen der Unternehmen sei – schließlich versuchen sie doch bloß, Geld zu verdienen –, der Umstand, dass sie Kenntnis von dieser Konsequenz haben und dennoch weiterhin auf der ganzen Welt fossile Brennstoffe auskundschaften und gewinnen, bedeute, dass sie absichtlich daran arbeiten, die Erde von all dem Eis zu befreien und sie auf ein unbewohnbares Niveau aufzuheizen. Andere wiederum würden das lediglich als Nebeneffekt werten.[66] In beiden Fällen aber läuft die Summe der Absichten innerhalb dieses Bereichs der Kapitalakkumulation genau darauf hinaus.

Nun findet der Großteil dieser Handlungen fernab des Rampenlichts statt. Sie zählen vorrangig zu der ersten von

Perry Andersons Handlungsmachtstufen, sicher verborgen in der laufenden Reproduktion sozialer Beziehungen. Und es ist selbstverständlich so, dass von dieser Stufe aus Klasse an sich abgeleitet wird, aber gelegentlich hebt sich ein kollektives Agens vom Hintergrund ab und tritt auf die öffentliche Bühne, um, freiheraus oder verstohlen, das eine oder andere Ziel voranzubringen. Die Finanzierung der Klimawandelleugnung ist dafür etwa ein typisches Beispiel. Ein anderes ist die systematische Kampagne der Kohle-, Öl- und Gaskonzerne, um Klimaverhandlungen zu beeinflussen; während der letzten beiden Jahrzehnte waren sie und ihre Verbündeten an Beratungsgesprächen mit Unterhändler:innen, Cocktailempfängen auf Gipfeltreffen, der Ausarbeitung von Gesetzestexten, dem Sponsoring von Nebenveranstaltungen und allen Arten von offener und verdeckter Lobbyarbeit beteiligt. Was haben sie damit erreicht? In ihrem hervorragenden Enthüllungsbericht *Power in a Warming World. The New Global Politics of Climate Change and the Remaking of Environmental Inequality* fassen David Ciplet und seine Kollegen die Wirkung folgendermaßen zusammen: »Regierungsvertreter:innen, die strukturell von der Profitabilität des Privatsektors abhängig sind, müssen bei Initiativen, die etablierte Industrien bedrohen, im Inland möglicherweise mit Widerstand von einflussreichen Unternehmen und ähnlich gelagerten Interessenslagen rechnen« und lehnen, mit solchen Absichten konfrontiert, Vorschläge zur radikalen Emissionssenkung daher möglicherweise ab. Die »anhaltende Vorherrschaft« dieser bestimmten kapitalistischen Fraktion hat in der Tat ziemlich tiefe Spuren in den Klimaverhandlungen hinterlassen.[67] Niemand hat mehr dazu beigetragen, sie zu ihrem gegenwärtigen Zustand der fast vollständigen Sinnlosigkeit zu verwässern.

Mit der Etablierung des Prinzips der *freiwilligen* Emissionsreduktion – Nationen entscheiden selbst, ob, wann, um wie viel und mit welchen Mitteln sie ihr eigenes CO_2 reduzieren wollen – bekundete die UN-Klimakonferenz in Paris 2015 den Erfolg der Kampagne zur Vertiefung internationaler Klimaschutzmaßnahmen. Das war aber nichts im Vergleich zu der Offensive, die ein Jahr später folgte. Mit der Wahl Donald Trumps hat diese besondere Fraktion der kapitalistischen Klasse – nennen wir sie primitives fossiles Kapital – direkte Kontrolle über den mächtigsten Staat in der Weltgeschichte erlangt. Während diese Worte geschrieben werden, wird Trump seit einer Woche im Weißen Haus sitzen. Er wird gerade die Dekrete für die Wiederaufnahme des Baus der Keystone XL- und der Dakota-Access-Pipelines unterzeichnet und dem öffentlichen Widerstand, der die beiden Projekte zeitweilig außer Kraft gesetzt hatte, damit ins Gesicht gespuckt haben. Er wird die Environmental Protection Agency angewiesen haben, alle mit dem Klimawandel in Zusammenhang stehenden Inhalte von ihrer Website zu entfernen, und scheint überhaupt wild entschlossen, die Behörde gänzlich stillzulegen. Kurz und gut, es sieht so aus, als ob er sein Versprechen wahr machen würde, den Rest der auf amerikanischem Boden verbliebenen fossilen Brennstoffe so schnell wie möglich auszugraben und die hochmütigste sowie einfältigste Klimawandelleugnung zur offiziellen Staatsdoktrin zu erheben.[68] Da er mit seiner Schrotflinte in alle Richtungen zielt, scheint es relativ plausibel, dass er seine eigene Selbstzerstörung und damit einhergehend in kürzester Zeit mehr Zerstörung als jeder andere amerikanische Präsident vor ihm anrichtet. In Form des US-Atomwaffenarsenals hält er schließlich mindestens ein Gerät in Händen, um den Klimawandel tatsächlich zu einem vergleichsweise unbedeutenden Problem verkommen zu lassen.

Egal, ob die Trump-Ära mit einem Knall zu Ende geht oder unter leisem Wimmern,[69] eines hat sie auf jeden Fall bereits eindeutig bewiesen: Im zweiten Jahrzehnt des 21. Jahrhunderts ist primitives fossiles Kapital nicht im Entferntesten dabei, zu einer marginalisierten Kraft zu werden. Wäre dem so, hätte es nicht dermaßen einfach auf die Spitzenpositionen des Staatsapparats, der als höchster Repräsentant des Kapitalismus im

Ganzen fungiert, rutschen können.[70] Trump hat sein Kabinett mit Männern bestückt, die auf die eine oder andere Weise ein Vermögen mit der primitiven Akkumulation von fossilem Kapital gemacht haben, angeführt von dem Mann, der diese Branche wie niemand sonst verkörpert: Rex Tillerson, dessen Karriere bei ExxonMobil einundvierzig Jahre umfasst, zehn davon als CEO. Er ist die Hauptfigur in Steven Colls *Private Empire. ExxonMobil and American Power*, ein Juwel des Wirtschaftsjournalismus, in dem der Außenminister als Inbegriff des banalen Bösen erscheint: Während seiner Studienzeit in Austin »mied [er] die aufblühende musikalische Gegenkultur der Stadt«, »ließ einen Großteil seiner außerplanmäßigen Wohltätigkeitsarbeit den Boy Scouts of America zuteilwerden« und las sein Lieblingsbuch *Atlas Shrugged*. Unter ihm und seinem Nachfolger engagierte sich ExxonMobil in einer Reihe imperialistischer Unternehmungen an Orten wie dem indonesischen Aceh, in Äquatorialguinea, dem Irak, Nigeria und dem Tschad; das Unternehmen nutzte schnell die Gelegenheit, um von dem zurückweichenden arktischen Eis zu profitieren und nach mehr verbrennbarem Öl zu drillen. Coll erläutert, weshalb Imperialismus eine Notwendigkeit für dieses Unternehmen darstellt:

> »[D]as Objekt von Exxons Geschäftsmodell lag unter der Erde begraben. Exxon bohrte Löcher in den Boden und unterhielt seine Öl- und Gasbohrlöcher viele Jahre lang, weshalb sein geschäftlicher Imperativ eng an die Kontrolle physischer Territorien gebunden war.[71]

Es stellt die Szene auf Labuan in globalem Maßstab nach.

Tillerson hat in Bezug auf den Zweck des Ganzen freimütig sein Herz ausgeschüttet: »Meine Philosophie besteht darin, Geld zu verdienen. Wenn ich bohren und damit Geld machen kann, dann möchte ich genau das auch tun.« Da er die Raffinesse besitzt, hier über Philosophie zu sprechen, sei es uns gestattet, die Aussage einer kleinen philosophischen Analyse zu unterziehen. Mit der Prämisse »Meine Philosophie besteht darin, Geld zu verdienen« bezieht sich Tillerson auf seine frühere Absicht, auf das Ziel, das er für sich selbst formuliert hat, in seinem Geist, noch bevor er irgendeinen bestimmten Handlungsplan entwickelte. »Wenn ich bohren und damit Geld machen kann« ist ein Konditionalsatz, der eine gewisse Willkürlichkeit in der Wahl der Mittel erlaubt – *wenn* ich bohre und damit Geld verdiene, als ob er genauso gut irgendetwas anderes tun könnte, um reich zu werden, nun aber, da er nun einmal in dieser speziellen Branche ist, »genau das auch tun« möchte: was nahelegt, dass die Absicht während der Tätigkeit weder von ihrem Kurs abweichen noch irgendein Hindernis in Kauf nehmen wird. Dieser Mann wird so handeln, wie er es zu tun gedenkt, bei Regen oder Sonnenschein. Hierbei handelt es sich also um jene Form von Intentionalität, die zum Zeitpunkt der Niederschrift den höchsten Sitz der kapitalistischen Staatsmacht einnimmt. Sie brennt im Herzen eines kollektiven Superagens. Ihre Träger beabsichtigen, niemals aufzuhören, siegreich zu sein.

Mit anderen Worten: Klimapolitik spielt sich zwangsläufig auf Andersons zweiter Stufe ab, auf der öffentliche Ziele projiziert werden und aufeinanderprallen, stets auf Grundlage der Kapazität kollektiver Überlegung. Wenn überhaupt, wird hier allein die Einzigartigkeit der menschlichen Handlungsmacht betont. Nehmen wir etwa das Beispiel eines gewaltigen Erdbebens und einer militärischen Invasion. Beides kann gravierende Auswirkungen auf das menschliche Leben, auf Gemeinschaften, ganze Nationen sowie auf die Biota haben: Sie machen einen äußerst handfesten Unterschied für eine gegebene Situation. Und dennoch würde niemand gegen eine Bruchlinie auf die Straße gehen, selbst wenn ein Beben unmittelbar bevorzustehen schiene. Andererseits ist es vollkommen nachvollziehbar, sich vor einem Regierungsgebäude zu versammeln und zu verlangen, dass die mobilisierten Truppen zu Hause bleiben. Besteht aber ein tatsächlicher Unterschied zwischen den

Vorgängen dieser Ereignisse? Es scheint jedenfalls so: Das Erdbeben tritt ein; die Invasion wird angeordnet und umgesetzt; Letzteres ist das Resultat einer Entscheidung, und die Entscheidungsträger:innen hätten einen anderen Entschluss fassen können (wenn die Demonstrationen beispielsweise die Stabilität ihres Regimes gefährdet hätten), während Ersteres das Ergebnis einer wortlosen Plattentektonik ist. Sollten wir die Unterscheidung zwischen physikalisch determinierten Ereignissen auf der einen Seite und reflexiven, intentionalen Kollektivhandlungen auf der anderen Seite beibehalten? Beim Klimawandel macht gerade das einen großen Unterschied. Ein Supersturm wie Sandy tritt auf und richtet verheerende Schäden an einer Stadt an, wohingegen der Bau einer Pipeline wie Keystone XL in Auftrag gegeben und durchgeboxt wird – oder eben auch nicht. Allein diejenigen, die zum Pantheismus neigen, werden den Sturm darum bitten, sich doch eine andere Flugbahn auszusuchen; die Pipeline hingegen bleibt weiterhin Gegenstand intensiver Auseinandersetzungen. Ein Grund für den Widerstand gegen die Pipeline liegt darin, dass sie im großen Stil zum CO_2-Überschuss in der Atmosphäre beitragen würde, wodurch das Risiko extremer Wetterereignisse dramatisch erhöht wird – das Trump-Regime hegt jedoch offensichtlich Absichten, die sich kein bisschen darum scheren.

Ohne des Umwegs über die Theorie bedurft zu haben, hat die Klimabewegung genau diese Intentionalitätslandschaft genutzt, um ihren Kompass auszurichten. In den letzten Jahren hat sie vornehmlich das primitive fossile Kapital – oder »die fossile Brennstoffindustrie« – ins Visier genommen, weil dort die intensivste, geballteste und aggressivste Absicht anzutreffen ist, fossile Brennstoffe mithilfe der größten Machtkompetenz auszugraben. Weder in Mikroben noch im Klima *qua* Klima lässt sich eine vergleichbare Absicht ausmachen. Die Bewegung hat alles in ihrer Macht Stehende getan, um ihren Gegner auszubremsen, indem sie eine gegensätzliche Intentionalität mobilisierte, die in derselben Weise wie jene der Einwohner:innen

Labuans gebildet wurde, als diese sich einst um Feuerstellen versammelten und, wie die historischen Belege nahelegen, übereinkamen, der fremden Unternehmung den Rücken zu kehren.[72] Mit jeder ihrer Handlungen zielt die Klimaschutzbewegung auf einen Sachverhalt ab, der noch nicht gegeben ist – alle fossilen Brennstoffe verbleiben unberührt im Boden –, und folglich sind ihre Handlungen nicht nur auf einer individuellen, sondern auf einer kollektiven Skala zukunftsgerichtet, wenn nicht sogar fiktionsgeleitet. Das ist die Stufe, auf der sich das Schicksal der fossilen Wirtschaft entscheiden wird. Allein menschliche Kollektive können darüber in Konflikt geraten – oder anders ausgedrückt: Widerstand lässt sich allein durch das Bekenntnis zu einer ausschließlich menschlichen Form von Handlungsmacht begreifen. Der Rest ist eine Frage der Konsequenzen.

DIE LEHRE VOM HOLPRIGEN PROZESS

Nun brauchen wir nicht lange darüber zu spekulieren, was der Neue Materialismus der Klimapolitik antun könnte, schließlich stellt die Einmischung einer sich zu ihm bekennenden Wissenschaftlerin dies unmissverständlich klar. In rascher Abfolge wirft Jessica Schmidt Natur und Gesellschaft, Struktur und Subjekt, intentionale Handlungsmacht und »zentralisierte Autorität«, »effektive Entscheidungsfindung« und andere verhasste Kategorien über Bord und kommt prompt zu dem Schluss, dass der Klimawandel *»weder intelligibel noch sinnvoll gestaltbar«* ist. Lassen wir den mysteriösen Sturm also einfach weiter wüten. Oder tun wir das bisschen, wozu ein Mensch überhaupt in der Lage ist, und passen uns der donnernden Materie an – und sollten wir scheitern, wäre *das* etwas, wofür wir die Verantwortung tragen müssten. »Wenn wir uns negativ beeinflussen lassen« von den klimabedingten Katastrophen,

> dann deutet das auf eine unzureichende Neuorientierung unserer Denkweisen und Einstellungen uns selbst und unserer Beziehung zur Welt gegenüber hin, im dem Sinn, dass uns noch nicht hinreichend bewusst geworden ist, dass Störungen Teil des holprigen Prozesses des Lebens sind.

Geschädigte, horcht auf: »Die Erfahrung von Leid – man ist negativ affiziert worden – bedeutet lediglich, dass *wir die Schuld daran tragen*, uns nach wie vor nicht ausreichend unserer Bindungen bewusst geworden zu sein«. Erzählen wir das am besten einfach mal den Menschen in Burkina Faso und auf den Philippinen. Es liege an ihnen als auch an uns, die Idee eines Kurswechsels aufzugeben: Die eigentliche Aufgabe der Menschen »besteht darin, die politischen und mentalen Strukturen, die eher zur Entscheidungsfindung als zur Anpassung anregen, zu beseitigen«.[73] Lernen wir besser mit dem zu leben, was auch immer die Materie uns in den Weg stellt.

Bei dieser Art zu denken geht es nicht darum, ob der Widerstand stark genug ist, ob er am Ende Erfolg haben oder kläglich scheitern wird, ob etwas getan werden könnte, um ihn voranzutreiben: Das Unterfangen selbst wird a priori als zwecklos verworfen. Es liege schlichtweg nicht im Aufgabengebiet des Menschen, das Klima zu gestalten. Vielleicht aber ist Schmidt hier bloß einem intellektuellen Missgeschick zum Opfer gefallen, das gar nicht widerspiegelt, um was es dem Neuen Materialismus in Wahrheit geht? Bedauerlicherweise scheint dies nicht der Fall zu sein. Timothy James LeCain schreibt, dass »die neu-materialistische Theorie uns dazu drängt, darüber nachzudenken, wie der Planet die Menschen geschaffen hat und nicht umgekehrt. Die Erde liegt nicht in Menschenhand, was nahelegt: Die Menschen liegen in der Erdenhand.« Während andere kürzlich darüber debattiert haben, dass das Konzept des »Anthropozän« die Bürde des Klimawandels und der damit verbundenen Missstände unpräzise der Menschheit als Ganzes auferlege – manche traten stattdessen für »Kapitalozän«

als angemessenere Bezeichnung ein –, schlägt LeCain den entgegengesetzten Weg ein. Er glaubt, der Name der Epoche sollte keinerlei Bezug zu irgendetwas Menschlichem haben. Das »Karbozän«, oder mit dem griechischen Wort für Kohle »das Anthrakaszän«, würde die »Rolle, welche Kohle und Kohlenwasserstoffe wie etwa Öl und Gas *in der Erschaffung* unseres gegenwärtigen Zeitalters spielen«, besser verzeichnen. Um diese Ätiologie zu veranschaulichen, schildert LeCain eine Episode aus *Star Trek*, in der eine Gruppe von Weltraumreisenden auf einem Planeten landet, der von üppigen tropischen Pflanzen und farbenfrohen, paradiesisch anmutenden Blumen bedeckt ist. Sobald sie die Vegetation berühren, sezerniert diese giftige Säure: Der Planet entpuppt sich als unwirtlich für das menschliche Leben. Und Gleiches gelte für die Erde. Wir lägen in ihrer Hand, und diese wolle uns übel; was der Klimawandel deutlich mache, sei, dass dieser terrestrische Körper »dem menschlichen Wohlergehen gegenüber feindselig gesinnt« sei und »tatsächlich eine Art materielle Säure absondert, die schädlich« sei für unsere Spezies.[74] Sich auf einen anderen Planeten zu flüchten müsse daher immer schon das realistischere Vorgehen gewesen sein als jegliche Art von Gegenwehr.

Trotz sporadischer Beteuerungen des Gegenteils tendiert der Neue Materialismus dazu, einem Determinismus der gröbsten Variante anheimzufallen.[75] Innerhalb des theoretischen Konstrukts gibt es keine gegenseitige Kontrolle, die das zu verhindern wüsste; ja, es zeichnet sich geradezu dadurch aus, nichts über spezifisch soziale, historisch kontingente Triebkräfte wie etwa die Erderwärmung zu sagen zu haben. Der Kerngedanke des Neuen Materialismus besteht darin, dass agentielle Materie »nicht bloß den Eindruck erweckt, sondern tatsächlich eigene Macht *hat*«. Schusswaffen und Landminen besitzen »im Gegensatz zu jenen, die sie abfeuern oder einpflanzen«, eine solche Macht.[76] Jane Bennett strebt eine Weltanschauung an, in der Materie »als eine äußere oder fremdartige Macht agiert«; und so lautet eine ihrer Prämissen, dass »›menschliche‹ Handlungsmacht *an sich* immer schon ein radikal kollektiver, multispeziesgerichteter Effekt« sei.[77] Falls diese Worte in unserem Fall irgendetwas bezwecken sollen, dann, dass wir gut daran täten zu glauben, dass Ablagerungen im Gegensatz zu jenen, die sie ausgraben, über Handlungsmacht verfügten, dass Kohle und Wolken als äußere Mächte handelten und dass nichtmenschliche Spezies von jeher ebenso bestrebt seien, fossile Brennstoffe aufzuzehren. Und wahrhaftig führt Chris Otter in seiner antimarxistischen Darlegung davon, wie Materie »Dinge geschehen lässt«, genau das als Beispiel an: »Der Verbrauch nicht erneuerbarer fossiler Brennstoffe, auf den sich gegenwärtig moderne Energiesysteme und petrochemische Industrien stützen, ist seit 1900 offensichtlich dramatisch angestiegen.«[78] Und es sei die unbelebte *Materie*, die das verursacht habe. Globale Erwärmung ist eines von Latours zahlreichen Quasi-Objekten, und allen Quasi-Objekten sei »Handeln, Wille[], Bedeutung und sogar Sprache« eigen; für Graham Harman ergibt sich daraus logischerweise die Deutung, dass der Latourianismus um so vieles besser ist als irgendeine Theorie der Linken, da letztere »nicht in der Lage ist, die Klimabedrohung als irgendetwas anderes denn als die unvermeidliche Nebenwirkung eines umfassenderen *menschlichen* Problems namens Kapitalismus zu denken«.[79] Und anders als die Linke vermutet, sei die Bedrohung nicht anthropogenen Ursprungs.

So lautet der logische Endpunkt des Neuen Materialismus: Und er prescht mit dem Kopf voran damit direkt hinein ins ABC der Klimaforschung. Gleichzeitig leistet er einen Akt der Verharmlosung. Nicht nur die Vorstellung der unbeabsichtigten Konsequenzen, sondern auch die für die Klimaforschung so wichtige Vorstellung der Verantwortung wird herabgemildert oder abgewürgt.[80] In ihrer weithin bekannten Untersuchung des nordamerikanischen Stromausfalls im August 2003 scheut Bennett davor zurück, Deregulierung und Habgier der Konzerne als die wahren Schuldigen herauszugreifen, und erkennt die Behauptung des Energieversorgungsunternehmens FirstEnergy

Corp. an, dass niemand wirklich Schuld daran getragen habe, schließlich sei es das Stromnetz gewesen, das beim Herunterfahren »sprach«. Der »Aktantenverbund ist etwas, auf das sich der Begriff moralischer Verantwortung nur lose anwenden lässt und das sich nicht sinnvoll beschuldigen lässt«.[81] Man kann sich bereits vorstellen, wie dieser Argumentationsstrang in die internationalen Klimaverhandlungen Eingang finden könnte. Nicht *wir* waren es, die den Kohleverbrauch initiiert oder das CO_2 emittiert haben; es war der Schwarm der Aktanten, in dessen Strudel wir geraten sind, die Kohle, die bestrebt war, verbrannt zu werden, die Autos, die vorwärtspreschten … »Was im Übergang vom Historischen zum Neuen Materialismus verloren gegangen ist«, räumt Bennett selbstgenügsam ein, »ist vielleicht die Genugtuung, eine zugrunde liegende Ursache zu besitzen, die anvisierbar und es wert ist, die Schuld zu tragen«.[82] In der Klimapolitik aber ist es keine bloße Frage der intellektuellen Genugtuung, die zugrunde liegende Ursache hervorzuheben. Es ist vielmehr eine Frage von Leben und Tod. Und selbst nach dem Tod, wenn sich alles darum dreht, auszuhandeln, wer nun das Geld für die durch den Klimawandel angerichteten Verluste und Schäden ausspucken sollte, wird alles eine Frage der Verantwortlichkeit sein.

Oder nehmen wir Timothy Morton, einen weiteren Star des Material turn, der gerne Sätze wie »das Auto zwinkert mir wissentlich zu« und »was Löffel tun, wenn sie Suppe schöpfen, unterscheidet sich nicht sonderlich von dem, was ich tue, wenn ich über Löffel spreche« verfasst – er hält die Erderwärmung für ein mit Handlungsmacht ausgestattetes »Hyperobjekt« und glaubt, dass Öl selbst »ein weitverbreiteter Agent mit eigenen dunklen Absichten« sei.[83] Öl verfügt also über eigene dunkle Absichten. Seit sich in den 1970ern ein Großteil der Theorie vom Historischen Materialismus verabschiedet hat, hat sie sich einem endlosen Zyklus von turns hingegeben – kultureller, linguistischer, affektiver, kognitiver, performativer, posthumanistischer, nichtmenschlicher: turn, turn, turn, turn, turn, turn, turn, turn –, und vielleicht ist es daher gar nicht so überraschend, wenn sich schlussendlich eine gewisse Benommenheit einstellt.[84] Das einzig Vernünftige wäre es nun, einer weiteren Verbreitung von Handlungsmacht ein Ende zu setzen.[85] In unserer sich erwärmenden Welt gebührt diese Ehre *einzig und allein* jenen Menschen, die fossile Brennstoffe extrahieren, kaufen, verkaufen und verbrennen, sowie jenen, die diesen Kreislauf aufrechterhalten, als auch jenen, die diese Handlungen während der letzten beiden Jahrhunderte begangen haben: Da sie das Klimasystem außer Kontrolle haben geraten lassen, stiften nur sie und niemand sonst das Paradox historisierter Natur an – das beliebte Geschwätz von der sich erwärmenden Erde als »Agens der Geschichte« sollte eingestellt werden.[86] Die Dichotomie von menschlicher Handlungsmacht und nichtmenschlicher Nicht-Handlungsmacht untermauert die gesamte Klimaforschung, sie ist die Barriere, an der der Material turn zerschellen muss.

Was aber ist mit den anderen Teildisziplinen der Umweltgeschichte? Handlungsmachtausweitung mag plausibler erscheinen, sobald die Natur – unhistorisiert und ohne von Menschen gedrehte Kontrollknöpfe – unter dem Deckmantel einer Dürreperiode in die Gesellschaft einfällt, Personen mit Krankheiten ansteckt, durch die Ablagerung von Sedimenten eine neue Landschaft erschließt oder eine andere ereignisreiche Wirkung zeitigt. Erst wenn wir den Pfeil in die andere Richtung lenken – wenn wir versuchen, für die Rolle des menschlichen Lebens *in der Natur* die Rechnung zu tragen und uns die Auswirkung der Menschheitsgeschichte *auf die Welt der Natur* vor Augen zu führen (die später auf die Gesellschaft zurückfällt) –, erscheint es uns fragwürdig. Paradoxerweise funktioniert die Idee der natürlichen Handlungsmacht am besten (oder am wenigsten schlecht), wenn natürlich verursachte Geschehnisse im Leben der Menschen die historischen Explananda sind, wohingegen eine stärker biozentrierte Geschichte, die daran interessiert ist, wie die Natur aus dem inneren Bereich des Sozialen heraus transformiert wurde, jeden Anthropomorphismus meiden und Handlungsmacht den Menschen vorbehalten sollte.

Bei genauerer Betrachtung erscheint die Ausweitung jedoch selbst für diese anderen Disziplinen als nicht gerechtfertigt. In einem Essay in *The Economic History Review* weist Bruce S. Campbell nach, wie katastrophale Klimaanomalien und der Schwarze Tod das Europa des 14. Jahrhunderts vereint in eine Krise stürzten, die feudale Gesellschaft aus der Bahn warfen und eine Kaskade an Ereignissen hervorriefen, die den Kontinent in wirtschaftliche Vorreiter und Nachzügler spaltete. Campbell kommt zu dem Schluss, dass die Natur »ein eigenständiger historischer Protagonist war«, der über »Agenzien« verfügte – aber was er anscheinend eigentlich sagen will, ist, dass die Natur kausale Auswirkungen zeitigte.[87] Sie verfügte über furchtbaren Einfluss und eine enorme Kraft, genauso wie der Asteroid, der die Erde der Dinosaurier traf, und genauso, wie es das künftige Klima haben wird, wenn alles so weitergeht wie bisher. Aber die eine emergente Eigenschaft, die all dem fehlte, fehlt und fehlen wird, ist Handlungsmacht. Etwas Präzision in diesem Punkt dürfte nicht schaden. Die Besonderheiten der menschlichen Handlungsmacht als Quelle – und potenzielles Antidot zu – der ökologischen Zerstörung dürfen nicht aus dem Blick geraten. Jegliche Umweltgeschichte sollte am Eigenschaftsdualismus festhalten.

EINE BEMERKUNG ZUM POSTHUMANISMUS

Aber sind wir mittlerweile nicht alle Hybride? Wir tragen Herzschrittmacher, Amalgamfüllungen und kontrazeptive Implantate in uns und gebrauchen Bildschirme als unser erweitertes Selbst. Unsere Körper bestehen aus mehr Bakterien denn aus menschlichen Zellen, und unsere Haustiere haben elektronische Anhänger, die sie an uns binden. Wir heißen uns Menschen und gehen doch auch auf in unseren vermeintlichen Gegensätzen: Maschinen, Tiere, medizinische Technologien, digitale Schaltkreise, in deren Abwesenheit wir nicht die Art von Lebewesen wären, die wir sind.[88] Das ist die Feststellung im Herzen des Posthumanismus, einem Geschwisterchen des Neuen Materialismus, das hauptsächlich damit beschäftigt ist, die Mauer zwischen dem Menschen und dem Nichtmenschen zum Schmelzen zu bringen. In ihren zeitlosen »Cyborg«- und »Gefährten«-Manifesten weidet sich Donna Haraway am Anblick der durchlässig werdenden Grenzen – zwischen Organismus und Maschine, dem Physischen und dem Nicht-Physischen, Hund und Herr, Natur und Kultur: »[N]ichts«, jubelt sie vor Freude, »ist mehr übrig, das die Trennungslinie zwischen Mensch und Tier überzeugend festzulegen vermag«.[89] In dem Buch *What Is Posthumanism?* beleuchtet und beantwortet Cary Wolfe die Frage mit einer hinlänglich technischen Definition:

> Posthumanismus benennt einen historischen Moment, in dem es zunehmend unmöglich geworden ist, die Dezentrierung des Menschen durch seine Überschneidung mit technischen, informatischen und ökonomischen Netzwerken zu ignorieren.[90]

Der Mensch ist nicht länger ein Zentrum; er schwappt über und ergießt sich in alle Richtungen. Er zerstiebt und absorbiert seine einstmaligen Ränder. Wir erleben »eine ungeheure Hybridisierung der Gattung«, heißt es bei Rosi Braidotti, deren Abhandlung *Posthumanismus. Leben jenseits des Menschen* verkündet, dass »der Begriff [des Humanen] gesprengt« wurde, was eine gute Sache sei.[91]

Es fiele schwer, sich ein noch ungünstigeres historisches Timing für ein theoretisches Unterfangen vorzustellen, auch wenn dieses möglicherweise weniger imposant denn banal ist. Der Erwärmungszustand hat nichts Posthumanes an sich. Er ist durch die Auswirkungen der menschlichen, jedes Ökosystem dieser Erde befallenden Geschichte gekennzeichnet, ungefähr so, wie jeder Planet innerhalb dieses Sonnensystems im Licht der Sonne badet. Ausgerechnet in dem Moment, in dem die irdische Natur in einen Mahlstrom hineingezogen wird, der alles Bisherige in puncto flächendeckendem Geltungsbereich *und* streng zentralisierter Provenienz übertrifft; ausgerechnet, als die menschliche Intimität mit nichtmenschlichen Spezies *in dem Einfluss, den die Menschen auf sie haben*, aufgedeckt wird, selbst wenn diese physisch niemals irgendeinem Menschen nahegekommen sein sollten; ausgerechnet, als die Handlung, zu der bloß eine einzige Spezies in der Lage ist – nämlich die, fossile Energieträger zu verbrennen –, wie ein Stein in den biosphärischen Pool plumpst, eilen ein paar Theoretiker:innen herbei und posaunen hinaus, dass »die Menschen ihren Platz im ontologischen Zentrum der Wirklichkeit verlieren«.[92] Es ist ein bisschen so, als würde man behaupten, dass die *Kaaba* ihren Platz im Zentrum des muslimischen Gebets einbüßt, sobald die *Tawāf* beginnt. Oder um es mit Clive Hamilton zu sagen: Posthumanismus

> verwirft unsere Einzigartigkeit als Weltenmacher genau in dem Augenblick, da unsere welttransformatorische Macht ihren Zenit erreicht [...]. Erst in den letzten zwei oder drei Jahrzehnten hat uns die Vorrangstellung der menschlichen Handlungsmacht wirklich konfrontiert. Keine andere Kraft, weder lebendig noch tot, ist in der Lage, das Erdsystem zu beeinflussen, und besitzt die Fähigkeit, etwas dagegen zu unternehmen. Genau *darin* aber liegt die Handlungsmacht; und es ist genau das, was den Menschen zum Freak der Natur macht.[93]

Der Erwärmungszustand ist hypermenschlich. Er mag vielleicht, wenn auch in einem etwas anderen Sinn, den posthumanistischen Augenblick einleiten, sollte es der Durchschnittstemperatur gelingen, um acht Grad Celsius oder mehr anzusteigen und die letzten schmorenden Menschen – unfähig zu vergessen, wer den Niedergang über sie gebracht hat – über den Rand des Planeten zu stoßen, bis dahin aber wird sich das ontologische Zentrum behaupten. Posthumanist:innen ziehen gerne Foucaults »wetten, dass der Mensch verschwindet wie am Meeresufer ein Gesicht im Sand« als eine Prophezeiung heran, aber selbst wenn sich eine posthumanistische Welt schließlich bestätigen sollte, würde es mehrere Zehntausend Jahre dauern, bis das Gesicht des Menschen aus dem Meer verschwunden ist.[94] Im Hier und Heute vermelden Wissenschaftler:innen das beschleunigte Risiko des Artensterbens aufgrund des Klimawandels.[95] Im Juli 2016 verbreiteten sie die Nachricht über das Aussterben des ersten Säugetiers, der Bramble-Cay-Mosaikschwanzratte, einem kleinen Nagetier, das auf einer Insel in der australischen Torres-Straße lebte, fernab von Ackerland und Städten, jedoch vom ansteigenden Meer buchstäblich überschwemmt.[96] Immerhin eine Sache besiegelt die Trennung von Mensch und Tier: Die Ersteren können Letztere mittels des Energietyps ausrotten, den sie sich zu verwenden entschließen. Wider diese Gegebenheit fällt ein Herzschrittmacher kaum mehr ins Gewicht.

Bisher bleibt der Posthumanismus noch eine überzeugende Antwort auf das besondere Problem schuldig, vor das die Erderwärmung ihn stellt, und das Gleiche gilt für ein noch allgemeineres, von Kate Soper identifiziertes Problem. Mit der ihr eigenen Sorgfalt weist sie darauf hin, dass jegliche Aufforderung, in einer nachhaltigeren Art und Weise zu handeln,

> eindeutig in der Idee menschlicher Sonderstellung wurzelt. Denn insofern der Appell, die Verhaltensweisen zu ändern, an die Menschheit gerichtet ist, unterstellt er uns den Besitz an Fähigkeiten, durch die wir von anderen Lebewesen und anorganischer Materie abgehoben werden.[97]

Dieser Gedanke verkraftet es, wiederholt zu werden: *Jeder* Ruf nach einer umweltfreundlicheren Praxis stellt zwangsläufig den Menschen an die vorderste Front. Das allein sollte dem Posthumanismus bereits den Todesstoß versetzen, und es verwundert deshalb keineswegs, dass er eine Antwort schuldig bleibt. Soper geht jedoch noch einen Schritt weiter und zeigt, dass die Posthumanist:innen sich in einen großen performativen Widerspruch verstrickt haben, denn *auch sie* adressieren den Menschen, wie es ihnen bei keinem anderen Lebewesen möglich wäre.[98] Sie müssen erst noch beweisen, wie sie Prokaryoten oder Plastiktüten von der Richtigkeit ihrer Behauptungen überzeugen. All ihre Bücher, Aufsätze und Konferenzen zielen auf ein menschliches Publikum ab, was den praktischen Effekt mit sich bringt, eine weitere, eher außergewöhnliche Fähigkeit dieser Spezies hervorzuheben: die Fähigkeit, den eigenen Platz im Kosmos neu zu bewerten. Denn noch steht es aus, Nagetiere dabei zu beobachten, wie sie sich erzählen, sie seien »eigentlich gar nicht so besonders, und schau dir an, was Foucault darüber geschrieben hat«. Diese konzeptuelle Diskriminierung soll keinen Freibrief darstellen, Nagetiere quälen, geschweige denn sie ausrotten zu dürfen – ganz im Gegenteil soll damit die Grundlage geschaffen beziehungsweise öffentlich anerkannt werden, besser mit ihnen umzugehen. Wenn wir weitere Tragödien wie jene der Bramble-Cay-Mosaikschwanzratten verhindern wollen, müssen wir die Menschen dazu bringen, »ihre einzigartigen Verantwortlichkeiten bei der Schaffung und Korrektur von Umweltzerstörungen anzuerkennen, sowohl für sich selbst als auch für andere Spezies« – mit anderen Worten müssen wir sie dazu bringen, *Humanist:innen* zu werden.[99]

Für solch einen Humanismus, der eine andere Version des Eigenschaftsdualismus darstellt, besteht eine gewisse Dringlichkeit in einer sich erwärmenden Welt. Niemand würde CO_2-Moleküle darum bitten, vom Himmel herabzusteigen, oder verlangen, dass Bohrinseln sich selbst verschrotteten und ihre Opfer auszahlen würden – nicht einmal Timothy Morton, denn selbst er fände keine Möglichkeit, mit dem Öl zu kommunizieren. Genauso wenig aber können wir davon ausgehen, dass Primaten eine große Hilfe bei der Beendigung der fossilen Epoche sein werden. Jüngste posthumanistische Fetische – Augmented

Reality, die Prothesen von Oscar Pistorius – werden ebenso wenig zum gewünschten Ergebnis führen, und sollten die Geoengineering-Maschinen eines Tages in dem Versuch hinausgerollt werden, die Erde abzukühlen, werden ihre Strippen sicherlich immer noch von Normalsterblichen gezogen werden. Ausgenommen den Fall, jemand würde einen ökosozialistischen Chip in unsere Gehirne einpflanzen, bleiben Menschen der altbewährten Sorte die Einzigen, die sich *möglicherweise* erheben und von den fossilen Brennstoffen ihrer Wirtschaft befreien könnten. Es scheint daher ein eher entmutigender und demobilisierender Zug zu sein, wenn man ihnen mitteilt, dass sie nichts Besonderes seien, dass sie nichts von Tieren oder Maschinen trenne, dass sie über keine zentral positionierte Handlungsmacht verfügten, von der alles andere abhinge. Das wären nicht unbedingt die aufmunterndsten Worte für die ihnen bevorstehende Herkulesaufgabe. Und wenn die Maximierung der Überlebenschancen jetzt tatsächlich vor allem erforderlich macht, die fossile Wirtschaft *in toto* abzubauen, werden wir geradewegs bis zu Perry Andersons dritter Stufe der Handlungsmacht katapultiert:

> Schließlich gibt es noch jene kollektiven Projekte, die sich *in einem bewussten Programm, das darauf abzielt, ganze Gesellschaftsstrukturen zu erschaffen oder umzugestalten*, bemüht haben, ihre Urheber zu *Autoren ihrer gesamten kollektiven Existenzweise zu machen.* [...] Es ist die moderne Arbeiterbewegung, die dieser überaus neuen Auffassung des historischen Wandels wirklich zum Leben verholfen hat; und es ist mit dem Aufkommen dessen, was ihre Begründer Wissenschaftlicher Sozialismus genannt haben, dass faktisch zum ersten Mal kollektive Projekte sozialer Transformation mit systematischen Bestrebungen vereinigt wurden, um den Prozess der Vergangenheit und Gegenwart zu verstehen und eine vorsätzlich geplante Zukunft zu erzeugen. Die Russische Revolution ist in dieser Hinsicht die erstmalige

> Inkarnation einer neuen Art von Geschichte, die auf einer beispiellosen Form der Handlungsmacht beruht.[100]

Weniger Latour, mehr Lenin: Das ist es, wonach der Erwärmungszustand verlangt.

4

Über Einhörner und Paviane. Für einen Klimarealismus

BRUNO LATOUR IN DER KRISE

Bisher haben wir uns zwei Aspekte des vor Kreativität überschäumenden Denkens von Bruno Latour angesehen: seinen Hybridismus und seine Projektion von Handlungsmacht auf nichtmenschliche Materie. Sie sind aus einem Guss. Aber wir sollten uns auch in Erinnerung rufen, dass Latour seine intellektuelle Karriere damit begonnen hat, sich für die erste der von uns betrachteten Strömungen einzusetzen, den Konstruktionismus, für den er in den 1980er- und 1990er-Jahren eine wichtige Inspirationsquelle war.[1] Anknüpfend an die Feldforschung in Laboratorien und an Vorstöße in der Wissenschaftsgeschichte – am bekanntesten wohl die medizinischen Entdeckungen von Louis Pasteur –, kam er zu dem Schluss, dass Wissenschaftler:innen Tatsachen *konstruierten*, wodurch gewissermaßen die Lücke zwischen idealistischem und buchstäblichem Konstruktionismus geschlossen oder gar überwunden wird: Die Wissenschaftler:innen brächten die Welt, die sie beobachteten, hervor. Ihre Beobachtungen seien keine solipsistischen Träumereien, keine frei schwebenden Ideen, die sich die Realität erträumten wie jemand, der Schlösser in die Luft baue – nein, Wissenschaftler:innen machten sich die Hände mit all der Materie schmutzig, mit der sie sich verbündeten, in Zusammenhang brächten oder in facettenreichen Netzwerken verknüpften, wodurch wiederum die Welt neu geordnet und rekonstituiert werde.[2]

Um etwas mehr Klarheit in diese Theorie zu bringen, wollen wir uns Latours Beispiel des Tuberkulosebakteriums annehmen. In den 1950er-Jahren brachte ein französisches Forschungsteam die Mumie von Ramses II. nach Paris, untersuchte sie und fand heraus, dass die Ursache seines Todes Tuberkulose gewesen sei. Dieser Bazillus aber wurde erst im 19. Jahrhundert entdeckt, wohingegen der Pharao vor dreitausend Jahren lebte – wie können wir also mit Sicherheit sagen, dass er an Tuberkulose gestorben ist? Für Latour wäre das »ein Anachronismus des gleichen Kalibers, als hätten wir seinen Tod durch einen marxistischen Umsturz, ein Maschinengewehr oder durch einen an der Wall Street verursachten Crash diagnostiziert«. Bevor sich die Wissenschaftler:innen mit ihm verbündeten, habe der Erreger über keine Existenz verfügt. Um ihn als Todesursache des Pharaos feststellen zu können, musste dessen Leiche in ein Netz aus Krankenhäusern, Röntgenapparaten, Lampen, sterilisierten Instrumenten und allerlei Forschungsexpertise überführt werden, die allesamt an der Konstruktion des Fakts der Krankheit beteiligt gewesen seien – und derartige Fakten »können, selbst mithilfe der wildesten Vorstellungskraft, ihren lokalen Produktionsbedingungen nicht entfliehen«.[3] Und so sei es erst nach seiner Flucht nach Paris, wo Ramses II. das spezielle Privileg genossen habe, durch die Zeit hindurch in die Hallen der fortgeschrittenen Medizin befördert zu werden, dazu gekommen, dass die Tuberkulose in die ägyptische Geschichte eingetreten sei und der Pharao das bestimmte Bakterium zu husten und zu spucken angefangen habe.[4] Daraus folgt, dass bis auf den Pharao keine anderen Ägypter:innen je an Tuberkulose gestorben sein können, da die Aufnahme in das französische Akteur-Netzwerk den anonymen Massen der Bäuer:innen, Sklav:innen und Handwerker:innen nicht zuteilwurde – aber diese Begleiterscheinung stellt für uns hier kein primäres Anliegen dar.

Vielmehr interessiert uns der Kontrast zwischen einer latourianisch-konstruktionistischen und einer realistischen Epistemologie und wie die beiden uns für unsere Krise rüsten. Die Realistin würde behaupten, dass die Mikroben, bereits bevor Pasteur den Schleier über ihnen gelüftet habe, in der Welt gewesen seien, was Latour jedoch anzweifeln würde; eine Realistin würde darauf beharren, dass die Venus schon Phasen hatte, lange bevor Galileo sein Teleskop überhaupt auf sie richten konnte, Latour jedoch würde das bestreiten; Latour würde behaupten, dass die wissenschaftlich beobachtete Realität eine *Assemblage* sei, von der die Beobachtungen und Werkzeuge und die anderen von den Wissenschaftler:innen mobilisierten Gegenstände notwendige Komponenten darstellten.[5] Außerhalb dieser Netzwerke ließe sich der Tuberkulose, den Mikroben und planetaren Phasen nirgends sonst ein realer ontologischer Status zuschreiben. Sie existierten nur, insofern sie sich einem dieser Netzwerke anschlössen (wo sie vorher waren, oder wie sie das Anwerbungsgesuch überhaupt annehmen können, wird im Allgemeinen nicht erklärt). Wir können hier die Spur eines epistemischen Trugschlusses ausmachen, aber als Latour diese Theorie in den 1980ern entwickelte, war er so dermaßen von ihrer Richtigkeit überzeugt, dass er sie zu einer Serie an universalen philosophischen Thesen erhob, nummeriert wie in einem Tractatus, in dem einiges des bislang existierenden Denkens dem Erdboden gleichgemacht wurde:

> Überlegenes Wissen und unterlegenes Wissen gibt es nicht.[6]

> »Wissenschaft« ist viel zu wackelig, als dass darüber gesprochen werden könnte. Stattdessen müssen wir über die *Verbündeten* sprechen, die sich bestimmte Netzwerke zunutze machen, um stärker als andere zu werden.[7]

> Wir müssen den Glauben [...] an die Existenz der Logik, an die Kraft der Vernunft, sogar an den Glauben selbst und an dessen Unterscheidung vom Wissen aufgeben.[8]

> Keine Satzreihe ist an sich entweder konsistent oder inkonsistent; alles, was wir wissen müssen, ist, wer sie mit welchen Verbündeten und wie lange testet.[9]

> Nichts ist komplexer, vielschichtiger, realer, greifbarer oder interessanter als irgendwas anderes,[10]

und immer so fort.

Dieser epistemologische Nihilismus läuft auf einen ziemlich vulgären Typus des Machiavellismus oder Nietzscheanismus hinaus: Was richtig ist, ist einzig und allein eine Frage der Macht.[11] Jene Netzwerke, die den »Kräfteverhältnissen« erfolgreich widerstünden, setzten sich durch, und genau dort könne sich etwas wie Wahrheit – eine weitere Kategorie, die Latour verabscheut – etablieren.[12] Wissen zu produzieren (wie es fälschlicherweise genannt wird) sei die Gabe, sich mit den mächtigsten Bündnispartner:innen einzulassen, in deren Gesellschaft der Produzent sein Publikum davon überzeugen könne, dass er recht habe. Harman zieht freudig ein paar Schlüsse daraus:

> Wir können nicht sagen, dass Neutronen *realer* als Einhörner sind, nur dass sie *stärker* sind als Einhörner. Neutronen verfügen schließlich nun mal über mehr und besser belebte und unbelebte *Verbündete*, die ihre Existenz bezeugen, als es Einhörner tun.[13]

Quadratische Kreise, Asteroiden, König Lear und Pepsi-Flaschen – sie alle seien durch die Stärkegrade jener Netzwerke voneinander getrennt, an denen sie als Aktanten teilhätten.[14] Keine Wissenschaftlerin liege objektiv betrachtet richtiger als irgendeine andere. Sie sei lediglich mit einer größeren oder kleineren Kraft begabt, und das Schlachtfeld reiche dabei weit über das Laboratorium hinaus: Kein Berufungsgericht könne dort einberufen, kein äußerer Maßstab angelegt werden, um eine Macht zu messen, zu zensieren oder abzulehnen. Oder in

Latours eigenen Worten: »Wir können nicht zwischen jenen Momenten unterscheiden, in denen wir Macht haben, und jenen, in denen wir recht haben.«[15] Im Recht zu sein, ohne Macht zu haben, ist – welch Seltenheit – ein Widerspruch in sich.[16]

Eine solche Theorie hat einige Konsequenzen zur Folge, unter anderem – offenkundig – für das Wissen über Natur. Wissenschaftler:innen, die von sich behaupten, die Natur zu untersuchen, täten das eigentlich nie – denn, »schau sie dir doch einmal an!«, ruft Latour mit der vollen Überzeugung eines Positivisten: Sie sind *innerhalb* ihrer Laboratorien und *innerhalb* der Welt, die sie geschaffen haben, und werden niemals in der Lage sein, irgendwo anders hinzugehen. Daraus folge auch, dass – seine Hervorhebung – »*es keinerlei Prognose gibt*«. Was die Vorhersagen über die Natur anbelange, so seien »Pasteur, Shakespeare und NASA« in ihren prognostischen Vermögen ununterscheidbar.[17] Nachdem er dieses Evangelium verbreitet und erfolgreich einen ganzen Haufen an Verbündeten in den Sozialwissenschaften, Geisteswissenschaften und innerhalb der außerakademischen Welt um sich geschart hatte, muss Bruno Latour wohl an so manchem Morgen des frühen 21. Jahrhunderts seine Zeitung gelesen haben, ganz wie es augenscheinlich seine Gepflogenheit ist, und von der Gefahr des Klimawandels förmlich überrascht worden sein. Und nicht nur das: Die Verleugnung der wissenschaftlichen Erkenntnisse scheint ihn regelrecht erschüttert zu haben. In zahlreichen Texten der letzten Jahre trägt Latour genuine Angst vor der globalen Erwärmung zur Schau sowie aufrichtige Wut über die gut betuchten Menschen, welche nach wie vor predigen, dass das alles bloß ein Scherz sei. Einer seiner meist zitierten Essays, *Elend der Kritik. Vom Krieg um Fakten zu Dingen von Belang* aus dem Jahr 2004, beginnt damit, dass Latour einen Leitartikel des *Wall Street Journal*, in dem auf die Emissionsminderungen geschimpft wird, sowie in der *New York Times* ein Interview mit einem republikanischen Strategen liest, der nachdrücklich auf »den *Mangel an wissenschaftlicher Gewißheit*« hinweist. Das ist eindeutig ein Moment der persönlichen Krise für Bruno Latour:

> Verstehen Sie, warum ich beunruhigt bin? Ich habe früher selbst einige Zeit mit dem Versuch verbracht, den »*Mangel an wissenschaftlicher Gewißheit*« aufzuzeigen, der der Konstruktion von Tatsachen inhärent ist. Auch ich machte daraus ein Hauptanliegen, ein »primary issue«. [...] War es falsch, daß ich mich an der Erfindung jenes Forschungsfeldes beteiligt habe, das als »Science studies« bekannt ist? Reicht es zu sagen, daß wir nicht wirklich meinten, was wir sagten? Warum fällt es mir so schwer auszusprechen, daß die globale Erwärmung ein Faktum ist, ob man will oder nicht? Warum kann ich nicht einfach sagen, daß die Debatte abgeschlossen ist?[18]

Ja, warum eigentlich nicht?

Nun könnte man nach einem solchen Schuldeingeständnis beinahe erwarten, Latour würde mit seiner früheren Epistemologie aufräumen oder wenigstens einen deutlichen Schritt weg, hin zu einer Form von Realismus machen, doch weit gefehlt. Stattdessen verschreibt *Elend der Kritik* ein weiteres Rezept: Hört auf, die Dinge so verbissen zu hinterfragen. Menschen, die vom Klimaschwindel oder einer ähnlich hirnrissigen Verschwörungstheorie überzeugt seien, besäßen die gleiche Art zu denken wie kritische Akademiker:innen, die Macht, Gesellschaft, Imperium, Kapitalismus oder irgendeinen anderen niederträchtigen Behemoth hinter jedem falschen Schein zu entdecken glaubten, die gleiche misstrauische Gesinnung, die gleiche Grundmentalität der »Kritik« gegenüber, welche mittlerweile als nicht mehr haltbar erklärt werden müsse – seid ein wenig freundlicher und weniger streng zu den Aktanten. Das ist vielleicht nicht der ermutigendste Weg, den man einschlagen kann, insofern er, wenn es um das Klima geht, von gewaltigen Hindernissen verstellt wird. Und Kritik scheint momentan nicht unbedingt die erste Flinte zu sein, die man ins Korn werfen sollte. Latours Absage an die Kritik sollte wohl eher als ein Zeichen jener Krise gesehen werden, der sein intellektuelles Projekt angesichts einer sich erwärmenden Welt gegenübersteht. In den darauffolgenden Texten mehren und vervielfältigen sich die Zeichen, während Latour zwischen einer Rückkehr zu seinem alten Konstruktionismus und der Suche nach einem neuen Ansatz hin und her schwankt.

Eine Fährte, die Latour in seinen Schriften über das Klima verfolgt, besteht genau darin, die wissenschaftliche Ungewissheit hervorzuheben. In *Das Parlament der Dinge. Für eine politische Ökologie* (ebenfalls aus dem Jahr 2004[19]) sowie in seinen gefeierten Gifford-Vorlesungen (2013[20]) trägt er das abgedroschene Argument vor, dass die Natur nicht existiere und dass die Bezugnahme darauf allein darin bestehe, die politische Debatte lahmzulegen.[21] Ist aber die Natur erst einmal aus der Welt geschafft, wie kann er dann überhaupt noch eine ökologische Krise definieren? Selbstredend als *Krise der wissenschaftlichen Objektivität.*[22] Demnach bestehe die eine herausstechende Eigenschaft der Erderwärmung darin, dass das

> Ende der Natur […] auch das Ende der wissenschaftlichen Gewißheit über die Natur [bedeutet]. Wie oft bemerkt worden ist, eröffnet jede ökologische Krise eine Kontroverse zwischen Experten, aus der meist keine einheitliche Front unzweifelhafter Tatsachen hervorgeht, aus der anschließend die Politiker ihre Entscheidung ableiten könnten.[23]

Was also den Klimawandel als Krise eigentlich ausmache, sei die Debatte über seine Existenz und das Fehlen eines Wissens, auf dem eine Politik aufbauen könnte. Das ist nun wirklich mal ein Beispiel für ein Verlieren des Handlungsfadens. Das ist Latour, wie man ihn kennt und liebt, sich fest an alte Positionen klammernd und wieder aufgefrischt von Harman: »Wissensansprüche bilden eine schreckliche Grundlage für die Politik.«[24] Und deshalb kann Latour hinausschreien (im Jahr 2013): »Lasst uns zugeben, dass *wir alle Klimaskeptiker sind.* Ich bin es ganz gewiss.«[25]

Eine Hundertachtzig-Grad-Wende in die andere Richtung vollführend, in den gleichen Vorlesungen, und der Richter fällt sein Urteil: »[D]ie durch anthropogenen Ursprung verursachte Bedrohung des ›Climate Weirdings‹ ist wahrscheinlich das am besten dokumentierte, am objektivsten produzierte Stück Wissen, das irgendjemand im Voraus je zum Handeln besessen hat«.[26] Es scheint nun so, als lese Latour wieder einmal Zeitung. Und er scheint Krieg führen zu wollen gegen die Klimawandelleugner:innen, die die objektive Wahrheit untergraben.[27] Wie wird er die beiden Positionen miteinander in Einklang bringen? Eine Möglichkeit ist es, den Klimawandelleugner:innen Folgendes zu erzählen: Ach so, Ihr seid den Klimawissenschaftler:innen gegenüber also misstrauisch, weil sie Computermodelle einsetzen, sich gegenseitig E-Mails schreiben, Workshops organisieren, Förderungen beantragen, Datensätze standardisieren – ja, na und? Wissenschaftler:innen versuchen immer, einen »politischen Körper *zusammenzufügen*«; anders lässt sich Forschung nicht betreiben. Und nebenbei bemerkt, bemüht ihr Leugner euch doch lediglich, »selber eine Gruppe mit festen Zugangsbedingungen und Abgrenzungen« zu bilden, Ihr seid also keinen Deut besser.[28] Mit dieser Rechtfertigung gelingt es Latour, seinen Konstruktionismus auf der richtigen Seite des Kampfes zu positionieren, auch wenn seine Rüstung dabei einem Schwamm gleicht: Die Klimawissenschaftler:innen haben nicht *recht*. Sie hatten einfach bloß mehr Erfolg als Ihr, Verbündete zu gewinnen. Akzeptiert das, und akzeptiert, dass alles in Versuchen festgelegt wird – alle Entitäten »müssen *gemacht*, konstruiert, ausgearbeitet, erfunden werden« – und dass eure Aussage über die Welt nicht mehr und nicht weniger Gültigkeit besitzt als der gegenwärtige Konsens.[29] Eines der umfangreicheren der letzten Bücher Latours, *Existenzweisen.*

Eine Anthropologie der Modernen, setzt mit dem gleichen Schachzug ein: Der Klimaskeptiker solle sich nicht darum kümmern, wer objektiv recht habe, und sein Vertrauen stattdessen in den enormen Institutionsapparat der Wissenschaft setzen.[30] Da das Recht eine Funktion der Macht sei, solle sich der Leugner der Rechtsmacht des wissenschaftlichen Konsenses beugen. Zum Zeitpunkt, da ich dies schreibe, schuldet Latour uns noch eine Erklärung dafür, was es für diese Empfehlung heißt, dass der Klimaskeptizismus mittlerweile bis in den mächtigsten Staatsapparat der Welt vorgedrungen ist.

Zugegeben, Latour hat auch andere theoretische Fährten ausprobiert: Während Wissenschaftler:innen darüber diskutierten, was sie auf James Lovelocks Grabstein schreiben sollten, hat Latour etwa dessen Vorstellung von »Gaia« wiederbelebt – sie ist deshalb so attraktiv für Latour, weil sie unterstellt, dass Mikroorganismen und Vegetation die vollkommen intentionalen Schöpfer des Klimas seien und dass »sie [Gaia] Ziele verfolgt«. Auch hat er die Natur in »Cenosotone« umbenannt, Akronym für »Ce-dont-Nous-Sommes-Tous-Nés« [»Das-woraus-wir-alle-entsprungen-sind«] (dessen Existenz »äußerst *umstritten*« ist); aus heiterem Himmel mit dem Begriff des »Kapitalozäns« zu liebäugeln begonnen, eingeräumt, dass es keine dem Menschen entsprechende Handlungsmacht gebe oder schließlich die Unwahrscheinlichkeit des Posthumanismus in einer sich erwärmenden Welt anerkannt.[31] Für sein Streben gebührt ihm Anerkennung und Respekt. Weniger jedoch für die Wegweiser, die immer noch mit dem Kern seines Programms verknüpft werden können.

FÜR EINEN EPISTEMOLOGISCHEN KLIMAREALISMUS

Lasst uns stattdessen unmissverständlich zehn einfache Thesen für einen epistemologischen Klimarealismus vorschlagen:

1.) Selbst wenn Wissenschaftler:innen die globale Erwärmung niemals entdeckt hätten, würde sie sich trotzdem ereignen. Die Atmosphäre würde selbst dann noch mehr als 400 ppm Kohlendioxid enthalten, wenn niemals eine CO_2-Messstation auf dem Mauna Loa erbaut worden wäre; das Eis würde auch dann noch in der Antarktis schmelzen, wenn sich keine Forscherin je dorthin bemüht hätte; die Bramble-Cay-Mosaikschwanzratte wäre in der realen, tatsächlichen Welt auch dann ausgestorben, wenn keine Zeitung darüber berichtet hätte; und die Temperatur auf der Erde würde morgen weiterhin steigen, selbst wenn sich alle Menschen – einschließlich aller Akademiker:innen – heute Nacht in Luft auflösten. Die Klimaforschung zu akzeptieren heißt, all das zu glauben. Es bedeutet, daran zu glauben, dass das kostspielige Equipment auf dem Mauna Loa, die Forschungsstationen in der Antarktis, die Aufmerksamkeit, die dem Nagetier zeitweilig gewidmet wurde, die täglichen Temperaturmessungen auf der ganzen Welt, ja sogar die berühmten Computermodelle für sich genommen absolut keine Rolle bei der Herausbildung einer realen Erderwärmung spielen. Sollte sich die Klimaforschung grundsätzlich als richtig erweisen, bedeutet das, dass sie nichts damit zu tun hatte, ihren Referenzgegenstand herbeizuführen (im Gegensatz zu den fossilen Brennstoffen). Nur unter der Bedingung, dass die Faktizität einer sich erwärmenden Welt unabhängig ist von der Wissenschaft, können ihre Forderungen überhaupt intelligibel sein; die Ergebnisse der Wissenschaft nehmen das zur Kenntnis, was *nicht* durch sie produziert ist. Der Mensch ist dazu verdammt, sein Wissen über das Klima, wie auch über alles andere, in Gedanken zu fassen, aber das Objekt der Erkenntnis ist weder verbündet noch verschnürt mit, weder symmetrisch noch parallel zu dem Gedanken. In der Terminologie des Critical Realism ist die »intransitive Dimension« – der Klimawandel – unabhängig von der »transitiven Dimension« – der Forschung darüber –, oder kurz gefasst, der Sturm ist im Anmarsch, egal, ob das Barometer hängt oder nicht.[32]

2.) Der Befund über die Erderwärmung bringt die Einsicht mit sich, dass die Verbrennung fossiler Energieträger den kausalen Effekt erzielte, die CO_2-Konzentration in die Höhe zu treiben und dadurch den Planeten in den Jahren 1842, 1857, 1936, 1953 sowie in jedem anderen Jahr, in dem die Wissenschaft noch nicht völlig überzeugt war oder noch in ihren Kinderschuhen steckte, aufzuheizen. Wäre das nicht der Fall gewesen, wäre es nicht zur Erwärmung im eigentlichen Sinne gekommen und die Forschung darüber würde nicht existieren. Zu behaupten, der Prozess sei bereits im Jahr 1869 in Gang gewesen, ist keineswegs anachronistisch; zu behaupten, all das habe mit der Gründung des Intergovernmental Panel on Climate Change im Jahr 1988 angefangen, ist jedoch unbegreiflich. Um es mit den Worten Roy Bhaskars zu sagen, »Wissen geht aus der Existenz hervor, logisch und zeitlich; und jede philosophische Position, die das explizit oder implizit bestreitet, bringt die Dinge durcheinander.«[33]

3.) Laut Bhaskar ist Wissenschaft »*Arbeit*; und harte Arbeit noch dazu«.[34] Die Klimaforschung ist ein gewaltiges Unterfangen langwieriger, kräftezehrender kollektiver Arbeit, das Kontinente umspannt und ganze Heere an namenlosen Forscher:innen einbezieht, die unzählige Stunden auf verödeten Feldern und mühsame Experimente in Laboratorien auf sich nehmen. Ein wenig über diese Arbeit findet sich auch in Spencer R. Wearts maßgebender Chronik *The Discovery of Global Warming*, worin der Versuch unternommen wird, all der verkörperten Arbeitszeit wieder etwas Wert beizumessen: »Ein einfacher Satz (wie etwa ›letztes Jahr war das wärmste seit Beginn der Aufzeichnungen‹) ist womöglich die Destillation der Arbeiten einer globalen, über mehrere Generationen bestehenden Gemeinschaft.«[35] Während die Erwärmung rasch voranschreitet, wächst die Menge an Arbeit über eine lange Zeit hinweg, doch wäre all das vergebens, könnte sie nicht die Existenz der intransitiven Dimension voraussetzen. Es handelt sich dabei um jene Dimension, mit der es Latour dermaßen schwerfällt, sich zu arrangieren, dass selbst Harman hin und wieder mit einem Anflug von Unbehagen eingesteht: Sein Maestro ist nicht in der Lage, »den Gegenstand des Wissens von den Mitteln zu unterscheiden, durch die man von ihm weiß«.[36] Die beiden zu unterscheiden ist selbstverständlich geradezu der Ausgangspunkt des Critical Realism, wie er in Bhaskars *A Realist Theory of Science* dargelegt wird: Auf der einen Seite gibt es die transitive Dimension beziehungsweise »die soziale Produktion des Wissens vermittels Wissen« – stellen wir uns Menschenketten vor, die Instrumente von einer Hand zur nächsten reichen, Gegenstände austauschen, von Lehrer:innen lernen oder sich gegenseitig sogar etwas ins Ohr flüstern – und auf der anderen jene Dinge, die sie manchmal zögernd, immer jedoch fälschlicherweise zu erreichen versuchen.[37] Für Bhaskar stellt der Critical Realism kein irgendwie hochgestochenes philosophisches Machwerk, sondern eine bodenständige Reflexion dessen dar, was Wissenschaftler:innen tatsächlich tun und denken: Die Klimaforschung könnte das perfekte Beispiel für ihn sein. »Die Modelleure räumten ein, dass sie noch viel zu lernen hatten«, schreibt Weart. Und etwas später: »Wissenschaftler entdeckten eine Vielzahl neuer Beweise, dass etwas wahrlich Außergewöhnliches vor sich ging.« Castree, Latour und Gelehrte ihres Schlags können weiterhin vorgeben, die globale Erwärmung sei eine Idee oder eine Assemblage, aber vor Ort nahmen die Wissenschaftler:innen »es [stets] als gegeben hin, dass das künftige Klima so wirklich wie ein Fels« sei.[38] Die Klimaforschung ist angewandter Critical Realism.

4.) Klimawandelleugner:innen sind im Unrecht. Sie verfügen über viel zu viel Macht. Hätten sie noch mehr Macht, oder hätten sie weniger, würden sie dennoch weder mehr noch weniger recht haben.

5.) Die Tatsache, dass es Menschen sind, die den Kohlenstoff in die Atmosphäre freigesetzt haben, lässt den Klimawandel keineswegs zu einer subjektiven Angelegenheit werden. Er ist so objektiv und biophysikalisch wie jede andere bisherige Veränderung des Erdklimas auch – etwa das Paläozän/Eozän-Temperaturmaximum vor rund 55 Millionen Jahren –, nur dass der materielle Agens dieses Mal ein anderer ist (und außerdem in der Lage ist, den Kohlenstoff viel schneller freizusetzen als jeder natürliche Prozess zuvor).

6.) Da alle Menschen materielle Wesen sind, ausgestattet mit der Eigenschaft der Handlungsmacht, können einige davon das Klima erforschen, das manch andere verändern.

7.) Es gilt, die Klimaforschung zu hinterfragen, aber stets von vorne, nicht von hinten. Gerade weil sie das Ergebnis eines sozialen Produktionsprozesses ist, ist und wird sie offen sein für die Einflüsse der sie umgebenden bürgerlichen Gesellschaft, sich verunreinigen lassen und anzweifelbar sein.[39] Wie Weart und eine Fülle anderer Gewährsleute deutlich machen, war die Ideologie, die die Klimaforschung am meisten in ihrer Entwicklung behindert hat, der *Gradualismus* beziehungsweise das Dogma, dass sich die Naturprozesse in einem unermesslich langsamen Tempo vollziehen – *natura non facit saltum*, wie es in der abgedroschenen Maxime von Charles Darwin heißt. Es bedurfte der Arbeit Tausender und Abertausender Wissenschaftler:innen, um diese Barriere zu durchbrechen und die Vermutungen, dass das Klima tatsächlich in der Lage sei, Sprünge zu machen, an die Realität anzupassen. Der tief verwurzelte Gradualismus gleicht jedoch nach wie vor einem transitiven Magneten, der die Wissenschaftler:innen dazu bringt, die Geschwindigkeit der Erderwärmung zu *unterschätzen*: Er sollte Gegenstand einer wachsamen Kritik sein.[40] Nichts am Erwärmungszustand ist graduell.

8.) Der Wert miteinander konkurrierender Behauptungen über das Klima – wandelt oder erwärmt es sich? Kühlt es ab? Erwärmt es sich langsamer oder schneller als in den 1990ern? – kann bloß ermessen werden, indem man sich mit der intransitiven Dimension auseinandersetzt. Wenn eine Wissenschaftlerin sagt, »die Reduktion des Eises in der Antarktis stellt eine Funktion des Stoffhaushalts dar und wird demnach nur langsam erfolgen«, und eine andere sagt, »Nein, die Gletscherdynamiken sind mindestens genauso wichtig, weshalb die Schmelze sich rasch zutragen könnte«, sprechen die beiden über *das gleiche außerhalb liegende Ding*, da ihre Theorien ansonsten nicht miteinander im Wettstreit stünden. Sollte die erste Aussage widerlegt und die zweite bestätigt werden, liegt das daran, dass der Gegenstand mit einer distinkten Existenz ausgestattet ist, die beobachtet werden kann, und kraft dieser Dualität der Klimaforschung – sie ist ein soziales Produkt über etwas, das in der Natur vorkommt – kann sich Fortschritt ereignen.[41] Der eine Satz kann dem realen Eis besser entsprechen als ein anderer. Um es mit einer von Andrew Colliers Metaphern zu sagen: Die Klimaforschung schreitet voran, indem sie die intransitive, sich erwärmende Welt sondiert.[42] Deshalb ist sie auch eine zuverlässigere Quelle der Vorhersage als Climate Fiction (wenn auch nicht unbedingt eine inspirierendere).

9.) Offensichtlich lässt sich der Klimarealismus durchaus mit einem leidenschaftlichen Interesse an Darstellungen des Klimawandels vereinbaren.[43] Cli-Fi beispielsweise kann zur Naturalisierung des Problems beitragen, indem sie es als einen Akt Gottes darstellt, und gleichzeitig besitzt sie das Potenzial, zum Handeln anzuregen, indem sie den Sturm zu seinen menschlichen Wurzeln zurückverfolgt. Aus diesen und anderen Gründen sollte diese diskursive Praxis die größte Aufmerksamkeit erfahren – und nicht, weil sie den Klimawandel durch ihre eigenen literarischen Bemühungen konstituiert oder konstruiert. Hypothetisch könnte ein einflussreicher Cli-Fi-Roman eine dermaßen elektrisierende Wirkung auf die Öffentlichkeit erzielen, dass er eine Welle des Protestes gegen Pipelines anstacheln und damit ein reales, wenn auch noch so winziges Zeichen auf den CO_2-Skalen setzen würde. Sein narratives Konstrukt könnte jedoch niemals an und für sich eine Klimaänderung hervorbringen. Der Status der frei erfundenen zukünftigen Megawüste, die in Claire Vaye Watkins' Roman *Gold Ruhm Zitrus* den größten Teil Kaliforniens bedeckt, unterscheidet sich qualitativ von der jüngsten kalifornischen Dürre. Die Cli-Fi-Einhörner mögen Einfluss auf ihre Leser:innen haben, aber an sich sind sie nach wie vor eindeutig weniger real als das vorherrschende Klima. Oder etwas darüber zu sagen, was innerhalb des Klimas geschieht, wirkt sich *als solches* nicht im Geringsten darauf aus, was innerhalb des Klimas geschieht.[44] Aber über das Klima zu sprechen und darüber, was über das Klima gesagt wird, kann ungeheuer wichtig sein, denn schließlich ist das zukünftige Klima mittlerweile durch die Verhältnisse zwischen den Menschen bedingt.

10.) Während der Blütezeit der postmodernen Ära behaupteten Kritiker:innen der Naturwissenschaften gerne, diese seien repressiv, konservativ und darauf ausgerichtet, die herrschende Ordnung, an die sie gebunden seien, zu reproduzieren.[45] Heute stellt »die Wissenschaft nicht den Feind dar. Die Unterdrückung der Wissenschaft – durch Exxon beispielsweise – ist der Feind«, um es mit Hamilton zu sagen.[46] Den Erwärmungszustand zu überleben, erfordert eine umfassende Orientierung am neuesten Stand der Wissenschaft. Wenn ein Teil davon dazu gedient hat, die herrschenden Klassen zu legitimieren, hat ein anderer Zweig nun die vielleicht vernichtendste Anklage aller Zeiten gegen deren Herrschaft geliefert: Sie riskiert die materiellen Grundlagen der gesamten menschlichen Zivilisation. Es sollte daher keineswegs überraschen, dass gerade diese Wissenschaft Gegenstand so häufiger und vielfältiger – intuitiver und komatöser, tagträumerischer und gehässiger – Verleugnung ist. Emotionale und psychische Beteiligung an der Bourgeoisie gründen tief. Doch sind sie unterschiedlich ausgeprägt.

Glücklicherweise verfügen wir schon über einen umfangreichen Forschungsstand darüber, wie das in der allgemeinen Kategorie der *buchstäblichen* Verleugnung funktioniert – das heißt die explizite Ablehnung des Wissens über den anthropogenen Klimawandel.[47] In einer einflussreichen Schrift aus dem Jahr 2011 nehmen Aaron McCright und Riley Dunlap den Umstand zur Kenntnis, dass es sich bei den Klimawandelleugner:innen in der amerikanischen Debatte – nonkonformistische Pseudo-Wissenschaftler, Medienexperten, Thinktank-Sprachrohre, Republikaner – fast ausschließlich um konservative *weiße* Männer handelt. Zeigt sich dieses Muster auch innerhalb der amerikanischen Öffentlichkeit? In der Tat: In einer landesweiten Umfrage sprechen sich 59 Prozent der konservativen *weißen* Männer dafür aus, dass »es keinen wissenschaftlichen Konsens darüber gibt, dass die globale Erwärmung stattfindet« – im Gegensatz zu 36 Prozent aller anderen Erwachsenen. Während bei den Erstgenannten 65 Prozent die Ansicht vertreten, die Medien würden das Problem weitestgehend übertreiben, sind bei Letzteren nur 30 Prozent dieser Meinung. »Liberale«, Frauen, »Non-Whites« stehen deutlich mehr in Einklang mit der Wissenschaft. In einer Betrachtung der globalen Struktur prognostizieren niedrigere Positionierungen auf der ökonomischen Leiter ebenso bessere Urteile. Warum das so sein sollte, ist vollkommen logisch. Konservative *weiße* Männer »nehmen unverhältnismäßig viele Machtpositionen innerhalb unseres ökonomischen Systems ein, verwalten Aktien und Ströme verschiedener Kapitalformen«. Sie werden »vermutlich die Sicherung der gegenwärtigen industriell-kapitalistischen Ordnung befürworten, die ihnen in der Vergangenheit gute Dienste geleistet hat«.[48] Die Klimaforschung stellt diese Ordnung infrage, weshalb die Nutznießer des Status quo – vernünftigerweise, müsste man in einer verdrehten Weise sagen – buchstäblich mit Verleugnung darauf antworten: Diese Wissenschaftler:innen machen mein System schlecht? Die lügen doch!

McCrights und Dunlaps Befunde wurden in anderen Teilen der Welt – von Schweden über Neuseeland bis nach Brasilien – weitgehend bestätigt, wobei die ausschlaggebende Wirkmacht von Ideologie, Geschlecht, *Race* und Einkommen leicht variierte.[49] Die Unterstützung der vorherrschenden sozialen Hierarchien prädisponiert Menschen nachhaltig für die Leugnung des Klimawandels. Gleiches gilt für die Billigung des Kapitalismus.[50] »Wir stellen fest«, beschreibt ein Forscherteam die Grundlogik,

> dass je stärker Individuen in den Status quo investiert sind und je motivierter sie sind, bestehende Systeme zu rechtfertigen und aufrechtzuerhalten, desto weniger sind sie gewillt, [die Realität einer sich erwärmenden Welt] anzuerkennen und sich ihr entgegenzustellen.[51]

Wenn das Wissen über diese Welt eine Bedrohung ihrer Positionen darstellt, und wenn die Wahrnehmung dieser Bedrohung ihre Verleugnung schürt, folgt daraus, dass der lautstarke Klimaskeptizismus weder ein Atavismus noch eine schwindende Kraft ist, wie so viele während der Präsidentschaft Barack Obamas beschwichtigend angenommen haben. Vielmehr wird man zu der Prognose veranlasst, dass je höher die Temperaturen, je überzeugender die Wissenschaften, je radikaler die erforderlichen Minderungsmaßnahmen sein werden, *desto selbstbewusster und kampflustiger wird die Verleugnung der Gewinner sein.* Der oft vermeldete Trend, die US-amerikanische Öffentlichkeit verliere den Glauben an den Klimawandel im 21. Jahrhundert, wirkt dadurch gar nicht mal so ausgeflippt. (Diese Überzeugung verbreitete sich während derselben Jahre auch in Lateinamerika und Subsahara-Afrika auf dramatische Art und Weise.)[52] Denn nirgendwo sonst liegt eine höhere und einflussreichere Dichte an Gewinnern vor – konservativ, *weiß*, männlich, reich – als in dieser partikularen Nation: eine Kaste, die im Zeitalter Trumps zudem zu uneingeschränkter Staatsmacht aufgestiegen ist.

Wenn man den jüngsten Entwicklungen Glauben schenken darf, ist davon auszugehen, dass der stetige Aufschwung der politischen Rechten zu einer noch schamloseren Gleichgültigkeit gegenüber dem Problem des Klimawandels führen wird, ganz gleich, was die Wissenschaft behauptet oder der Himmel bringt (zumindest bis zu einem gewissen Grad). Eine Meta-Analyse von Studien aus 56 Ländern fand heraus, dass die Identifikation mit der Rechten bei Weitem der stärkste Prädiktor für Zweifel an der Klimaforschung darstellt: Menschen, die konservativen Parteien zugehörig, dem freien Markt treu und »den Werten der Eliten und des Status quo zugeneigt« sind, weisen den tiefsten Widerwillen auf, das Wissen darüber, was vor sich geht, zu akzeptieren.[53] Diese Kluft – mit der Anerkennung der Wissenschaft auf der linken Seite und dem abergläubischen Vertrauen in die Vortrefflichkeit des »business as usual« auf der rechten – spaltet die Welt in zwei Teile. Das wurde auch in etlichen Studien bekräftigt, ohne dass es bisher Anzeichen dafür gegeben hätte, dass sich ein gegenläufiges Muster einstellen würde.[54] Es gibt sogar Hinweise darauf, dass – zumindest in den Vereinigten Staaten – persönliche Erfahrungen der Auswirkungen des Klimawandels praktisch keinerlei Einfluss auf die konservativen Leugner haben, dermaßen stark sind die ideologischen Scheuklappen, dermaßen energisch übertrumpft die Machtloyalität alles andere – und das, obwohl es in den USA in letzter Zeit nicht unbedingt an Klimakatastrophen gemangelt hätte.[55] Was also hält die Woge der Rechten wohl noch für uns in ihrem Fahrwasser bereit?

Nun bringt all das Latour etwas in Verlegenheit. Er ist der Meinung, der Klimaskeptizismus werde von einer exzessiven Kritik an bestehenden Netzwerken und einer störrischen Haltung gegenüber der Ordnung der Dinge angetrieben. Rita Felski, eine weitere latourianische Wissenschaftlerin, fasst die Lage folgendermaßen zusammen: »Könnten wir, anstatt die Institutionen zu kritisieren, nicht auch lernen, ihnen zu vertrauen?«[56] Aber nicht nur scheint es ein schlechter Rat zu sein, den Institutionen einer Gesellschaft zu vertrauen, die Hals über Kopf in eine Katastrophe stürzt, *sondern es ist gerade der Vertrauensüberschuss, der die Verleugnung* als auch jene Weigerung *generiert*, die Wissenschaft als konspirative Begleiterscheinung einer tiefsitzenden Loyalität dem Status quo gegenüber anzuerkennen. Die demografisch am wenigsten in die herrschende Ordnung investierten und daher dem Misstrauen zugeneigtesten Bevölkerungsschichten – Menschen im Globalen Süden, Frauen, People of Color, die Linke – sind auch für die Klimaforschung am empfänglichsten: Die Korrelation ist glasklar. Felski glaubt, es sei an der Zeit, »die Rhetorik der Revolution und Avantgarde« aufzugeben und zu lernen, unsere Rolle »in der Erhaltung und Pflege der Vergangenheit« zu spielen.[57] Aber gerade dieser Ansatz wurde bereits hinlänglich als Träger eines schweren Übels dokumentiert. Und tatsächlich ist die buchstäbliche Verleugnung ein folgenschwerer Präventivschlag gegen die revolutionären Implikationen der Klimaforschung, der von jenen ins Werk gesetzt wurde, die ein kapitalistisches System zu verteidigen suchen, in dem *weiße* Männer durchweg als Sieger hervorgehen (womit auch die Vorstellung widerlegt sein dürfte, Umweltschutz sei ein Zeitvertreib der Privilegierten). Wie wir im nächsten Abschnitt noch sehen werden, ist Latour nicht bereit, die Existenz dieser Struktur auch nur ansatzweise einzugestehen, wohingegen die Klimaforschungsrezeptionswissenschaften nahelegen, dass eine Konfrontation damit unvermeidbar sein wird. So lautet die Konsequenz des Klimarealismus. Die Subalternen unserer Welt sind die Hüter:innen der Wahrheit: Das ist das Sprungbrett für den wissenschaftlichen Sozialismus.

Laut der Taxonomie, die Kari Marie Norgaard in ihrem nach wie vor unübertroffenen Buch *Living in Denial. Climate Change, Emotions, and Everyday Life* verwendet, gibt es darüber hinaus noch die zweite allgemeine Kategorie der *impli-*

zierenden Leugnung [*implicatory denial*], die weniger ein Set an Überzeugungen denn einen Lebensstil ausmacht. Es handelt sich um die Kunst, den Klimawandel bewusst anzuerkennen, während man weiterhin seinen tagtäglichen Geschäften nachgeht, als ob nichts Besonderes vor sich ginge. Heimtückisch und allgegenwärtig, die Subalternen und die Linke machen sich dieser Form der Leugnung sicherlich schuldig. Sie wird getragen von einem Gefühl der Hilflosigkeit angesichts der überwältigenden Machtstrukturen als auch von einer Treue zu diesen.[58] Bislang tummeln sich nur ein paar unangepasste Persönlichkeitstypen am Rand, die bereit sind, dem Klimarealismus entsprechend zu *handeln* – eine bedauerlicherweise unzureichende Bevölkerungsschicht, die, wenn es auch nur den Funken einer Hoffnung geben soll, sich mit einer Menschenmasse zusammenschließen muss, deren materielle Interessen derart bedroht sind, dass sie eines Tages, in nicht allzu ferner Zukunft, aus ihrer Schockstarre hervorbrechen und der wissenschaftlichen Erkenntnis mit ihrer Muskelkraft zur Seite stehen wird.

WORIN WIR ERTRINKEN

Während ich dies schreibe, weht der Wind mit beträchtlicher Geschwindigkeit in die entgegengesetzte Richtung. Die extreme Rechte ist im Aufwind, und sie weiß, worauf sie ihre Waffen zielen muss. Donald Trump, mit seinem außerordentlichen Gespür für Spektakel, hat eine öffentliche Fusionierung des Suprematismus mit primitivem fossilen Kapital zuwege gebracht, aber die Konvergenz von Fremdenfeindlichkeit – speziell Islamophobie – und Klimaskeptizismus ist bereits seit geraumer Zeit im Gange und verdient weit mehr Beachtung als die von uns hier angebotene Zwischenbemerkung.

In den ersten Jahren des 21. Jahrhunderts bot der Anstieg islamfeindlicher Weltanschauungen in den entwickelten kapitalistischen Ländern eine neue Auswahl möglicher Bedrohungen an: Die Erderwärmung sei ein Schwindel; die muslimische Invasion ertränke uns. In seinem Bestseller aus dem Jahr 2006, *America Alone. The End of the World as We Know It* – von Christopher Hitchens und Martin Amis gepriesen und von George W. Bush seinen Mitarbeiter:innen anempfohlen –, vereint Mark Steyn all die zentralen Tropen zeitgenössischer Islamophobie: Muslime bekämen zu viele Kinder; sie verhängten die Scharia über Europa; sie möchten auf der Oberfläche angepasst erscheinen, würden jedoch ständig Pläne für eine feindliche Übernahme schmieden; sie hätten den Feminismus und die Sozialdemokratie ausgenützt, um unsere Abwehr zu schwächen; ihre Religion sei eine Gebrauchsanleitung für Diebstahl und Vergewaltigung. Das alles sei »der Beginn des neuen dunklen Zeitalters«:

> Und anders als die Obsession der Ökochonder in Bezug auf den Anstieg der Meeresspiegel, handelt es sich hierbei nicht um etwas, das möglicherweise, eventuell, theoretisch die Malediven um das Jahr 2500 herum bedrohen könnte – bereits in eben diesem Moment ist der Prozess weit fortgeschritten [...]. Lang bevor die Malediven von »steigenden Meeresspiegeln« überschwemmt werden, wird jeder Spanier, jeder Italiener unter der Erde liegen. Aber klar, nur zu, sorgt euch um den »Klimawandel«.[59]

Zwei Seiten später offeriert Steyn seine zentrale politische Empfehlung: »Wenn man dem Feind zahlenmäßig unterliegt« – den Muslimen –, »muss man seine Anzahl eben reduzieren«.[60] Steyn ist einer der Beteiligten an *Climate Change. The Facts*, einer Anthologie, die 2015, unter der Mitwirkung von Richard Lindzen und anderen Proponenten der Klimawandelleugnung, von dem australischen Think-Tank Institute of Public Affairs veröffentlicht wurde, unter dessen Geldgebern man Shell und ExxonMobil findet.[61]

Auf dem Höhepunkt des Kriegs gegen den Terror trug Melanie Phillips ihren Teil zu den Vorarbeiten bei, indem sie in einer *Daily Mail*-Kolumne der muslimischen Minderheit in Großbritannien ihre Verachtung entgegenbrachte und in der anderen über die Klimaforschung spottete. In Schweden wechselten sich die tonangebenden konservativen Magazine – *Neo* und *Axess* – ab, Alarm wegen Muslimen zu schlagen und den Klimaalarmismus zu attackieren. Die organisierte Islamfeindlichkeit fing an, ihre Truppen auch an diese zweite Front zu entsenden. Im Jahr 2008 verkoppelte Siv Jensen, die damalige Vorsitzende der norwegischen Fremskrittspartiet – »die Partei des Fortschritts« –, den Vorschlag, die Grenzen für alle aus muslimischen Ländern wie etwa Somalia, Afghanistan und Pakistan stammenden Menschen zu schließen, mit der Anprangerung des »Klimaschwindels«.[62] 2013 meinte Nigel Farage, Mitglied der UK Independence Party, dass »wir vielleicht einen der größten und dümmsten kollektiven Fehler der Geschichte gemacht haben, als wir uns dermaßen Sorgen wegen des Klimawandels gemacht haben«.[63] Im Jahr 2014 gründete der französische Front National[64] eine »Neue Ökologie«-Bewegung, um internationalen Klimaverhandlungen entgegenzuwirken. Die Umweltsprecherin der Partei nannte das Rahmenübereinkommen der Vereinten Nationen über Klimaänderungen ein »kommunistisches Projekt« und erklärte, »es gibt Pro und Kontras hinsichtlich der wissenschaftlichen Beweise«.[65] Seitdem sie um die Jahrtausendwende herum ihre Nazi-Stiefel ausgezogen haben, hat die Partei Sverigedemokraterna – mittlerweile die zweitgrößte Partei in Schweden, mit Blick auf die Regierungsmacht – den Klimawandel mit ungefähr der gleichen Häufigkeit dementiert, wie sie gegen Juden gewettert hat, obwohl sie in dem Hass auf Muslime ihre eigentliche Berufung gefunden hat. Anfang 2017 imitierte die Partei Donald Trumps Zusicherung, die gesamte Klimaforschung der NASA aufzukündigen, indem sie vorschlug, das Budget des schwedischen meteorologischen Instituts drastisch zu kürzen.[66]

Das also sind die Parteien, die zum Zeitpunkt der Niederschrift in den entwickelten kapitalistischen Ländern (und darüber hinaus) eine Wahl nach der anderen gewinnen. Eine neuere wissenschaftliche Publikation liefert starke statistische Belege für den Zusammenhang zwischen »rechtem Autoritarismus« und der Leugnung des Klimawandels.[67] Mit den jüngsten Temperaturrekorden begibt sich der Planet auf unbekanntes Terrain, und die erfolgreichsten politischen Kräfte dieser Sachlage tun alles in ihrer Macht Stehende, um den Prozess zu beschleunigen. Was lässt sich darüber sagen? Vorerst wohl nur: Der Klimarealismus kann allein zu Lasten des Faschismus Fortschritte erzielen. Irgendwie muss er lernen, militant und effizient antifaschistisch zu sein.

FÜR EINEN SOZIALISTISCHEN KLIMAREALISMUS

Eine weitere Frage an die Theorie: Ist die soziale Macht die Wurzel aller Technologien? Wenn Paviane rumhängen, plaudern, kopulieren, verhandeln, kämpfen, dann lachen sie miteinander, zerren sie aneinander, weichen sie voreinander zurück, kauern sie sich zusammen, beißen und pflegen sie einander und vertiefen sich in weitere soziale Aktivitäten. Menschen müssen sich nicht so verhalten. Wir haben eine Möglichkeit gefunden, die ständige Prüfung unserer Ränge und Beziehungen zu umgehen, indem wir sie in materiellen Objekten verfestigt haben. Paviane sind nichts weiter als ihre nackten Körper und können daher nicht anders, als unaufhörlich miteinander zu kommunizieren, aber der Mensch kann eine Interaktion von Angesicht zu Angesicht überflüssig machen, indem er ein ganzes Arsenal an extrasomatischen Ressourcen mobilisiert, die seine Arrangements zusammenhängender, beständiger und gewissermaßen indirekter werden lassen. Diese Eigenartsanalyse der menschlichen vis-à-vis der Primatengesellschaft trug dazu bei, Latour in den 1980ern und 1990ern in das Pantheon der Theorie zu katapultieren, während er sie geschickt mit einigen mittlerweile berühmten Beispielen ausarbeitete.[68] Anstatt seine Gäste daran zu erinnern, ihren Schlüssel bei jedem Verlassen des Hotels abzugeben, kann ein Hotelmanager dermaßen schwere und unhandliche Metallgewichte an die Schlüssel anbringen, dass selbst der achtloseste Gast eifrig an die Rezeption gehen wird, um das Hoteleigentum zurückzubringen. Die soziale Interaktion – der Manager, der verlangt, dass die Gäste ihre Zimmerschlüssel abliefern – wurde auf ein intermediäres Objekt übertragen.[69] Oder die Verwaltung einer Universität möchte, dass Fahrer:innen das Tempo ihrer Autos reduzieren, sobald sie auf den Campus kommen, aber nicht, indem sie ihnen das jede Minute *sagen* muss: Stattdessen werden Bodenschwellen aus Beton angebracht.[70] Ähnliche Beispiele lassen sich endlos vervielfältigen.

Hierbei handelt es sich sicherlich um den rationalen Kern der Akteur-Netzwerk-Theorie sowie Latours Denken im Allgemeinen: Das Beharren darauf, menschliche Beziehungen als durch Materie und insbesondere durch Technologie vermittelt zu betrachten.[71] Angesichts der Notwendigkeit, dem Idealismus mit gleicher Kraft entgegenzuwirken, stellt dies eine Facette der Gesellschaft dar, die nicht genug hervorgehoben werden kann. In gewisser Weise hat Latour hier aber auch das Rad nicht neu erfunden. Der erste Band des *Kapitals* – und eigentlich das gesamte Œuvre von Marx und Engels – kann als eine einzige lange Analyse gelesen werden, wie Verhältnisse zwischen Menschen in Dingen verkörpert werden: in Schafweiden, Garn, Mänteln, Mais, Selfaktors, Dampfmaschinen, Sklavenschiffen, Häfen, Äckern, Geld. Die Theorie der Verschiebung von formeller zu reeller Subsumtion der Arbeit liefert jene Einsicht, die Latour später aus der Primatologie gezogen hat: Statusverhältnisse sind so lange instabil, als sie nicht in (außermenschlicher) Materie fixiert sind; um mehr als das Alphatier einer Paviangruppe zu werden, muss der Kapitalist seiner

Dominanz in Form der Maschine Gestalt geben. Latour tadelt Hobbes dafür, außer Acht gelassen zu haben, dass das, was Macht materialisiert und den Souverän furchterregend macht, »der Palast, von dem aus er spricht, die ihn umgebenden, gut ausgerüsteten Armeen und die ihm dienenden Schriftgelehrten mit ihren Geräten sind«,[72] doch an Marx könnte dieser Vorwurf nur schwerlich haften bleiben. Nun hat Latours tiefe Abneigung gegenüber dem Historischen Materialismus niemals infrage gestanden.[73] Und dennoch kann er beiläufig zugeben, dass

> es ebenso wahr ist, dass ein Blick auf die vielen marxistischen Schulen eine ähnliche Fülle an jenen Verbindungen bietet wie diejenigen, die [von Latour selbst] bereits zwischen materiellen und sozialen Bedingungen etabliert wurden.[74]

Wenn dem so ist, weshalb sollte man zu seiner Sichtweise dieser Verbindungen raten?

Inzwischen dürfte die Antwort keineswegs mehr überraschen. Der Historische Materialismus lehrt, dass, wenn ein Ausbeuter sich an ein Ding bindet, dieses Ding seine Macht erhöht. Für Latour stellt eine solche Beschreibung ein Gräuel dar, da sie das Bild eines »übermächtigen menschlichen Agenten, der formloser Materie seinen Willen aufzwingt, während Nicht-Menschen ebenfalls handeln, Ziele ersetzen und zu deren Neudefinition beitragen«, zeichnet.[75] Eine Historische Materialistin würde sagen – wie es auch die historische Aufzeichnung tut –, dass die auf Labuan anlegenden Dampfschiffe der Royal Navy bald nach ihrer Entdeckung mit der Aufgabe betraut wurden, die Umgebungen zu erschließen und sie Großbritannien unterzuordnen – die Ziele der Metropole waren schon an ihren Heizkesseln und Rümpfen ablesbar.[76] Aber Latour zuckt zusammen bei der Annahme, Objekte könnten »Machtbeziehungen ›ausdrücken‹, soziale Hierarchien ›symbolisieren‹, soziale Ungleichheiten ›verstärken‹«, schließlich wären sie dann nicht in der Lage, »am Ursprung sozialer Aktivitäten [zu] stehen«. Zufällig führt er auch die Dampfkrafttechnik als einen der Fälle an. Sie sollte nicht als »›bloße Widerspiegelung‹ des ›englischen Kapitalismus‹« berücksichtigt werden; Latour stellt sich auf die Seite derjenigen mit Hang zum »technologischen Determinismus«, die lieber das »›Gewicht materieller Sachzwänge‹« betonen würden.[77] Die historische Aufzeichnung für diesen Fall (beschränkt auf den Kapitalismus in Großbritannien) wurde an anderer Stelle untersucht.[78] Dies also außen vor, interessiert uns die Frage, ob Latours Interpretationen seinen eigenen hochkarätigen Beispielen überhaupt gerecht werden?

Beginnen wir mit den Pavianen. Als Folie für die menschliche Mobilmachung von Instrumenten leisten sie ihrer Rolle gute Dienste: Sie erläutern einen Grenzbereich zwischen unseren nahen Primatenverwandten und unseren entfernten Jäger-Sammler-Vorfahren.[79] Entgegen der Wünsche des Posthumanismus fügen Latour und seine Co-Autorin Shirley Strum der Mauer einen weiteren Stein hinzu. Unsere »Bemühungen«, schreiben sie,

> radieren die Unterschiede zwischen Ameisen, Pavianen und beispielsweise den Technokraten des Pentagons nicht aus. Vielmehr heben sie die Quelle dieser Differenzen auf eine neue Weise hervor: die verwendeten Ressourcen und die praktische Arbeit, die für ihre Mobilmachung erforderlich sind.[80]

Der Umweg über die Welt der Paviane führte Strum und Latour also zurück zum Pentagon, mit der Einsicht, dass es seine Macht auf materiellen Ressourcen begründet. Hat ihre Studie auch die Idee unterstützt, dass Objekte »am Ursprung sozialer Aktivitäten stehen«? Wenn dem so ist, stellt sich jedoch die Frage, warum sich alle Objekte dafür entschieden haben, sich vor allem um Hominini und Menschen zu scharen? Warum haben nicht wenigstens manche davon beschlossen, dass ihren »Zielen« und »Zwecken« besser gedient wäre, wenn sie sich mit anderen Arten assoziieren würden? Wenn Werkzeuge mindestens genauso aktiv beteiligt waren an der Schaffung des Werkzeug-Mensch-Bündnisses, wie kommt es dann, dass sie sich *ausschließlich* mit Menschen zusammengeschlossen haben? Das Argument für das menschliche Monopol darauf, extrasomatische Ressourcen als Stützpfeiler ihrer Verhältnisse zu verwenden, scheint schwer mit der Vorstellung in Einklang zu bringen, diese Ressourcen seien die Urheber der sozialen Aktivität. Oder sollen wir etwa glauben, dass sich die materielle Welt eines Abends in einem Parlament der Dinge eingefunden habe und übereingekommen sei, unsere Spezies als alleinige Trägerin von Abenteuern auszuwählen?

Die eigentliche Gewichtung der Pavian-Studie scheint anderswo zu liegen: Menschen besitzen eine unverwechselbare Inklination, *Materie aktiv zu befehligen, sodass sie ihre sozialen Verhältnisse festigt.* Manche von Latours Formulierungen verleihen dieser Interpretation zusätzlich Glaubwürdigkeit. »Nicht-Menschen sind gleichermaßen formbar und dauerhaft; sie können sehr schnell geformt werden, aber wenn sie einmal geformt worden sind, halten sie länger als die Interaktion, die sie formte. Soziale Interaktionen sind extrem labil und vergänglich.«[81] Das soziale Element, mit anderen Worten, sei das bewegliche Element – flüchtig, vergänglich, historisch –, während die Materie die Trägheit liefere, die es zur Reproduktion benötige. Doch führt uns das direkt zum Historischen Materialismus zurück. Und bei genauerer Betrachtung tun dies auch die Anekdoten über Hotelschlüssel und über Bodenschwellen. Latour liefert keinen Hinweis darauf, dass ein Metallgewicht den ersten Schritt zu einem Hotelmanager machen könnte geschweige denn überhaupt einen Schritt; und Zement scheint ein ausgezeichneter Fall von »formloser Materie« zu sein, bevor er zu einer Bodenwelle geformt worden ist. Latour möchte, dass wir den Aktanten dabei zusehen, wie sie

»ihre Ziele durch[setzen]« und »von einer Meinung zur anderen wechseln«, »ihre eigenen Pläne schmieden« und »unsere Erwartungen unterwandern«. Sie »[bedienen] sich unserer [...], um zu gedeihen«: Jeder von ihnen handele »in eigener Sache«.[82] Er ist bestrebt, absolute *Symmetrie* – ein Schlüsselbegriff – zu etablieren, sodass alle Eigenschaften zwischen den Aktanten ausgetauscht und geteilt werden und kein Eindruck einer menschlichen »Initiative« mehr bestehen bleibt (wenn überhaupt, soll die Initiative bei den Objekten liegen).[83] Aber seine Worte erzählen etwas ganz anderes. Sie stützen die Annahme, dass Dinge wie etwa der sperrige Schlüssel und die hervortretenden Bodenschwellen – mit Jacquette gesprochen – über »*derivative Intentionalität*« verfügen: eine Aufgabe, die von einem Eigentümer mit einem bestimmten Ziel übertragen wird. Anstelle einer Eins-zu-eins-Symmetrie strukturiert so etwas wie eine Zehn-zu-null-Asymmetrie die Konfiguration. Denn

> wer würde behaupten wollen, dass ein Telegramm mit der Aufschrift ›Verkauf den Hof!‹ an sich mit Verstand begabt ist, nur weil es die Gedanken des Autors ausdrückt und kausal in einer Kette von Ereignissen steht, die es dem Autor erlauben könnten, seine Ziele zu verwirklichen?[84]

Ja, wer?

Alf Hornborg liefert in *Global Magic. Technologies of Appropriation from Ancient Rome to Wall Street* zwei weitere Beispiele, die die Vorherrschaft des Sozialen krönen. Denken wir an einen Schlüssel und eine Münze. Beide aus Metall gefertigt, in Gestalt und Form einigermaßen ähnlich, verwendet man sie, um zwei äußerst unterschiedliche Türen zu öffnen: das eine für ein bestimmtes Haus, das andere für jegliches auf dem Markt verfügbare Objekt. Warum aber besitzen sie dermaßen verschiedene Funktionen? Die Erklärung muss darin liegen, dass Menschen einerseits Schlüssel für Häuser entworfen und andererseits die Konvention etabliert und aufrechterhalten haben, dass Geld seiner Besitzerin Zugang zu frei gewählten Waren gewähren soll – oder dass wir Menschen »unsere Beziehungen externalisieren« –, oder dass »soziale Machtverhältnisse auf verschiedene Weisen auf materielle Artefakte übertragen werden«. Vom primitivsten Schlüssel bis zum nebelhaftesten Finanzinstrument und über das Terrain der vom Menschen vereinnahmten extrasomatischen Ressourcen hinaus sind »die treibenden Kräfte und der sie reproduzierende Leim [...] irreduzibel *sozial* in dem Sinn, dass sie von Anreizen, Intentionen und der Handlungsmacht interagierender Subjekte abhängen«.[85]

Wir können die neomaterialistische Schmähung ebenso gut akzeptieren und diese Auffassung »Sozialismus« oder »sozialistischer Realismus« nennen. Sie wird von jedem Hotel und jedem Auto stillschweigend unterstellt. Ein Hotel mit einem Manager, der sich um die Rückgabe der Zimmerschlüssel sorgt, setzt Privateigentum und das Interesse voraus, es gewinnbringend zu führen. Eine Geschwindigkeitsregulierung wird durch die Unvereinbarkeit zwischen dem Privatbesitz von Autos und der durch eine Institution gewährleisteten Sicherheit von Fußgänger:innen angeregt.[86] Oder nehmen wir den Stacheldraht, der 2015 und 2016 entlang der europäischen Grenzen ausgerollt wurde, um Flüchtlinge fernzuhalten. Er rührte von Nationalstaaten, Staatsbürgerschaften, Bürokratien, Vorstellungen von Menschen als Fremde ohne Schutzrecht her – Verhältnisse, die während einiger Monate im Jahr 2015 tatsächlich von »extrem labil[en] und vergänglich[en]« menschlichen Bewegungen herausgefordert wurden. Um bestehen zu bleiben, mussten diese Verhältnisse in einem formbaren und dauerhaften Material verankert werden, das einen menschlichen Körper aufschlitzen kann. Die Zäune haben eine derivative Intentionalität. Der sozialistische Realismus kann bestehen.

Wenn der sozialistische Realismus Verhältnisse als das bewegliche Element bei der Entwicklung neuer Technologien voraussetzt, vermutet er auch – im Geiste der Kritik – die

Macht als zentralen Vektor. Um dieses Schreckgespenst zurückzudrängen, schlägt Latour vor, dass Macht niemals *»besessen* werden kann. Wir haben sie entweder ›in potentia‹, doch dann *haben* wir sie nicht. Oder wir haben sie ›in actu‹, doch dann sind es unsere Verbündeten, die aktiv werden.« Entweder ein britischer Imperialist ist nackt und verfügt über keine Macht, oder er stattet sich mit einem Dampfschiff und ein paar Kohleminen aus, und es sind diese Verbündeten, die in Aktion treten, wohingegen er immer noch keine Macht besitzt. Im Grunde seien Menschen nichts weiter als glücklose, verletzliche Jugendliche: »Entweder hilft dir niemand und dir wird keine Macht erteilt, oder sie greifen dir unter die Arme, verfolgen damit aber ihr eigenes Ziel, *nicht deines.*«[87] Sollte es Macht auf der Erde geben, dann handelte es sich um eine Eigenschaft des Netzwerks an sich – nicht um die Eigenschaft eines menschlichen Akteurs über oder gegen jemand anderen.[88] Bei der hierbei ausgeklammerten Konfiguration handelt es sich darum, dass manche Menschen ihre Macht über andere mithilfe von Objekten wie etwa Dampfbooten oder Stacheldrähten ausüben. Die Weigerung, sich Objekte in den Händen von menschlichen Subjekten als passiv vorzustellen, lässt Macht, die durch das Medium eines Dings vermittelt wird, undenkbar werden.[89]

Man könnte meinen, die britischen Imperialisten müssten, noch bevor sie auf Labuan an Land gingen, bereits einen Vorteil gegenüber den Eingeborenen und den Menschen in der Region insgesamt besessen haben, wenn auch nur einen geringen, und dass die Besitznahme der fraglichen materiellen Ressourcen dazu diente, den Unterschied auszuweiten, sodass sie mächtiger als zuvor wieder zurück in Richtung der Metropole aufbrachen. Etwas Ähnliches müsste auf das Verhältnis von europäischen Nationalstaaten und den eigentumslosen Menschen aus dem Nahen Osten und aus Subsahara-Afrika, die ein Zuhause suchen, zutreffen. Latour ist in dieser Hinsicht jedoch unmissverständlich: »Herrschaft stellt eine Wirkung dar, keine Ursache.«[90] Um jedoch zu verstehen, weshalb es so viel Herrschaft auf der Welt gibt, muss man sie als eine Ursache betrachten, die eine Wirkung hat, welche sich in Schleifen legt, um die Ursache zusätzlich zu stärken, und so weiter und so fort – jene Art Dialektik also, die Latour verabscheut, und der Schlüssel zum Verständnis, weshalb gewisse Ungleichheitsverhältnisse in Stein gemeißelt scheinen. Eine Vorstellung von Macht als Ergebnis der Dinge selbst lässt sich hingegen unmöglich verstehen. Wie Hornborg betont, markiert das zudem eine weitere entscheidende Differenz zu den marxistischen Herangehensweisen: Indem den Objekten und nicht den Verhältnissen und den Menschen dahinter Handlungsmacht und Macht beigemessen wird, wird genau jene Sorte von Fetischismus widergespiegelt, die Marx entlarven wollte.[91] Latourianismus ist Mystizismus und schamloser Fetischismus.

Gemäß der logischen Erweiterung – wenn auch bisher noch nicht gemäß empirischer Beweisführung – muss die fossile Ökonomie durch diese Art des dialektischen Prozesses aufgebaut worden sein und sich zu einer Struktur verfestigt haben, die, im Moment der Niederschrift, von Tag zu Tag stabiler wird als das Klima.[92] Eine dieser rekursiven Schleifen haben wir bereits kurz gestreift: das Segment der Kapitalistenklasse, das es auf die primitive Akkumulation von fossilem Kapital abgesehen hat und mit dem Geld anfängt, das in die Gewinnung fossiler Brennstoffe investiert wird, um am Ende mit mehr Geld rauszugehen, sobald die Energieträger verkauft sind – das heißt mit mehr Macht, um über die Ressourcen anderer zu verfügen und um den Kreislauf fortzusetzen. Die rund zweihundert Jahre alte und nach wie vor expandierende Fossilwirtschaft strahlte während ihrer *longue dureé* von ihrem westlichen Zentrum aus und wird bis zum heutigen Tag durch die außergewöhnliche Machtkonzentration, die in den gewohnten Gang investiert wird, aufrechterhalten. Deshalb bleiben Siege wie jener über die Keystone XL-Pipeline weiterhin so fragile Ausnahmen.

Als wären die analytischen Ziele, die wir bereits aufgegriffen haben, noch immer nicht genug, ist Latour bekanntermaßen auch der Struktur als Kategorie abgeneigt – es gebe nichts als zusammengewürfelte Aktanten, die einander zufällig begegneten, sich einen Augenblick lang agglomerierten und dann abspalteten, ohne je zuzulassen, dass irgendeine zentrale Machtquelle um sich selbst herum eine vertikale Struktur bilde. Latour möchte »das Soziale flach halten«.[93] Zwar sagt er nichts darüber, was das für die fossile Ökonomie bedeuten würde, jedoch äußert er sich oft genug über die Entität, die die Fossilwirtschaft hervorgebracht hat und eins mit ihr geworden ist: den Kapitalismus. »Genau wie Gott existiert der Kapitalismus nicht.« In der Welt, die Latour gesehen hat, einschließlich der Vereinigten Staaten selbst, »ist der Kapitalismus auch heute noch marginal. Bald werden die Leute einsehen, dass er allein in der Vorstellungskraft seiner Feinde und Fürsprecher universelle Geltung besitzt.«[94] Oder so unmissverständlich, wie es Latour möglich ist: »Nicht auf den Kapitalismus fixiert sein«.[95]

Es ist an der Zeit, uns von Bruno Latour zu verabschieden, und während wir das tun, können wir ebenso gut eine andere seiner verabscheuten Kategorien wiederbeleben: die Totalität. Er möchte unsere Aufmerksamkeit vom globalen Maßstab in Richtung des streng lokalen lenken, aber im Erwärmungszustand wird jede Lokalität zum Spielball in den Händen des Erdsystems.[96] Ein Supersturm trifft nicht auf eine Küstenlinie, weil dort etwas Bestimmtes vorgefallen ist. Dahinter steckt vielmehr die Totalität der Fossilwirtschaft, und insofern können wir kurz drei Grundsätze eines sozialistischen Klimarealismus zusammenfassen: Erstens, soziale Verhältnisse besitzen einen wirklichen kausalen Vorrang in der Entwicklung fossiler Energie und den darauf basierenden Technologien; zweitens, durch rekursive Bewehrungsschleifen sind diese Verhältnisse innerhalb der hartnäckigen Struktur der fossilen Ökonomie festzementiert worden; und drittens hat diese Totalität ihrerseits die Totalität des Erdsystems in Fahrt gebracht, sodass (einige) Menschen wirkliche Gründe haben, sich zu fürchten. Das liefert uns zwar nur Anhaltspunkte für weitere Untersuchungen.

Der Punkt aber, den wir hier zu formulieren versucht haben, ist, dass Latour und ein Großteil der damit verbundenen Theorie nur dürftige Orientierungshilfe für das Studium der sozialen Dynamiken einer sich erwärmenden Welt und erst recht für ein Eingreifen leisten. Vor diesem Hintergrund können wir nun zu den politischen Implikationen dieser ganzen Auseinandersetzung mit der Theorie übergehen.

EIN WEG ZUR MILITANZ

Der zeitgenössische Hybridismus tritt in zwei Hauptausprägungen auf: Konstruktionismus und Neuer Materialismus. Lässt Ersterer die Natur in die Gesellschaft kollabieren, macht Zweiterer das Umgekehrte. Wie wir an der Gestalt Latours gesehen haben, sind die beiden einander näher, als es zunächst den Anschein haben mag; tatsächlich wirken sie gelegentlich wie ineinander verflochtene Äste desselben ideologischen Stamms (auf dessen Identität wir zurückkommen werden). Wir haben Gründe angeführt, dass dieses Dickicht von geringem analytischen Wert für eine Orientierung in einer sich erwärmenden Welt ist. Was aber ist mit seinem politischen Wert?

Es fällt nicht schwer, die politischen Empfehlungen des idealistischen Konstruktionismus ausfindig zu machen. Von Mike Hulme, einem Wissenschaftler, der hin und wieder dessen Zauber verfällt, ist bekannt, dass er behauptete, es gebe »weder ein ›gutes‹ Klima noch ein ›schlechtes‹ Klima, nur ›gute‹ oder ›schlechte‹ Vorstellungs- und Lebensweisen mit dem Klima.« Malen wir uns vier Grad Celsius also einfach schön aus, und möglicherweise wird dann alles gut. Daraus folgt: »Es geht *nicht* wirklich darum, das Klimachaos zu stoppen« – es gehe darum, Geschichten zu erzählen, und die Geschichte des näherkommenden Klimachaos sei eine Ablenkung, eine Distraktion, ein Mythos, der uns habe blind werden lassen gegenüber

> unserer gegenwärtigen Krise. Warum erleben wir beispielsweise nicht, wie die gleiche politische Energie und das gleiche diplomatische Kapital, die wir täglich in die Bemühungen investiert sehen, ein internationales Klimaregime zu etablieren, dessen Ziele irgendwo in ferner Zukunft liegen, in die Verwirklichung der Millenniums-Entwicklungsziele (MDGs) investiert werden?[97]

Man muss vorsichtig sein, irgendjemandem eine derart abwegige Meinung zu unterstellen, doch die Logik dieses Arguments lautet, dass viel zu viel für eine langfristige Stabilisierung des Klimas unternommen wird. Wenn es lediglich darum geht, sich das gute Klima vorzustellen, stellt tatsächlich jedes Gipfeltreffen – oder jedes Klimacamp, jede Divestment-Kampagne oder jegliche Initiative für eine gerechte Transition – nichts als Zeitverschwendung dar. Und wahrhaftig hat Hulme die Notwendigkeit eines umgehenden Klimaschutzes konsequent herabgemindert und selbst das Kyoto-Protokoll als zu hierarchisch und zu herablassend verunglimpft.[98]

Konstruktionist:innen dieses Schlags neigen dazu, anderen vorzuwerfen, die Probleme allzu sehr zu vereinfachen, die Risiken unnötig aufzublasen, die Komplexitäten zu ignorieren und übermäßig Panik zu verbreiten. Sie interessieren sich mehr für die Wechselfälle des Wissens und weit weniger für die Strukturen der Ökonomie.[99] Nicht selten verabsäumen sie es, eine angemessene Distanz zum Verleugnungsdiskurs zu wahren: Dementsprechend vorwurfsvoll heißt es bei Noel Castree, der sich gerne als Sprecher der Geistes- und Sozialwissenschaften innerhalb der Klimaforschungsgemeinschaft geriert, »epistemische Ungewissheit spielt eine große Rolle«, die IPCC-Berichte würden sich der »übertriebenen Selbstsicherheit« schuldig machen, indem sie »den Eindruck [erweckten], dass Wissenschaftler mittlerweile relativ [sic] sicher sind, dass anthropogene Erwärmung stattfindet«, und die Medien sollten den Klimawandelleugner:innen weiterhin Sendezeit geben.[100] Diesen Aussagen kann man mehr vorwerfen, als bloß falsch zu sein.

Der buchstäbliche Konstruktionismus hingegen neigt zu der Ansicht, dass wir mehr oder weniger alles, was wir wollten, mit der Natur machen könnten, da es, bis auf jene, die wir uns selbst bauen würden, keine externe Natur gebe. Für Neil Smith ist die Idee einer äußeren Natur deshalb so unangenehm, weil »sie nichtmenschliche Objekte und Prozesse zu unlösbaren Hindernissen macht, denen sich der Mensch an einem gewissen Punkt fügen muss«, wohingegen in seiner Theorie diese Barrieren offenbar beseitigt sind und die Menschen sich niemals irgendeinem Ding unterordnen müssen.[101] Die einzige politische Forderung, die derart veranlagte Konstruktionist:innen gerne stellen, ist jene der Demokratisierung: Wir können tun, was immer wir möchten, doch sollten wir die Entscheidungen darüber, was wir gemeinsam tun, demokratischer als bisher treffen.[102] Paul Wapner tut die 350.org-Bewegung als Lieferantin eines unmöglichen Ziels ab – wir können nicht zu 350 ppm zurückkehren: »Klimastabilität ist unerreichbar« – und befürwortet stattdessen eine demokratische Deliberation: »Die Atmosphäre hat keinen bevorzugten Kohlenstoffkonzentrationsgehalt. Es gibt kein natürliches Ideal, dessen Richtung der Mensch anstreben muss. Vielmehr müssen wir uns auf unsere eigenen politischen Zielvorgaben und Richtlinien einigen.«[103] Ja, stimmt, aber *mit welcher Begründung* sollten wir zwischen den verfügbaren Optionen wählen, wenn es keine Gebote, keine Hinweise, keine Grenzen in der biophysikalischen Welt gibt, die übertreten werden oder zu beachten sind?

In einer ähnlichen Weise möchte Jedediah Purdy das vorherrschende »neoliberale Anthropozän« durch ein »demokratisches Anthropozän« ersetzen, in dem die Herstellung des als Natur bezeichneten Dings »politisch gesehen die Urheberschaft jedes Einzelnen« sei. Unter Berufung auf Amartya Sen – »In Demokratien gibt es keine Hungersnöte« – legt er nahe, dass in solch einem Anthropozän Desaster vermieden werden könnten.[104] Doch scheint das einen wesentlichen Aspekt des Klimawandels zu übersehen. Durch die Wucht der Temperaturen wird es in einer deutlich heißeren Welt mehr Hungersnöte geben, unabhängig davon, ob Institutionen demokratisch sind oder nicht. Eine egalitäre Anpassung mag die schlimmsten Auswirkungen abfedern, doch selbst wenn die Welt eine perfekte Demokratie wäre, würde sie irgendwann sehr hungrig werden, insofern, als dass sie weiterhin CO_2-Emissionen erlauben würde. Die erste Voraussetzung, um dieses Risiko zu minimieren, ist die Zerschlagung des »business as usual« – es ist eine Frage des politischen Gehalts, der sehr wohl eine gewisse demokratische Form benötigen könnte, *sich jedoch nicht darauf reduzieren lässt.*

Steven Vogel ist da anderer Meinung: Er glaubt, dass jede Rede von nichtmenschlicher Macht eine Sabotage des demokratischen Prozesses sei. »Zu glauben, dass es eine ›Natur‹ jenseits von uns und über uns gibt«, bedeute, »uns der Notwendigkeit zu entziehen, herauszufinden, was wir tun sollen«.[105] Aber selbstverständlich verhält es sich genau andersrum. Wenn es nichts gibt außer uns, gibt es auch nichts herauszufinden – zumindest auf dem Gebiet der Umweltpolitik. An dieser Stelle klingt der buchstäbliche Konstruktionismus ein wenig so, als würde man Filmkritiker:innen auffordern, keine tatsächlichen Filme, sondern nur mehr einander anzuschauen, um dann ihre Kritik am zeitgenössischen Kino konkret definieren zu können. Eine demokratische Versammlung kann nur dann eine besonnene Entscheidung treffen, wenn sie in Verbindung mit etwas steht, das außerhalb ihres Tellerrands liegt; gäbe es allein die Versammlung, würde ihre Demokratie heuchlerisch wirken. Jede Aussage über die Erderwärmung, die nicht verleugnen will, muss Notiz von den Stärken und kausalen Kräften nehmen, die den menschlichen Vorlieben gegenüber blind sind: Man kann die thermische Ausdehnung der Ozeane nicht mithilfe eines demokratischen Beschlusses aufheben. Das ist der Grund, weshalb man überhaupt etwas über die globale Erwärmung herausbekommen muss. Und das ist auch der Grund, weshalb es eine schlechte Idee ist, alle fossilen Brennstoffe auszugraben und in Brand zu stecken – ohne praktische Anwendung der Natur-Kategorie wäre es unmöglich, dieses Argument zu vertreten. Das impliziert jedoch keineswegs, dass die Natur an sich ein Quell normativen Werts oder eine moralische Vermittlerin ist. Soper zufolge mag die Natur die Auswirkungen menschlichen Handelns festlegen, »aber sie spricht sich für keine bestimmte Art zu leben oder zu sein aus«.[106] Sie sagt uns nicht, ob es redlich oder verabscheuungswürdig ist, die gesamten bekannten Reserven fossiler Energieträger zu verbrennen: Es ist den Menschen überlassen, sich diese Frage durch den Kopf gehen zu lassen, jedoch stets auf Grundlage der deskriptiven, aus der Natur eingeholten Information. Nachdem es das Natürliche ins Soziale inkorporiert hat, tritt das konstruktionistische Programm für ökologische Demokratie auf der Stelle.

Während der buchstäbliche Konstruktionismus zu der Ansicht neigt, dass wir alles Mögliche tun können, liegt der Neue Materialismus, wie wir gesehen haben, schon fast im Straßengraben, wo nichts mehr getan werden kann.[107] Hier wird die »Limitierung der agentiellen Wirkmächtigkeit [*agentic efficacy*] des Menschen« gepriesen – oder wie es zu Beginn von Jessica Schmidts Essay heißt:

> Die komplexe, vernetzte und globalisierte Welt von heute scheint uns vor allem eines mitzuteilen: Diese Welt, in der wir zu leben verpflichtet sind, gehört nicht länger uns. Obwohl die Menschen nach wie vor als ihre wichtigsten »Triebkräfte« aufgefasst werden, scheinen deren Fähigkeiten erheblich eingeschränkt worden zu sein.[108]

Das also ist die Machtlosigkeit, die sie und ihre Kolleg:innen in eine Ontologie hüllen. Lernt, die Mäßigung zu genießen.

Was Latour selbst angeht, sieht die Sache schon etwas komplizierter aus. In einer wunderbaren Kritik seiner »politischen

Ökologie« kommt Rebecca Lave zu dem Schluss, dass diese eher die Selbstorganisation von Faxgeräten anrege als die von Arbeiter:innen: »›Faxgeräte, vereinigt euch, ihr habt nichts zu verlieren als eure Stromkabel‹?«[109] Latour und seine Gefolgsleute machen jedoch viel Aufhebens von der Annahme, dass die Ausweitung der Handlungsmacht auf alle Objekte zwischen Himmel und Erde zu einem Politisierungsprozess beitragen werde – endlich wird den Dingen der Eintritt in die Sphäre des Politischen gewährt. Das Gegenteil scheint jedoch eher der Fall. Weshalb sollten die europäischen Grenzzäune eher als politische Entitäten anerkannt werden, wenn wir behaupten, sie würden aus eigenem Interesse in die Körper von Einwanderern schneiden? Die gesamte, von fossilen Brennstoffen durchzogene und unsere Welt mit der schwersten Last niederdrückende Technomasse würde durch ein solches Programm seiner politischen Substanz beraubt. In ähnlicher Weise meint Latour, Orte des Engagements zu erschließen, indem er bestreitet, dass die Struktur im Wege stehe – wie Benjamin Noys in einer anderen beißenden Kritik jedoch angemerkt hat, wird »diese Inflation der ›lokalen‹ Handlungsmacht auf Kosten des Unvermögens erkauft, irgendeine Spielregel ändern oder infrage stellen zu können«.[110] Handlungsmacht, die am Abbau von Strukturen gehindert wird, ist begrenzt, nicht mit Macht versehen.

»Seit fünfzehn Jahren kenne ich Latour nun schon persönlich«, teilt uns Graham Harman mit, während er die Aufgabe auf sich nimmt, dessen Politik zu systematisieren und zu popularisieren, »weshalb es mir mit ziemlicher Sicherheit möglich ist, ihn (*qua* Wähler, Bürger und Zeitungsleser) als einen politisch wohlwollenden französischen Gemäßigten mit progressiven Tendenzen bezeichnen zu können« beziehungsweise als »einen liberal eingestellten Hobbesianer, der die politische Sphäre um unbelebte Entitäten bereichert«.[111] Wie sehr sehnt sich die erwärmende Welt doch nach weiteren wohlwollenden französischen Zentristen, insbesondere solchen von hobbesschem Schlag. Latour hat seine Karriere damit zugebracht, das westliche Zentrum mit ideologischer Nahrung zu versorgen; und tatsächlich kann sein Lebenswerk als eine der subtilsten antimarxistischen Konstruktionen des letzten halben Jahrhunderts gelesen werden, obgleich es die Angst vor einer erneuerten revolutionären Unruhe niemals vollständig zu unterdrücken wusste.[112] Latour wird nicht damit aufhören, die »Vernarrtheit der Sozialtheoretiker« zu bekämpfen und seinen Leser:innen einzubläuen, dass das meiste, was wir je erreichen können, darin bestehe, »die Praktiken ein wenig zu erweitern«.[113] Was wir jedoch gerade benötigen, sind wirklich große, in die Tat umgesetzte Veränderungen.

Es gibt jedoch noch eine dunklere Seite an Latours Politik, die Harman keineswegs verschweigt: seinen Hobbesianismus-plus-Dinge. Die Moral der Paviangeschichte lautet, dass uns der Leviathan der etablierten Technologien vor dem Chaos bewahre. Ohne ihn würden die Menschen in eine affenartige Anarchie stürzen, weshalb wir lernen müssten, den Techno-Leviathan zu würdigen, ihn wertzuschätzen, für ihn zu sorgen, wie man es für eine einheitsstiftende Vaterfigur tun würde. Die industrielle Technik sei ein Indikator des Fortschritts in Richtung Stabilität.[114] »Daraus folgt, dass unsere *primäre* Einstellung den Institutionen gegenüber darin bestehen sollte, sie aufzubauen und zu erweitern, anstatt sie zu kritisieren oder zu zerstören«, und – angesichts dessen, was Latour Hobbes hinzufügt – diese Einstellung sollte *primär auf ihre materielle Infrastruktur gerichtet sein.* Kritik an den Netzwerken »geht am Thema vorbei«, nämlich dass »jegliche Transzendenz den Frieden bedrohen würde«.[115] In seiner Schilderung von Latours Affirmation der siegreichen Technologien greift Harman einen anderen, älteren Fall neu auf: das Versagen eines französischen öffentlichen Versorgungsbetriebs in den 1970ern, die Autoflotte des Landes zur Elektrizität zu bekehren; den durchschlagenden Triumph von Renault, die Herausforderung zurückzuschlagen und die Überlegenheit von Erdöl ein weiteres Mal zu bekräftigen.[116] Das also soll ein Beispiel für die erfolgreiche Technik sein, die als Bindeglied zwischen menschlichen Gemeinschaften diene und als Garant des Friedens Respekt verdiene. Es überrascht daher kaum, dass es Latour letztlich in die Gesellschaft des Breakthrough Institute verschlägt, dem äußersten Rand des technologischen Optimismus innerhalb des grünen Politikspektrums, das unter anderem Erdgas als einen Pfad Richtung Nachhaltigkeit anpreist.[117] Die fossile Infrastruktur zu zerschlagen, wäre daher vermutlich nicht nach seinem Geschmack.

Die Natur ist real. Natur und Gesellschaft bilden eine Einheit der Gegensätze. Die Gesellschaft ist konstruiert. Handlungsmacht lässt sich nicht in unbelebter Materie entdecken, kann jedoch inmitten menschlicher Kollektive auftreten, die mitunter die vorherrschende und soziale Macht verkörpernde Technologie ins Visier nehmen – dies sind ein paar der notwendigen Prämissen für eine aktivistische Theorie. Es geht bei der Ablehnung des Hybridismus und seiner beiden Teildisziplinen nicht darum, irgendeinen umgänglichen dritten Weg oder einen Mittelweg abzustecken. Es geht um die Wiedergewinnung der theoretischen Basis für eine ökologische Militanz.

5

Über die Gefahren des Eigentums. Entwurf für die Fahndung nach dem Sturm

HISTORISCHER MATERIALISMUS ALS ALTERNATIVE

Wie die besten aller heiligen Schriften bietet auch die Tradition des Historischen Materialismus die Möglichkeit, ein breites Spektrum an unvereinbaren Interpretationen anzuregen. Wenngleich der Neue Materialismus versucht, den »alten« abzusetzen, bekennen sich konstruktionistische Denker:innen wie Castree, Smith und Vogel in unterschiedlichen Treuegraden zum marxistischen Projekt und untermauern ihre Argumente dabei mit ausgewählten Zitaten (die Stellen zu Feuerbach, dem Kirschbaum, den Koralleninseln). Es ist also durchaus möglich, gleichzeitig Marxistin und im Irrtum zu sein. Die Exegese der Gründungsväter stellt keinen zuverlässigen Quell der Theorie dar: Externe Beweise werden darüber urteilen müssen. Tatsächlich zeigt sich die Inkohärenz in Marx' Gesamtwerk dadurch, dass er von einem eindeutigen Konstruktionismus der Natur in den Pariser Manuskripten zu einem ausgewachsenen Realismus in seinen reiferen Arbeiten überging – so zumindest argumentiert Andrew Feenberg in *The Philosophy of Praxis. Marx, Lukács and the Frankfurt School.* Wollte der junge Hegelianer die Natur noch als Produkt menschlicher Arbeit sowie historischer Praxis verstehen, wusste er es bald schon besser.[1] Der Bruch erfolgte in *Die deutsche Ideologie*, worin die Ambivalenzen zwar noch zu sehen sind, ein neuer Blickwinkel für den Historischen Materialismus jedoch bereits ausgearbeitet wird:

> Die erste Voraussetzung aller Menschengeschichte ist natürlich die Existenz lebendiger menschlicher Individuen. Der erste zu konstatierende Tatbestand ist also die körperliche Organisation dieser Individuen und ihr dadurch gegebenes Verhältnis zur übrigen Natur. Wir können hier natürlich weder auf die physische Beschaffenheit der Menschen selbst noch auf die von den Menschen vorgefundenen Naturbedingungen, die geologischen, orohydrographischen, klimatischen und andern Verhältnisse, eingehen. Alle Geschichtschreibung muß von diesen natürlichen Grundlagen und ihrer Modifikation im Laufe der Geschichte durch die Aktion der Menschen ausgehen.[2]

Die Menschen finden sich innerhalb klimatischer Bedingungen wieder, die sie anschließend im Laufe der Geschichte modifizieren: ein vielversprechendes Schema für unsere Zwecke. Was immer jedoch geschieht, »die Priorität der äußeren Natur [bleibt dabei] bestehen«.[3]

Mit den *Grundrissen* hingegen bleibt nicht mehr viel von dieser Ambivalenz übrig. Sobald das arbeitende Subjekt auf die Natur treffe, sei »[d]iese Bedingung [...] nicht sein Produkt, sondern vorgefunden; als natürliches Dasein außer ihm vorausgesetzt«.[4] Das ist die Sichtweise, der sich der Historische Materialismus verschreiben muss, denn, wie Feenberg anerkennt, handelt es sich dabei um die einzig wirklich vertretbare.[5] Ein solches Aufeinandertreffen wiederholt sich mit jeder Generation. Jedes Kleinkind, das ein Auge auf die ihr nahestehendsten Erwachsenen wirft, muss sich mit der Friktion, der Schwerkraft, dem Licht und der Dunkelheit wie auch mit der Körperlichkeit der sie umgebenden Objekte auseinandersetzen, und wie perfekt sie und ihre Zeitgenoss:innen später auch lernen mögen, diese und andere Aspekte der Natur zu navigieren, zu manipulieren, umzugestalten und allem Anschein nach zu unterwerfen, können sie sich nicht aus der äußeren Materialität herausnehmen, in der sie einst laufen und arbeiten gelernt haben. Manche Umstände werden nie von ihnen selbst gemacht sein.

Der erste historische Tatbestand ist der Akt, innerhalb dieser Umstände am Leben zu bleiben. Eine kurze Liste an primären Bedürfnissen – ein Minimum an Kalorienzufuhr, Körperwärme, Ruhe – muss befriedigt werden, und sofern die Nahrung, die Kleidung und die Unterkunft nicht täglich erneuert werden, wird der Körper zerfallen.[6] Hunger, Durst, Zittern, Ermüdung sind Funktionen materieller Strukturen und Prozesse, die unabhängig vom menschlichen Willen sind, jedoch innerhalb der Körper aller Mitglieder der Spezies liegen: Es ist die Natur, die die grundlegenden körperlichen Bedürfnisse formuliert. Die allgemeine Form, ihnen gerecht zu werden und am Leben zu bleiben, ist selbstverständlich Arbeit. Arbeit nennt man jene Praxis, durch welche die physischen Organisationen der Menschen intakt bleiben. Arbeit reguliert den *Stoffwechsel** – oder Metabolismus – zwischen dem Körper und der äußerlichen Materie, was bedeutet, dass, egal wie einfallsreich sie auch sein mag, egal wie geschickt die Arbeit sich beim Bau von Drohnen oder der Implantation von Chips anstellen mag, sie doch nur Gesetze aus der Natur ausarbeiten und latente Prozesse herauslösen kann: »Zieht man die Gesamtsumme aller verschiednen nützlichen Arbeiten ab«, heißt es bei Marx in einer Formulierung von größter Tragweite,

> so bleibt stets ein materielles Substrat zurück, *das ohne Zutun des Menschen von Natur vorhanden ist.* Der Mensch kann in seiner Produktion nur verfahren wie die Natur selbst, d. h. nur die Formen der Stoffe ändern. Noch mehr. In dieser Arbeit der Formung selbst wird er beständig unterstützt von Naturkräften. Arbeit ist also nicht die einzige Quelle der von ihr produzierten Gebrauchswerte, des

> stofflichen Reichtums. Die Arbeit ist sein Vater, wie William Petty sagte, und die Erde seine Mutter.[7]

Hier nehmen die Teile Gestalt an: eine realistische, antipuristische Definition der Natur; eine Unterscheidung zwischen Arbeit und Erde; eine Bindung, die unlösbar ist.

Nun mag diese Akzentuierung der Arbeit zugegebenermaßen etwas altmodisch wirken. Die Neuen Materialist:innen würden uns raten, unsere Empfindungen auf die Materialität des Lebens an sich in all seinen Facetten hin auszurichten und dabei keinen Aspekt bedeutender als einen anderen zu erachten.[8] Und doch gibt es in einer sich erwärmenden Welt gute Gründe, die Arbeit als Dreh- und Angelpunkt der materiellen Ströme zu behandeln. Der An- und Aufstieg umfangreicher Verbrennung fossiler Energieträger hat nicht in der Sphäre von Spiel, Sex, Schlaf, Freizeit, philosophischer Kontemplation oder ästhetischer Würdigung stattgefunden, sondern eben, und nachweislich, in jener der Arbeit. Wie aber ist das möglich, wenn die Arbeit eine Art ewiger Modus menschlicher Existenz sein soll, dermaßen fest positioniert wie Sonne und Mond? Dem ist so, weil die Arbeit der Ort des Permanenten *und* des Dynamischen, des Gegebenen *und* des Flüchtigen ist, wie es innerhalb der *Grundrisse* in einer Dialektik umrissen wird, die als Fragment über menschliche Ökologie bezeichnet werden könnte.[9]

Alle Arbeit, spezifiziert Marx, »[a]lle Produktion ist Aneignung der Natur von Seiten des Individuums innerhalb und vermittelst einer bestimmten Gesellschaftsform«. Ein menschlicher Körper kann seinen *Stoffwechsel** genauso wenig in der Abgeschiedenheit regulieren, wie er dazu in der Lage wäre, in einer privaten Sprache zu sprechen: Er muss es als Gemeinschaftswesen tun. Sein Verhältnis zum Rest der Natur wird demnach durch seine Beziehungen zu anderen Menschen vermittelt. Alle Arbeit wird, in einem grundlegenden und tautologischen Sinn, durch Eigentum realisiert – ein Stück Natur wird von einem Subjekt angeeignet –, aber welche Form dieses Eigentum annimmt, ist nirgendwo in Stein gemeißelt: Ursprünglich jagten und fischten die Menschen und bestellten das Land als Mitglieder von Familien, Clans oder Stämmen, deren Besitztümer im Wesentlichen kollektiv waren. Dann brach der Moment der Geschichte ein:

> Nicht die *Einheit* der lebenden und tätigen Menschen mit den natürlichen, unorganischen Bedingungen ihres Stoffwechsels mit der Natur und daher ihre Aneignung der Natur [...] bedarf der Erklärung oder ist das Resultat eines historischen Prozesses, sondern die *Trennung* zwischen diesen unorganischen Bedingungen des menschlichen Daseins und diesem tätigen Dasein, eine Trennung, wie sie vollständig erst gesetzt ist im Verhältnis von Lohnarbeit und Kapital.[10]

Sowohl in den *Grundrissen* als auch im *Kapital* beharrt Marx wieder und wieder auf einer scharfen Grenzziehung zwischen Natur und Gesellschaft: Die Generierung von Privateigentum, die Scheidung zwischen unmittelbaren Produzent:innen und den Produktionsmitteln, die Akkumulation von Kapital sind *keine* Akte oder Mechanismen der Natur: »Alle Verhältnisse als von der Gesellschaft gesetzte, nicht als von der Natur bestimmte.« Da sie auf diese binäre Struktur für den kontrastiven Effekt und die konkrete Analyse angewiesen ist, würde die marxistische Theorie zerfasern, sobald diese Zweiheit verunklart werden würde. Gleiches gilt für jede sonstige Theorie darüber, wie Kapital Umweltzerstörung verursacht. »Die Natur baut keine Maschinen, keine Lokomotiven, Eisenbahnen, electric telegraphs, selfacting mules« und all die anderen Dinge, »welche keine Produktionskräfte mehr sind, sondern Destruktionskräfte« – eine bestimmte Gesellschaftsform baut sie.[11] Oder anders ausgedrückt, ist es »ebenso unmöglich, direkt von der Arbeit zum Kapital überzugehen als von den verschiednen Menschenracen direkt zum Bankier *oder von der Natur zur Dampfmaschine*«.[12]

Hat die Geschichte erst einmal an Höhe gewonnen, sind es tatsächlich die Verhältnisse, welche die Flugbahnen des metabolischen Austausches bestimmen. Welche Verhältnisse? In erster Linie die des Eigentums, denn diese legen fest, wie Menschen zu welchen Zwecken mit welchen Instrumenten und Rohstoffen arbeiten: Soziale Eigentumsverhältnisse bilden die Mittelachse, entlang derer sich die Menschen durch ihre Verhältnisse zueinander zum Rest der Natur verhalten.[13] Wie jede andere Spezies in der materiellen Welt ist auch diese für immer an die Natur gebunden, doch die Natur dieser Bindungen ist selbst niemals natürlich. Muss der Körper eingekleidet werden, nimmt die Auswahl an Werkzeugen, Fähigkeiten, Moden, Familieneinheiten, Wertschöpfungsketten, Managementstrukturen und anderen Vereinbarungen, mit denen dieses Bedürfnis gestillt werden könnte, kein Ende. Dazu verdammt, in der, mit der und durch die Natur zu leben, sind die Menschen in der Lage, dies auf nahezu unendlich viele verschiedene Weisen zu tun.[14] Diese Dialektik der vollkommenen Untrennbarkeit und äußersten Variabilität ist der Ursprung des gegenwärtigen Fluches wie auch jedweden hypothetischen künftigen Segens.

Im Englischen ist »property« eines jener Wörter (»power« und »right« stellen andere Beispiele dar), in denen zwei distinkte Aspekte miteinander verschmolzen sind: *property* als Besitz und als Qualität. (Die Verquickung hat im Schwedischen nicht stattgefunden, das *egendom* von *egenskap* trennt;[15] noch weniger sogar in Farsi mit seinen Begriffen *maalekiat* und *vijegi*.) Insofern müssen wir sagen, dass *Eigentumsverhältnisse* [*property relations*] *emergente Eigenschaften* [*properties*] *von Gesellschaften sind*. Die Organisation des *Stoffwechsels** mittels der systematischen Einteilung der Mitglieder einer Spezies in unmittelbare Produzent:innen und Ausbeuter:innen, die sich zueinander verhalten müssen, ist eine Eigenschaft [*property*] auf der Ebene des Ganzen, die in keinem der beteiligten Körper zu verorten ist, ihrer Reproduktion gewisse Regeln auferlegt und sie schließlich zwingt, sich anders zu benehmen, als sie es sonst tun würden. Das lässt sich weder in der Sprache der Physik, der Chemie oder der Biologie ausdrücken noch kann es aus einer einfachen Aggregation der Module abgeleitet werden. *Diese Eigenschaft existiert in der Natur nicht.* Nichts in der Natur schreibt vor, ob eine bestimmte Gruppe an Leuten über eine feudale oder kapitalistische, sklavenbasierte, postkapitalistische oder irgendeine sonstige Eigentumsverhältnisspielart verfügt – aber diese Verhältnisse schreiben vor, wie sich Menschen unter ihrer Herrschaft der außermenschlichen Natur gegenüber verhalten. Sie üben aus eigenem Antrieb Kausalkräfte aus. Sie lösen eine Abwärtskausalität aus.

So nötigen beispielsweise kapitalistische Eigentumsverhältnisse die Menschen dazu, ihre Waren auf dem Markt zu verkaufen und bei ihrer Herstellung wenigstens eine durchschnittliche Produktivität an den Tag zu legen, da sie ansonsten aus dem Feld geschlagen werden würden. Gleichsam stiften sie eine Vorlage für den Anstieg der Materialverbrauchsmenge.[16] Sobald das passiert, erstreckt sich die Kausalität bis ganz hinunter, ganz tief hinein in die Schichten der Evolution, aus der die menschliche Spezies selbst hervorgegangen ist: Marx und Engels verwenden dafür das Beispiel des Flusswassers. Dem Fisch wesentlich, hört das Wasser

> auf, sein »Wesen« zu sein, es wird ein für ihn nicht mehr passendes Existenzmedium, sobald dieser Fluß der Industrie unterthan gemacht, sobald er durch Farbstoffe & sonstige Abfälle verunreinigt, durch Dampfschiffe befahren, sobald sein Wasser in Gräben geleitet wird, in denen man dem Fisch sein Existenzmedium durch einfaches Ablassen entziehen kann.[17]

Das Wasser selbst – und es gibt nichts Grundlegenderes – eignet sich nicht länger für den Fisch, da die Industrie, die an der Spitze der geschichtlichen Kette steht, es transformiert hat. Der Pfeil der Kausalität zeigt immer weiter nach unten. Einer ähnlichen Logik entsprechend, die Marx und Engels jedoch nicht vorhersehen konnten, könnte auch die Biosphäre selbst eines Tages aufhören, ein passendes Existenzmedium zu sein, da ihre fossilen Substrate – zufälligerweise seit der Zeit der Dampfschiffe – der Industrie untertan gemacht worden sind. Diese kritische, als »der Industrie unterthan gemacht« bezeichnete Phase markiert ein historisches Ereignis, einen Wendepunkt in den Annalen der Arbeit, als die ewigwährende Beschaffenheit des Metabolismus in eine Form gepresst wurde, die all die falschen Knöpfe drückte: Und *das* hat nichts Natürliches an sich.

Die Natur hat sich im 19. Jahrhundert nicht plötzlich selbst verändert – es muss die Gesellschaft gewesen sein, die das getan hat, indem sie CO_2-Schwaden durch ihre Vorgeschichte sandte. Die Natur ist nicht auf den Menschen reduzierbar, der ein Teil von ihr ist; der Mensch ist nicht reduzierbar auf die Natur, die ein Teil von ihm ist. Es ist genau in den Zwischenräumen dieser Einheit-in-Differenz [*unity-in-difference*], dass sich etwas wie die globale Erwärmung entwickeln kann. Jegliche Gegenmaßnahmen werden die gleiche prekäre Ausgangslage einnehmen müssen.

WIE MENSCHEN KAPITAL AUSBRÜTEN KONNTEN

So ungenau es ist, die Menschheit und eben nicht das Kapital für den Erwärmungszustand verantwortlich zu machen, läge es doch allein im Bereich der Fantastik, sich irgendeine andere Spezies als den *Homo sapiens sapiens* vorzustellen, die in der Lage wäre, eine kapitalistische Produktionsweise auszubrüten. Paviane wären dazu nicht imstande, ebenso wenig Dachse oder Fledermäuse. Was genau unterscheidet uns also von nichtmenschlichen Tieren? Posthumanist:innen verstehen die Widerlegung älterer Antworten – insbesondere jener Vorstellung, dass wir im Gegensatz zu ihnen Werkzeuge verwenden – als hinlänglichen Grund, die Frage gänzlich zu verwerfen, was jedoch etwas voreilig wäre. Angesichts der ökologischen Auswirkungen des Kapitalismus im Allgemeinen und der umfangreichen Verbrennung fossiler Energieträger im Besonderen wäre es vermutlich von Interesse zu begreifen, wie keine andere Art außer der unsrigen das der Erde antun konnte (eine Frage, die selbstverständlich nicht verwechselt werden darf mit der Meinung, Menschen seien *viel besser* als Tiere). Nun ist hier nicht der Ort, um eine erschöpfende Untersuchung dieses uralten Rätsels anzustellen, doch lässt sich zumindest erahnen, dass es etwas mit der Fähigkeit zur Abstraktion zu tun hat.

Tiere besitzen Intentionalität in dem rudimentären Sinn, dass sie Gedanken über Dinge haben – Jacquette verweist auf seine Aquarienfische, die erwarten, am Morgen gefüttert zu werden; Marx bemerkt, dass »ein Pferd seinen eignen Kopf hat« – und daher als mit Geist und somit auch mit einer elementaren Form von Handlungsmacht ausgestattet angesehen werden können (vielleicht irgendwo auf der ersten von Andersons Stufen).[18] Menschen aber scheinen die besondere Fähigkeit zu besitzen, über ihre eigenen Gedanken und vor allem auch über die Gedanken von anderen nachdenken zu können. Sie können zwischen den Aussagen: »Ich glaube, dass es regnet«, »Es regnet« und den gleichwertigen Gedanken ihrer Artgenoss:innen unterscheiden, sich kollektive Überzeugungen zu eigen machen, die wahr oder falsch sein können, Symbole teilen, um Dinge aus einem gemeinsamen Blickwinkel zu betrachten, sich an »Metarepräsentationen« und komplexen Formen kollektiver Intention beteiligen sowie Abstraktionsstufen erreichen, an die Hunde und Delfine nur selten, wenn überhaupt, herankommen (keine Post-Delfinistin unter Delfinen etc.).[19] Zumindest auf Andersons zweiter und dritter Stufe gilt Handlungsmacht nur für sie.

Manche Tiere benutzen Werkzeuge. Die meisten Arten zwar nicht, jedoch ist das Phänomen einigermaßen weit über die Taxa verbreitet, von Insekten bis zu den Primaten. Im September 2016 ergänzten Wissenschaftler:innen die Liste um die Hawaiikrähe, die Nahrungsmittel mit Stöckchen geschickt aus Spalten in Holzstämmen gewinnt.[20] Weit weniger Tiere stellen Werkzeuge selbst her, aber manche tun es doch. Keines fertigt Werkzeuge aus einer Reihe an unterschiedlichen Materialien an, wie es der Mensch tut, der dafür zwischen Holz und Stein und Haar und Knochen und Metall und anderen Substraten wählt. Keines baut zusammengesetzte Werkzeuge, bei denen mehrere Komponenten funktional kombiniert sind – ein Messer mit einem Griff, einer Klinge, einem Bindematerial –, und, der wichtigste Punkt vielleicht: Kein Tier produziert Werkzeuge, um andere Werkzeuge herzustellen, wie etwa wenn der Mensch eine Raspel anfertigt, um einen Fellriemen anzufertigen. Diese Unterscheidungsmerkmale beruhen auf jüngsten Forschungen und bleiben insofern falsifizierbar, wie man es von einer wissenschaftlichen Theorie stets erwarten sollte.[21]

Ebenso wenig – so scheint es – transportieren Tiere ihre Erzeugnisse über weite Strecken, lagern sie für späteren Gebrauch oder fertigen Werkzeuge aus Stein an. Die Wahl, ein solch festes und sprödes Material wie Stein in Angriff zu nehmen, zeugt von der Fähigkeit, eine Reihe abstrakter Bilder auf Materie projizieren zu können – die charakteristischen Intentionen einer Architektin. Tatsächlich haben Expert:innen auf diesem Gebiet die Hypothese aufgestellt, dass sich Affen und Menschen auf recht unterschiedliche Weisen auf Werkzeuge beziehen: Die Ersteren neigen dazu, sich auf perzeptuell offensichtlichere physische Angebote zu konzentrieren – diese Stange kann verwendet werden, um diese Termiten zu angeln –, während Letztere sich *nach den Zwecken richten, für welche die Werkzeuge* – wie es ihnen von anderen Menschen gezeigt wurde – *entworfen wurden.*[22] Unsere Spezies hat die »Tendenz, sich von Natur aus soziale über physische Information zu erschließen«, sobald sie Werkzeuge in der Herstellung oder im Gebrauch betrachtet und fragt, was mit ihnen beabsichtigt ist, und lernt, den Prozess zu imitieren: Sie erreicht »ein spezifisches

Verhaltensziel, welches durch soziale Konformität angetrieben wird«. Oder, »soziale Beziehungen, die eine intensive Zusammenarbeit befördern, sind womöglich der integrale Aspekt« des menschlichen Werkzeugbaus, der die Mitglieder der Spezies nicht nötigt, sondern ihnen vielmehr erlaubt, sich neue Lösungen vor Augen zu führen, ihrer Vorstellungskraft freien Lauf über die Erde zu lassen, sich sogar der unerbittlichsten Materialien anzunehmen und die Neuerungen über Generationen hinweg weiterzuvererben.[23] Sollte diese Hypothese bestätigt werden, würde sich die Primatologie – jenes Feld, in dem Latour einst die Akteur-Netzwerk-Theorie zu verankern suchte – für einen sehr fundamentalen sozialistischen Realismus eignen.

Und schließlich nähern sich manche Tiere sogar bestimmten Merkmalen von Sprache an. Aber nur Menschen setzen regelmäßig komplizierte linguistische Codes ein; so sehr sich Wissenschaftler:innen auch bemüht haben, schafften sie es nicht, Affen dazu zu bewegen, die abstrakten grammatikalischen Strukturen und die zigtausend Wörter, über die wir ganz selbstverständlich verfügen, zu meistern. Dazu kommt, dass,

> anders als die besten tierischen Beispiele an vermeintlich referenziellen Zeichen, die meisten Wörter der menschlichen Sprache nicht mit spezifischen Funktionen (etwa Warnrufe, Essensankündigungen) verknüpft sind, sondern mit *praktisch jedem Konzept*, das Menschen in Erwägung ziehen, verbunden werden können[.][24]

Daraus folgt der ergebnisoffene Charakter der menschlichen Sprache, wodurch bedeutungstragende Einheiten in etlichen verschiedenen Wendungen miteinander verbunden werden können.

Wenn wir diese Abstraktionsebenen nun miteinander kombinieren, begreifen wir langsam, wie der Mensch die beiden Voraussetzungen für die kapitalistischen Eigentumsverhältnisse entwickeln konnte: Produktionsmittel, die von manchen monopolisiert werden können; ein universelles Äquivalent, das sich mit allem tauschen lässt.[25] Werkzeuge, die aus verschiedenen Teilen montiert, verbreitet, gelagert und für die Herstellung anderer Werkzeuge produziert werden und die einer raschen Entwicklung empfänglich sind; ein inhaltsloses Symbol – Geld –, das für jeden materiellen Gegenstand einstehen kann und keinem feindlich gesinnt ist – das sind die beiden Grundzutaten jenes Hexengebräus, das wir Kapital nennen. Ohne die offenbar einzigartige menschliche Fähigkeit zur materiellen und symbolischen Abstraktion hätte dieses Gebräu unmöglich zum Kochen gebracht werden können.

Selbstverständlich heißt das nicht, dass Kapital dadurch zum biologisch unausweichlichen Schicksal des *Homo sapiens sapiens* werden muss.[26] Vielmehr sollte es als ein Prozess verstanden werden, der historisch durch – im letzteren Fall – Gruppenagenten begünstigt wurde, die gewisse, der Spezies innewohnende Potenziale für ihre eigenen kontingenten Zwecke ausgebeutet haben (denken wir an Grundeigentümer:innen, welche die Kommodifizierung von Land durchboxen). Was wir hier mit groben Strichen skizziert haben, sind lediglich Annäherungen an eine Antwort auf die Frage, wie es dem Menschen im Gegensatz zu den anderen Tieren (zum Glück – wie würde so etwas sonst wohl aussehen?) *möglich* sein konnte, etwas so Respekteinflößendes wie Kapital zu erzeugen. Mit beispielloser »technolinguistischer Plastizität« gesegnet und »von Natur aus [radikal] *unter*-bestimmt«, können die Menschen ihren Metabolismus mit dem Rest der Natur beinahe so einrichten, wie es ihnen beliebt, oder ihn zumindest mit einer historischen Vielfalt und Fülle organisieren, an die keine andere Spezies heranreicht – und lediglich eine Art von Verhältnissen hat sie ziemlich fest im Griff (wofür sie auf irgendeiner metaphysischen Stufe vielleicht Verantwortung tragen müssen).[27] Aber genau jene Potenzialitäten, die das Kapital ermöglicht haben, sind auch die einzig denkbaren Quellen für dessen Transzendenz. Angesichts des Abstraktionsvermögens ihres Denkens sind die Menschen offensichtlich in der Lage, zu der Auffassung zu kommen, dass das nicht der richtige Weg ist.

ÜBER DIE PROLIFERATION VON KOMBINATIONEN

Jede Produktivkraft, ja jedes menschliche Artefakt kann als eine Kombination von Sozialem und Natürlichem verstanden werden. Das Gerede vom »Hybriden« sollte dabei jedoch vernachlässigt werden, da der Begriff die Konnotation des Auslöschers hybridisierter Kategorien angenommen hat. Im marxistischen Jargon hingegen ist das Wort »Kombination« reich an Anspielungen auf Ungleichheit, Bewegung, dynamisches Ungleichgewicht, inneren Widerspruch. Der Begriff legt nahe, dass die kombinierten Elemente fortbestehen und es gut sein kann, dass sie weiterhin aufeinander reagieren.

Denken wir etwa an eine ägyptische Pyramide. Hier wurden Sklavenarbeit, ein uraltes polytheistisches Glaubenssystem und die Institution des Staates mit der Beständigkeit des Steinmaterials, mit Gravitation, Reibung, niedrigeren Temperaturen unter der Erde und anderen Facetten der Natur kombiniert. Oder ein vertikales Wasserrad kombiniert die herrschaftlichen Privilegien von Feudalherren mit den Eigenschaften von Wasser, das ein Gefälle hinunterfließt. Selbst wenn die soziale Komponente längst weggefallen sein sollte, kann das vorhandene Artefakt im Interesse des besseren Verständnisses einer solchen Zergliederung unterzogen werden; eine solche Dissektion lässt sich selbst bis zu den frühesten Jagdgeräten und domestizierten Tieren durchführen. Und gewiss sind auch die menschlichen, durch harte Arbeit ausgezehrten und mit Tätowierungen geschmückten Körper für solch eine Analyse empfänglich: Die Möglichkeit der Folter, der Medizin, der Intoxikation und alles Weiteren ist durch die Natur des Körpers konstituiert, auf den das Soziale in mannigfaltigen Weisen einwirken kann. Der gebrandmarkte Körper eines Sklaven mag hierbei das extremste Beispiel dafür sein, wie Eigentumsverhältnisse und körperliche Natur verbunden werden können.

Bei der Hervorbringung einer Kombination greifen menschliche Agenten für ihre Zwecke auf ein paar natürliche Verhältnisse – oder »materielle Substrate« – zurück. Sie müssen dabei von der Kenntnis kausaler Kräfte, die von ihrem Willen unabhängig sind, ausgehen, sich an diese anpassen, sich ihnen anhängen und sie in ihrer Arbeit mobilisieren. Ein Smartphone reitet auf der natürlichen Welle des Siliziums, die es weder konstituiert noch verändert; selbst die ausgefallensten prometheischen Pläne, etwa die Terraformierung weit entfernter Planeten, könnten allein dann erfolgreich sein, wenn sie sich auf nicht-produzierte Dinge stützen würden.[28] Das ist ein unumgängliches Axiom menschlicher Existenz. Sobald sich aber Kombinationen materialisieren, werden ein paar Merkmale der Erde verändert: ein Gebiet geräumt, ein Stoff gewebt, ein Fluss umgeleitet, ein Fels gesprengt oder elektrischer Strom freigesetzt. Sobald sich die Kombinationen vermehren, hinterlassen sie Spuren – sozusagen Narben des Sozialen –, die möglicherweise unauslöschlich sind. In diesem Sinn führen sie eine Historisierung oder *Sozialisierung* der Biosphäre herbei, wobei dieser Prozess nicht unwidersprochen bleibt. Er entwickelt sich weiter, indem er materielle Substrate tiefer in die Gesellschaft integriert, gleich einem Bett, auf dem er nun zur Ruhe kommt, und so gesehen affiziert die Proliferation der Kombinationen eine *Naturalisierung* des gesellschaftlichen Lebens – kurz gesagt, eine eskalierende gegenseitige Durchdringung der Pole.

Nun kündigen kapitalistische Eigentumsverhältnisse eine Entwicklung der Produktivkräfte in einem Ausmaß und mit einer Intensität an, wie sie nie zuvor erlebt wurde, und zwar mittels eines Bruchs, der sich so abrupt wie die urwüchsige Oxygenierung der Erdatmosphäre einstellt. Bruno Latour behauptet, dass »immer dann, wenn wir eine stabile soziale Beziehung entdecken, es die Einführung von etwas Nicht-Menschlichem ist, das diese relative Dauerhaftigkeit erklärt«.[29] Die katholische Kirche oder die Kernfamilie aber hatten nicht deshalb so lange Bestand, weil sie einen riesigen Schwall an neuartigen Artefakten erfanden, auf den sie sich gründen konnten. Nicht alle Verhältnisse sind bei der Mobilisierung von nichtmenschlicher Materie unentwegt produktiv; kapitalistische Eigentumsverhältnisse übertreffen in dieser Hinsicht alle anderen Verhältnisse aufgrund des Profitstrebens, das einem Perpetuum mobile gleicht, und genau das ist es auch, was diese Verhältnisse gleichzeitig stabiler *und* destabilisierender als alle anderen macht: Unter ihrer Herrschaft schreitet eine extreme Sozialisierung der Natur voran, Hand in Hand mit einer nicht weniger allumfassenden Eingliederung der materiellen Substrate in das Gefüge des gesellschaftlichen Lebens. Das ist noch lange kein Grund, sich gelassen oder zuversichtlich zu fühlen. Schließlich bringt es allerlei neue Gefahren mit sich. »Naturalisierung« weist hier auf einen weit beunruhigenderen denn verfestigenden Prozess hin: Da alles mit allem anderen verbunden ist, sind die natürlichen Substrate in eine ganze Welt sozialer Beziehungen eingebettet, wodurch ihre Benutzung gerade dort eine Lawine an unbeabsichtigten Konsequenzen lostreten könnte, wo man am wenigsten mit ihnen rechnet. So sehr die Kombinationen den Einfluss des Sozialen auf das Natürliche auch ausweiten, wird das Natürliche doch lediglich *unter* und *in* das Soziale eingeordnet und schmuggeln sich ein paar spontan hervorgebrachte Sprengkörper ein.

Im Fall der Fossilwirtschaft hatten sich die Menschen zuvor Tausende Jahre mit den Strömungen des Wassers und des Winds abgemüht, sich an deren Kommen und Gehen angepasst und das Beste aus ihrem Vorkommen und ihrer Fluktuation gemacht. Die fossile Energie änderte all das, am dramatischsten wohl, als sie eingesetzt wurde, um Maschinen und Fahrzeuge anzutreiben.[30] Es ergaben sich qualitativ neuartige Kombinationsmöglichkeiten, deren Funktionalität auf der Bandbreite natürlicher Relationen beruhte, welche als gegeben betrachtet werden mussten: die geografische Lage der unterirdischen Ablagerungen, deren fester Bestand (der sich aus vergangenen Fotosynthesen ergab), das Vorhandensein von Sauerstoff in der Atmosphäre, das Vermögen der Verbrennung, potenzielle Energie freizusetzen, und so weiter. Das war der Moment, in dem das Sich-Zusammenbrauen des Sturms in Gang gesetzt wurde. Solange sie auf der Erde geweilt hatten, hatten die Menschen gelebt, als ob das Klima der Erde vollkommen außerhalb ihrer Reichweite, im Bereich der Götter oder, später in der Geschichte, eine anonyme Kraft und Kausalität wäre, die zu weitläufig, zu unbeweglich und zu graduell wäre, als dass sie durch die Taten der Menschen gestört werden könnte. Erst die Produktivkräfte der Fossilwirtschaft erwiesen sich als imstande, das Klima kurzzuschließen.

Konstruktionist:innen mit einem Hang zum Urbanen stellen hin und wieder eine rhetorische Frage: Wenn man aus dem Fenster blickt und die Welt um sich herum wahrnimmt, wo kann man die Natur dann noch entdecken?[31] Aber nicht nur tut Simon Hailwood richtig daran, zu erwidern, dass »es keinen Ort gibt, an dem nichtmenschliche Natur vollständig beseitigt wurde«, sondern die Schreck- und Überraschungsmomente, welche die globale Erwärmung in den Zentren des Wohlstands erzeugt – wenn beispielsweise kalifornische Vorstädter:innen eine Feuersbrunst fliehen –, sind (wenn auch bloß kurzzeitige) Andenken daran, dass selbst die künstlichsten Enklaven der Natur aufsitzen.[32] Deren Reichtümer wurden durch kapitalistische Eigentumsverhältnisse angehäuft, die sich maßloser, zerstörerischer und umfassender an der Natur bedient haben als jegliche früheren Varianten. Nicht nur, dass das Naturreich nicht mit den Kombinationen endet: Es strömt in die Ritzen der Gesellschaft, gehorcht seinen eigenen Gesetzen und Impulsen – und der Klimawandel als solcher ist womöglich nicht einmal das Ende dieses Teils der Geschichte.

Bis vor Kurzem konnte man davon ausgehen, dass »die Strahlungsenergie der Sonne auf keinen Fall manipulierbar ist«.[33] Wer hätte gedacht, dass der Mensch die Menge des einfallenden Sonnenlichts steuern kann? Und doch wird mittlerweile deutlich, dass der Spätkapitalismus über eine Reihe an Produktivkräften verfügt, die auf Knopfdruck ein »Solar Radiation Management« einleiten können, jene Form des Geoengineerings also, mit der wohl zu rechnen ist. Auf den ersten Blick erscheint das wie die endgültige Vergesellschaftung des Natürlichen, die ultimative Unterordnung der Biosphäre, das absolute Ende der Natur – und doch deutet alles darauf hin, dass die Widersprüche dadurch eher in Richtung eines neuen Siedepunkts hochgetrieben würden. Auf die Abhängigkeit von anderen Substraten umzustellen – am naheliegendsten wären Partikel mit der Fähigkeit, Sonnenstrahlen zu blockieren –, hieße, sich gleichzeitig mit anderen natürlichen Relationen einzulassen und die Oberfläche des Sozialen auf noch weit unbekanntere Gebiete auszuweiten (die gegenwärtige Forschung hat ziemlich viele damit einhergehende Risiken identifiziert: kollabierende Monsune, allgemein zurückgehende Niederschläge, dislozierte Wetterlagen, plötzlich ansteigender Ozonschwund, letale Luftverschmutzung, Fotosynthesestörungen und das Rösten des Planeten, sollten die Partikelinjektionen aufhören, und so weiter).[34] Solar Radiation Management würde die Natur keineswegs eliminieren, sondern bloß den Einsatz einer Gesellschaft, die sie zu bezwingen versucht, erhöhen. Und weiter geht die Geschichte des Kapitals, von einer Kombination zur nächsten, die Gefahren türmen sich an jeder Ecke, und, mit Benjamin gesprochen, der Trümmerhaufen wächst »zum Himmel [...]. Das, was wir den Fortschritt nennen, ist *dieser* Sturm.«[35]

Ähnliche Kombinationsmöglichkeiten könnten eventuell auch für eine Anzahl anderer ökologischer Druckpunkte aufgespürt werden; verschiedene Aspekte der Nahrungsmittelkrise und der Biotechnik kommen einem da spontan in den Sinn. In

Beziehung stehende Widersprüche wären wohl auch dort zu erwarten. In seinem 1962 erschienenen Klassiker *Der Begriff der Natur in der Lehre von Marx* betont Alfred Schmidt wiederholt die Unausweichlichkeit der Natur: Alles andere als ein »verschwindender Schein«, der sich in einem sozialen Fluid auflöst, bleibt »ihre genetische Priorität gegenüber den Menschen und ihrem Bewußtsein« bestehen.[36] Egal, welche Produktivkräfte heraufbeschworen würden, die Natur wird auch am Ende der kapitalistischen Geschichte nicht verschwunden sein. Vielmehr setzt sie sich »gegenüber allen menschlichen Eingriffen durch«; je tiefer die Kräfte in sie einschneiden, desto mehr behauptet sich die Natur auf einer immer höheren Stufe und »erstarrt [...] zu einem abstrakten, den Menschen äußerlichen An-sich«: Das Paradox der historisierten Natur wird hier bereits vorweggenommen.[37]

Das wäre also eine dialektische Analyse der Kombinationen. Sie kann sich über Produktivkräfte, andere Artefakte und menschliche Körper bis hin zu historischen Sachverhalten, Phasen kapitalistischen Wachstums, von ihnen ausgelösten biophysikalischen Prozessen und beinahe jeder anderen Entität oder Entwicklung auf Makro- oder Mikroebene erstrecken, die die Elemente Natur und Gesellschaft miteinander vermengt. Am wichtigsten ist jedoch, dass eine solche Analyse, sobald sie auf den Prozess des Klimawandels angewendet wird, die wirklichen Spannungen artikulieren kann, offen ist für die tödlichen Umklammerungen und Abwärtsspiralen und darauf beharrt, dass das Natürliche und das Soziale eingeschlossen bleiben in »eine Dialektik, [die] deren Grenzen [...] bestimm[t] und die realen Unterschiede nicht aufhebt«.[38] Weshalb aber sollte man die Grenzen überhaupt bestimmen? Um die Punkte der strategischen Intervention auszumachen: Das ist es, was wir in unserer gegenwärtigen Situation verändern können, im Gegensatz zu dem, was wir als gegeben hinnehmen müssen.

MIT DER NATUR ALS KÖRPER GESCHICHTE SCHREIBEN

Manche Anthropolog:innen weisen auf Kulturen hin, in denen zwischen dem Sozialen und dem Natürlichen keine Grenzen gezogen werden, der Sonne und den Bergen vollwertige Intentionalität beigemessen wird und Steine eine Seele haben; und ja, zugegeben, solch animistische Ontologien gab es nicht selten in der Menschheitsgeschichte. Aber dieser Umstand allein heißt sie längst nicht gut. Angesichts der sagenhaften Diversität all jener Kulturen, die nicht die eigene sind, führt die Bereitschaft, deren Überzeugungen bereitwillig anzunehmen, auf Abwege, wo alles und nichts gleichzeitig wahr und falsch ist. Mehr noch, es könnte ebenso gut sein, dass die moderne Unterscheidung zwischen Gesellschaft und Natur eine wirkliche Disjunktion und Ungleichgewichtung verzeichnet, die durch das Kapital eingeführt wurden und, wo immer dessen Macht sich hin erstreckt, nun eine Lebensrealität darstellen – quer durch alle Kulturen hindurch. Der Erwärmungszustand ist so universell, wie es ein Zustand nur sein kann, unabhängig davon, wie provinziell seine Ursprünge auch sein mögen. Unter dem verhangenen Himmel ist es deshalb prinzipiell für *alle* (für überzeugte Animist:innen vielleicht mehr als für andere) geradewegs vernünftig und unerlässlich, darüber nachzudenken, wie die beiden Pole derart dysfunktional miteinander verflochten werden konnten. Dieses Klima verlangt nach einer konkreten Analyse der konkreten Sachlage, in der das »Konkrete [...] konkret [ist], weil es die Zusammenfassung vieler Bestimmungen ist, also Einheit des Mannigfaltigen«.[39]

Der Zweck einer solchen Analyse sollte also darin bestehen, den Widerstand oder besser noch die revolutionäre ökologische Praxis anzustacheln. Dabei lässt sich jedoch weder ohne Subjekt noch ohne Objekt handeln. Die Menschen und allein die Menschen sind möglicherweise in der Lage, weiterhin ökologische Geschichte zu schreiben, jedoch keineswegs, wie es ihnen beliebt; nicht unter selbst gewählten Umständen, sondern unter bereits existierenden, gegebenen und aus der Vergangenheit überlieferten. Die Grenzen, die durch die natürlichen Verhältnisse gesetzt sind, bilden dafür Handlungsparameter, und die revolutionäre ökologische Praxis zielt anschließend darauf ab, die sozialen Beziehungen unter Kontrolle zu bringen, sie zu zerlegen und durch andere zu ersetzen, um die Destabilisierungsgefahren abzubauen. Marx kann hierfür als Empfehlung gelesen werden: Für den kommunistischen »Mann« der *Grundrisse* liegt das Ziel im »Begreifen seiner eignen Geschichte als eines *Prozesses* und Wissen der Natur (ebenso als praktische Macht über sie vorhanden) als seines realen Leibes«.[40] Etwas Vergleichbares ist möglicherweise bereits in der Klimabewegung im Gange.

Denken wir beispielsweise an 350.org. Mit einem Markennamen, der sich auf die CO_2-Konzentration in der Atmosphäre bezieht – die von James Hansen und anderen Klimaforscher:innen als ungefährliches Niveau für die Menschheit identifiziert wurde –, und unter der geistigen Führung Bill McKibbens ist diese Organisation maßgeblich beteiligt gewesen am jüngsten Aufschwung des Klimaaktivismus, wie er sich etwa in den Divestment-Kampagnen, dem People's Climate March, dem (allem Anschein nach kurzlebigen) Sieg über die Keystone-XL-Pipeline, den weltweiten »Break Free«-Wochen für direkte Aktionen gegen fossile Brennstoffe im Jahr 2016 und so weiter zeigte. Indem sie die Natur als ihren realen Leib anerkennt und fest entschlossen ist, die Geschichte als einen Prozess zu begreifen, verortet 350.org das Politische ganz entschieden innerhalb der Gesellschaft und – aufgrund ihrer Ausrichtung auf die fossile Brennstoffindustrie – insbesondere innerhalb der Wirtschaft. Es scheint ein einigermaßen wirksames Rezept zur Denaturalisierung und Politisierung des Klimawandels gewesen zu sein. Selbst die Kreisläufe des Finanzkapitals, die in unseren Tagen dermaßen weit vom Aufgabenbereich der Politik entfernt scheinen, wurden infrage gestellt: Warum profitieren manche

Menschen von der Gewinnung fossiler Brennstoffe? Wie kann es diesen Profiten erlaubt sein, weiter in die Höhe zu schießen? Sollte nicht viel mehr Geld daran gehindert werden, unter Tage zu fließen – und zu guter Letzt: Sollten nicht alle Energieinvestitionen verstaatlicht werden, sodass die fossilen Brennstoffe *in toto* aus der Wirtschaft verdrängt würden?

Die hier skizzierte dialektische Theorie hat den Anspruch, eher jenen Annahmen, die in der gegenwärtigen Praxis der Klimabewegung enthalten sind, zu entsprechen – unabhängig davon, ob sie Zäune einreißt oder Petitionen an die Stadtverwaltungen schreibt – als jenen der oben angesprochenen Alternativen. Fraglos kann diese Bewegung auch ganz gut ohne Theorie weiter anwachsen. Zumindest aber sollte es uns zu denken geben, dass selbst in den westlichen Kernländern des Kapitalismus die Klimaaktivist:innen bislang dem Konstruktionismus, dem Latourianismus, dem Neuen Materialismus, dem Posthumanismus und dem ganzen Rest gleichgültig gegenübergestanden haben, wohingegen sie sich für ihre Slogans, Banner und Ästhetiken, für ihr Denken und Lesen immer noch vom Marxismus, Anarchismus und deren ganzen konvergierenden und divergierenden Strömungen inspirieren lassen.[41] Die Tatsache, dass die Klimabewegung nach wie vor nicht jene kritische Masse erreicht hat, die für die Zerschlagung der fossilen Wirtschaft notwendig wäre, ändert nichts an ihrem Status als Brauchbarkeitsmaßstab von Theorie. Momentan ist sie noch schwach und versprengt – was womöglich mit dem Umstand zu tun hat, dass es auch die meisten anderen sozialen Bewegungen sind, einschließlich, und ganz zentral, der organisierten Arbeiterklasse –, umso mehr Gründe also, sich ihr anzuschließen und sie in jeder erdenklichen Weise zu unterstützen. Denn um jemals etwas zum Besseren zu wenden, werden viele Aktionen nötig sein.

6

Über den Nutzen der Unterschiede. Lob der Polarisierung

ZUR VERTEIDIGUNG DER THEORIE DES METABOLISCHEN BRUCHS

Seit der Jahrtausendwende hat ein mit Umweltproblemen befasster marxistischer Forschungsansatz alle übrigen mithilfe seiner Kreativität und Produktivität in den Schatten gestellt: die Theorie des metabolischen Bruchs [*metabolic rift*]. Von John Bellamy Foster und seinen Kollegen Richard York und Brett Clark entwickelt und durch Paul Burkett, Marina Fischer-Kowalski und anderen ausschlaggebend unterstützt, lässt sich diese Theorie in der folgenden, stark verkürzten Gliederung zusammenfassen: Die Natur besteht aus biophysikalischen Prozessen und Zyklen. Das Gleiche gilt für die Gesellschaft: Menschliche Körper müssen einen metabolischen Austausch mit der nichtmenschlichen Natur eingehen. Das muss für keine der Parteien sonderlich schädlich sein. Im Laufe der Geschichte mögen jedoch die Verhältnisse, durch die die Menschen ihren *Stoffwechsel** organisiert haben, zerbrochen und gewaltsam umgeordnet worden sein, sodass sie nicht nur jenen Menschen, welche durch diese Veränderung benachteiligt sind, schaden, sondern gleichzeitig auch die Prozesse und Zyklen der Natur durcheinanderbringen. Ein *metabolischer Riss* hat sich aufgetan.

Abgeleitet aus Fosters wegweisender Exegese, bedient sich die Theorie in einfallsreicher Weise der im dritten Band des *Kapitals* gemachten Äußerungen, wie kapitalistische Eigentumsverhältnisse »einen unheilbaren Riß hervorrufen in dem Zusammenhang des gesellschaftlichen und durch die Naturgesetze des Lebens vorgeschriebenen Stoffwechsels«; auf vielfältige Weise operationalisiert, hat sie mittlerweile alles, angefangen von den Ungleichgewichtungen im globalen Stickstoffkreislauf bis hin zum Klimawandel, näher erläutert.[1] Es handelt sich bei ihr um eine Methode zum Aufspüren zerstörerischer Kombinationen des Natürlichen und des Sozialen. In dem kürzlich erschienenen Parforceritt durch die Analyse des metabolischen Bruchs *The Tragedy of the Commodity. Oceans, Fisheries, and Aquaculture* gehen Stefano B. Longo, Rebecca Clausen und Brett Clark von der offensichtlichen, jedoch oftmalig übergangenen Prämisse aus, dass »ökologische Bedenken keine aus dem Inneren herrührenden, von den Ökosystemen selbst verursachten Probleme sind, sondern von außen durch soziale Triebkräfte erzeugt werden. Zum Beispiel verschmutzen sich die Ozeane nicht selbst; die Menschen tun es.« Möglich ist diese Tragödie jedoch allein deshalb, weil »die menschliche Gesellschaft *innerhalb* des irdischen Metabolismus existiert«.[2] Im Falle der Fischerei – eine der Urformen des *Stoffwechsels** – kam es Mitte des 19. Jahrhunderts zu einer dramatischen Veränderung, als mit Dampfschiffen ausgerüstete Unternehmen plötzlich ums Zehnfache mehr Fische fangen konnten; seither, vor allem aber seit der Nachkriegszeit, sind die globalen Fischbestände unter beängstigenden Druck geraten. Überall haben sich Risse in den Reproduktionszyklen der Fische aufgetan, von den Blauflossen-Thunfischen des Mittelmeers bis zu den Lachsen des Pazifischen Nordwestens – ein Resultat dessen, wie sich Elemente der Unternehmung und des Konsums mit Wasser vermischen. Sollte das nun nach einer Theorie und Methode klingen, die sich an alle oben vorgebrachten Grundsätze hält, mag das daran liegen, dass jeder ökologische Marxismus des 21. Jahrhunderts auf ihnen fußen muss.

In letzter Zeit ist die Schule des Metabolischen Bruchs durch Jason W. Moore jedoch ununterbrochen unter Beschuss geraten. In einer Reihe an Essays, die in dem Buch *Kapitalismus im Lebensnetz. Ökologie und Kapitalakkumulation* gipfelten, versucht er aufzuzeigen, dass Foster und seine Kolleg:innen erneut die Ursünde des Kartesianismus begehen. Der Beweis ihrer Schuld liege zunächst in der Wahl ihrer Konjunktionen: Sie sprächen von Natur *und* Gesellschaft, von den Interaktionen *zwischen* den Sphären, vom Kapital, das ein ökologisches Regime *habe*. Moore will dieses »und« durch ein »in« ersetzen. Es müsse Arbeit-*in*-Natur, Kapital-*in*-Natur usw. heißen, niemals *und* – diese falsche Brücke, die ein Weltbild der NATUR/GESELLSCHAFT als zwei durch eine Kluft geteilte Hemisphären preisgebe. Gleichermaßen solle man nicht von einem Metabolismus *zwischen* zwei Dingen sprechen, sondern immer von einem Metabolismus *durch* – und das Wichtigste von allem: Der Kapitalismus *habe* kein ökologisches Regime, er *sei* ein ökologisches Regime. Neben der Ausgestaltung dieser Konjunktionsaustauschreihe und seinen Ergüssen angeblich nicht-kartesianischer Bindestrich- und Schemasprachspiele präsentiert Moore seine »Weltökologie« als einen überlegenen dialektischen Rahmen, sehr zum Gefallen großer Teile der akademischen radikalen Ökologiegemeinschaft.[3]

Worin die analytischen Vorteile jenseits einer neuen Terminologie wirklich bestehen, bleibt jedoch erst einmal unklar. So bemängelt Moore beispielsweise an Foster und seinen Kolleg:innen, dass sie das Wort »Interaktion« verwendeten, um die Beziehung zwischen Natur und Gesellschaft zu beschreiben, da dies doch fälschlicherweise voraussetze, dass die beiden überhaupt getrennt werden könnten – damit zwei Dinge interagieren können, müssen sie zuerst einmal unabhängig voneinander sein –, und schlägt stattdessen vor, zu fragen, wie die beiden sich »*zusammenfügen*«.[4] Doch exakt die gleiche Kritik ließe sich selbstverständlich auch gegenüber seiner Wortwahl vorbringen. Damit sich zwei Teile zusammenfügen, muss es sich bei ihnen zunächst um zwei verschiedene Teile handeln. Moore scheint sich genötigt zu fühlen, die schändlichen Konjunktionen in Wendungen wie »menschliche *und* außermenschliche Natur« oder »den Boden *und* den Arbeiter« selbst einzusetzen, vielleicht weil eine Sprache voller *in*-Bindestrichsetzungen einfach nicht lesbar wäre.[5] Jedenfalls ließen sich mit ihr sicherlich keine realen begrifflichen Probleme lösen.

Wozu also diese ganze Phraseologie? Bei näherer Betrachtung scheint es, als hätte Moore die Anforderungen zur Überwindung des kartesianischen Vermächtnisses grundlegend missverstanden. In einer bis zum Überdruss wiederholten Satzvariation verkündet er in seinem Buch *Kapitalismus als Lebensnetz*: »Anstelle einer cartesianischen Optik – der ›Ausbeutung von Arbeit *und* Natur‹ [die Worte stammen von Foster u. a.] – nehme ich zwei Formen von Arbeit-*in*-Natur als Ausgangspunkt.«[6] Aber nichts an der Aussage »Arbeit und Natur« ist kartesianisch. Foster und seine Kolleg:innen erwiesen sich einzig dann als Kartesianer:innen, wenn sie glauben würden, dass Arbeit und Natur aus verschiedenen Substanzen bestünden oder unterschiedliche Sphären besetzten, sodass das eine ohne Bezug auf das andere analysiert werden könnte – eine überaus gebräuchliche Auffassung innerhalb der Geschichte der kapitalistischen Moderne, *jedoch das genaue Gegenteil dessen, was die Metabolischer-Bruch-Schule lehrt.* Wie Foster selbst einwendet, »besteht kein Widerspruch darin, die Gesellschaft einerseits als getrennt und nicht reduzierbar auf das Erdsystem als Ganzes zu betrachten und sie andererseits als einen grundlegenden Teil davon zu verstehen. Diesen Ansatz ›dualistisch‹ zu nennen« – im kartesianischen Sinne – »ist vergleichbar mit der Leugnung, dass das Herz sowohl integraler Bestandteil des Körpers als auch ein eigenständiges Organ mit einzigartigen Merkmalen und Funktionen ist.«[7] Was Moore hier tut, ist im Grunde genommen nichts anderes, als sich der Versuchung des Substanz- und Eigenschaftsmonismus völlig hinzugeben.

Unter all den öden Schichten semantischer Wortklauberei stößt man schließlich auf eine grundlegende Meinungsverschiedenheit darüber, ob Natur und Gesellschaft überhaupt voneinander unterschieden werden sollten. Genau hier stößt man auf den Kern von Moores theoretischem Projekt: ein hemmungsloser Hybridismus in marxistischem Kleid. Er hat es sich zur Aufgabe gemacht, »den philosophischen Sieg« solcher Denker wie Neil Smith und Bruno Latour in die Theorie der kapitalistischen Entwicklung einzuspeisen, ausgehend von einem Postulat, das mittlerweile nur zu vertraut sein dürfte:

> Die alte Sprache – NATUR/GESELLSCHAFT – ist obsolet geworden. Die Realität hat die Möglichkeiten des binären Denkens, die tatsächlich vor unser aller Augen sich abspielenden, beschleunigenden und mächtiger werdenden Veränderungen zu erfassen, längst überholt.[8]

Ziel der »Weltökologie« sei es, bei allen zugehörigen Distinktionen als Lösungsmittel zu wirken. »Bedingungen also, unter denen die scheinbar stabilen Dichotomien von Stadt und Land, Bourgeois und Proletarier, und vor allem von GESELLSCHAFT und NATUR zu zerfließen beginnen.«[9] Moore hat einen Weg gefunden, selbst noch die Opposition zwischen den Klassen abzuschaffen – innerhalb der Sprache.

Mehrere Versionen des Hybridismus werden hier miteinander kurzgeschlossen: Stark geprägt von der Theorie der Natur-Produktion, wendet Moore sich gegen die Bezugnahme auf »eine Natur, die unabhängig vom Menschen operiert«, auf externe Beschränkungen sowie auf biophysikalische Strömungen, denen »ontologische Priorität« über die sozialen Verhältnisse eingeräumt wird, was ihn jedoch bloß in die nächste Sackgasse laufen lässt: »Die Vorstellung, eine Sache wie der Klimawandel könne in ihren quasi-unabhängigen gesellschaftlichen und natürlichen Dimensionen analysiert werden, ist hinfällig.« Wenn dem so ist, wird die Vorstellung, den Klimawandel analysieren zu können, insgesamt hinfällig. In die entgegengesetzte Richtung rutschend, übernimmt Moore die Terminologie des Material turn, definiert Handlungsmacht als eine *»relationale Eigenschaft* spezifischer Bündel aus menschlicher und außermenschlicher Natur«, macht Wasser und Öl zu »historischen Akteuren«, misst dem Klima an sich Handlungsmacht bei, behauptet, der Kapitalismus sei »von zahlreichen Arten koproduziert«, und beteuert seiner Logik gemäß, dass Kohleformationen die *»Subjekte*[] historischen Wandels« in England gewesen seien. Aber weder bei dem, was in England passiert ist, noch sonst wo waren sie – in irgendeinem bedeutungstragenden Wortsinn – Subjekte, und das Bild wird kein bisschen klarer, wenn er Kohle als »Aktant« bezeichnet, der »Wirkmacht« besitze. Die singuläre Leistung Moores besteht in einem doppelten Kollaps, wie er sich etwa in der folgenden Zusammenfassung seiner Anschauung zeigt: »Kapitalismus macht Natur. Natur macht Kapitalismus.«[10] Keine dieser Aussagen ist wahr. Ganz eindeutig macht Kapitalismus Natur nicht; und Natur macht auf keinen Fall Kapitalismus. Es ist gerade die unüberbrückbare Divergenz zwischen den beiden, die berücksichtigt werden muss, und genau sie ist es, was die Theorie des metabolischen Bruchs so konsequent in den Vordergrund gerückt hat.

Der doppelte Kollaps rührt teilweise von der Auffassung her, die Dialektik sei eine Methode, die weniger einen Antagonismus artikulieren als vielmehr einen Holismus verwirklichen solle. Es täte gut, sich an dieser Stelle die Ermahnung von Levins und Lewontin ins Gedächtnis zu rufen: »Der Holismus hat eine Einseitigkeit an sich, die die Verbundenheit der Welt betont, jedoch die relative Autonomie ihrer Teile außer Acht lässt.«[11] Diese Einseitigkeit wirkt sich unter anderem so aus, dass die Teile aus dem Blick geraten. Moore zieht die Überzeugung in Zweifel, »dass so etwas wie ›Gesellschaft‹ existiert«, und legt nahe, dass »Entropie reversibel und zyklisch« sei, während Entropie durch den zweiten Hauptsatz der Thermodynamik eigentlich genau gegenteilig definiert wird.[12] Ohne Gesetze der Gesellschaft und ohne Naturgesetze – was bliebe uns dann überhaupt noch zu untersuchen übrig?

Andererseits *gibt* es bezeichnenderweise auch Passagen, in denen es ganz den Anschein macht, als würde Moore die Notwendigkeit einer Binarität des Sozialen und des Natürlichen einsehen. Sobald es nämlich darum geht, etwas Konkretes darüber zu sagen, was der Kapitalismus tatsächlich mit (oder in) dem Lebensnetz tut, quillt das Erklärungsmuster des Historischen Materialismus durch die Ritzen des Jargons. Nun argumentiert Moore etwa, dass bestimmte Gesellschaften im langen 16. Jahrhundert das Wertgesetz als eine neue Reihe der Verhältnisse zwischen den Menschen entwickelt hätten, was zu einer vollständigen Veränderung der Beziehung dieser Personen zur nichtmenschlichen Natur geführt habe: Zum ersten Mal in der Geschichte der Menschheit habe das Gesetz »der Arbeitsproduktivität Vorrang [eingeräumt] und noch nicht kapitalisierte Natur [mobilisiert], ohne auf ihre Reproduktionsfähigkeit Rücksicht zu nehmen«. Ferner habe eine »auf Geld und Arbeitszeit beruhende Zivilisation [...] eben eine ganz andere Zeit hervor[gebracht]«, auf der das Kapital die materielle Wirklichkeit »nach seinem eigenen Bilde und seinen eigenen Rhythmen gemäß« umzugestalten versucht habe: erneut eine Anwandlung, die den Eigentumsverhältnissen entstammende Natur zu verändern. Schließlich ist Moore in der Lage, eine »Kluft zwischen dem endlichen Charakter der Biosphäre und den wesenhaft endlosen Ansprüchen des Kapitals« auszumachen. Oder: »Natur ist endlich. Das Kapital beruht auf der Annahme der Unendlichkeit« – daher auch die ökologische Krise.[13] Und schon haben wir die ganze Ladung wieder: eine Dualität, eine Trennung und Konjunktion, eine Zuschreibung inhärenter und antithetischer Eigenschaften, ein intelligibles Argument darüber, weshalb das Kapital in der Natur Amok laufen müsse.

Der Hybridismus widersetzt sich jeglicher vergleichenden Gegenüberstellung von Verhältnissen und Bewegungsgesetzen innerhalb der kapitalistischen Gesellschaft einerseits und der

Natur innewohnenden Verhältnissen und Bewegungsgesetzen andererseits. Wenn aber Marxist:innen über die Umwelt schreiben, werden sie von den magnetischen Gegensätzen dieser beiden Pole angezogen. Nehmen wir zum Beispiel den größten Klassiker des marxistisch-ökologischen Feminismus, *Der Tod der Natur. Ökologie, Frauen und neuzeitliche Naturwissenschaft* (der, entgegen dem Anschein, keinerlei Ende-der-Natur-These beinhaltet). In dieser bahnbrechenden Untersuchung aus dem Jahr 1980 spürt Carolyn Merchant dem historischen Wandel von einer Konzeption der Natur als einer Mutter, die es zu verehren und zu respektieren gelte, einem organischen Lebewesen, das manchmal gütig, manchmal zornig sei, zu einer Naturauffassung als einem toten, passiven Objekt, das mit maximaler Effizienz manipuliert und kontrolliert werden müsse, nach. Der Wandel hatte mit einer Veränderung der sozialen Eigentumsverhältnisse in Europa, insbesondere in England, zu tun: Ab dem 14. Jahrhundert machte die herrschende Klasse in England einen Schritt in Richtung kapitalistischer Arrangements in der Landwirtschaft, legte die Sumpfgebiete trocken, umzäunte die Felder, fällte die Wälder, entledigte sich der Tabuisierung des Bergbaus und stachelte den Bauern als Arbeiter gegen den Grundherrn als Kapitalisten auf. So einige unbezahlbare Dinge gingen in diesem Prozess zu Bruch.

Der Tod der Natur geht von der Annahme aus, die »natürliche[n] und kulturelle[n] Subsystem[e]« hätten sich in »dynamische[r] Wechselwirkung« entwickelt. Moore würde diese Wortwahl vermutlich missbilligen, doch ermöglicht sie Merchant, einen zu einem bestimmten Augenblick in der Geschichte auftretenden Widerspruch auszumachen:

> Von besonderer Bedeutung ist die Frage, welchen Einfluß auf die Qualität der Umwelt der Übergang von der eigenbedarfsorientierten Kontrolle der natürlichen Ressourcen durch die Bauern zur kapitalistischen Kontrolle zum Zwecke des Profits hatte.[14]

Der letztgenannte Eigentumsverhältnistyp rief eine Kraft hervor, die mit der Umweltqualität in Konflikt stand. »[I]n die sich herausbildende kapitalistische Marktwirtschaft [war] *ein unerbittlich sich beschleunigendes Moment der Expansion und Akkumulation* eingebaut, das langfristig *zu Lasten der Umwelt*« ging – in den Mooren, den *fens*, brach beispielsweise mit dem Aufkommen der Pumpen und Windmühlen der bis dahin reichlich vorhandene Tierbestand zusammen. Es war dieser epochale Übergang, der die Preisgabe der alten Naturkonzeption hervorrief, die den neuartigen Verhältnissen und deren inhärenter expansiver Kraft so wenig behagte; stattdessen gelangten immer mehr Menschen zu der Auffassung von Natur als einem Depot an Ressourcen, das es zu besitzen und zu beherrschen galt. Da Natur weithin mit Frauen assoziiert blieb, führte das – so der wohl bekannteste Aspekt von Merchants Argumentation – zu einer aggressiveren Unterordnung des weiblichen Körpers unter die brutalen Mechanismen männlicher Herrschaft. Am Ende des Buches wendet sich Merchant den Umweltproblemen der Gegenwart zu und bietet einen strategischen Vorschlag an, der inzwischen zum Grundstock des ökologischen Marxismus geworden ist: Wir brauchen »eine Revolution in den wirtschaftlichen Prioritäten«.[15]

Oder um noch ein anderes Beispiel zu nennen: In einer exzellenten und lange überfälligen marxistischen Einmischung in die Debatte über die Biodiversitätskrise mit dem Titel *Extinction. A Radical History* bemerkt Ashley Dawson, dass »das Kapital in einem stetig zunehmenden Grad expandieren muss, da es ansonsten in eine Krise gerät«. Dabei »kommodifiziert es immer weitere Teile des Planeten, beraubt die Welt ihrer Vielfalt und Fruchtbarkeit« und sticht Löcher in das Lebensnetz mit unberechenbaren Folgen: »Biologen fangen gerade erst an, den kaskadenförmigen, das Ökosystem übergreifenden Einfluss der Zerstörung der Megafauna zu verstehen.«[16] Eine emergente Eigenschaft gerät mit einem ganzen Planeten anderer emergenter Eigenschaften in Konflikt. So lautet die notwendige und grundlegende Form einer marxistischen Darstellung der ökologischen Krise, die andere Triebkräfte nicht ausschließt, sondern sich auf ein für kapitalistische Verhältnisse einzigartiges Merkmal konzentriert: den Zwang zur stetig expandierenden Absorption der biophysikalischen Ressourcen. Eine solche Eigenschaft ist in der Natur nirgendwo anzutreffen. Jede Kreatur, die sie besäße, wäre erstaunlich schlecht angepasst und würde schleunigst aussterben; das Kapital war nur deshalb in der Lage, diese Eigenschaft bis ins 21. Jahrhundert aufrechtzuerhalten, indem es die vollständige Herrschaft über die tellurische Natur erlangte. Aber ewig kann es so nicht weitergehen.

Das in diesem Moment stattfindende sechste Massensterben scheint besonders empfänglich zu sein für die hier skizzierte Analyse. Dementsprechend gibt es überzeugende Beweise, dass der lange Aufschub des von den Tories versprochenen scharfen Vorgehens gegen den umtriebigen Londoner Elfenbeinmarkt den kriminellen Syndikaten fortlaufend Anreiz geliefert hat, afrikanische Elefanten zu schlachten und ihre Stoßzähne nach Großbritannien zu schmuggeln, jedoch keinerlei Indiz dafür, dass Elefanten sich von Klippen stürzen oder auf anderem Wege Massenselbstmord begehen würden.[17] Innerhalb dieses Desasters ist die auseinandergerissene Biodiversität weder eine menschliche Erfindung noch ein Quell der Handlungsmacht. Über dieses wie auch jedes andere Umweltthema lässt sich nur dann etwas von ökologisch-marxistischer Bedeutung sagen, sofern man einen Eigenschaftsdualismus anwendet.

DER WERT BINÄRER STRUKTUREN

Für eine Gattung von Wissenschaftler:innen gibt es jedoch nach wie vor keinen höheren Ekstasegrad, als wenn sie Binaritäten auflösen können. Das größte Vergnügen, die größte Freude bereitet ihnen der Moment, in dem es ihnen möglich ist zu verkünden: »Diese beiden Kategorien, von denen ihr *dachtet*, sie seien zwei, sind eins – hiermit erkläre ich sie für vereint!« Das ist die intellektuelle Konkupiszenz, die Jason W. Moore und viele andere der Theoretiker:innen, auf die wir hier gestoßen sind, auf Touren bringt – Latour womöglich am meisten, Haraway nicht minder, während Braidotti es auch noch auf die allerletzte Binarität abgesehen hat: Durch Ereignisse wie Hurrikan Katrina und australische Buschfeuer »wird der Unterschied von Leben und Tod fließend«.[18] Das geschieht selbstverständlich nicht durch sie. Hier treffen wir neuerdings auf die Aufforderungen, »der Politik der Polarität zu entkommen«, sowie auf selbst erklärte »Antipathien gegenüber oppositionellen Denkweisen«.[19] Hybridismus kann demnach auch als ein kreischender Strom des Dissolutionismus angesehen werden.

Das hat selbstverständlich Konsequenzen für das analytische Rüstzeug. »Analyse«, informiert uns das Merriam-Webster Lexikon, meint »das sorgfältige Studium einer Sache, um über deren Teile etwas zu erfahren, was sie tun und wie sie miteinander in Verbindung stehen«; es bedeutet »die Trennung eines Ganzen in seine Bestandteile«, »die Identifizierung oder Trennung von Merkmalen einer Substanz« und so weiter.[20] Eine Analyse verlangt nach Rasierklingen. Der Effekt des dissolutionistischen Kreuzzugs besteht jedoch darin, dass die Klingen abstumpfen und eine nach der anderen weggeworfen werden muss. Denken wir etwa an ein paar der Binaritäten, von denen Haraway denkt, sie seien reif zur Auflösung: Selbst/Andere, Spiegel/Auge, Geist/Körper, Realität/Erscheinung, richtig/falsch, Wahrheit/Illusion, Basis/Überbau, Knecht/Herr, zivilisiert/primitiv.[21] Was für eine rigorose Analyse aber ließe sich überhaupt noch durchführen, wenn diese und alle weiteren wegfielen? Da sie nun mal jedoch beschlossen haben, über Dinge zu schreiben, bleibt den Dissolutionist:innen nichts anderes übrig, als *andere* Binaritäten aufzustellen – wie in Moores Fall etwa jene von »cartesianischem Dualismus« versus »Weltökologie« oder »die Modernen« versus alle anderen bei Latour –, in denen das ganze Übel auf der einen Seite nicht minder pauschalisiert wird (oftmals sogar mehr) als in den Modellen, gegen die sie sich wenden.[22] Hybridistischer Dissolutionimus ist folglich nichts weiter als ein zusätzlicher performativer Widerspruch. Einer, der mit gesenkter Lanze versucht, so viel analytisches Werkzeug wie möglich zu zerstören.

Und das hat eben auch Konsequenzen für die Prosa. Terry Eagleton erinnert uns daran, dass »[j]edes Wort, das alles zu bezeichnen versuchte, [...] schließlich nichts Bestimmtes bedeuten [würde], da Zeichen aufgrund ihrer Unterschiede funktionieren«.[23] Während sie mit allen Mittel die Distinktionen bekriegen, landen die Dissolutionist:innen nicht selten bei einer Prosa, die jeder Bedeutung entbehrt, bei einer Brühe, die auf die arme Leserin gekippt wird, die ohnehin ständig nach etwas Ausschau halten muss, an dem sie sich festhalten könnte. Latour ist der Meister dieses Genres.[24] Ein Buch wie *Das Parlament der Dinge* ist eine reine Schlammorgie. Der durchschnittliche Essay des Neuen Materialismus kommt mit Sätzen wie diesem daher:

> Die chorische Lektüre hingegen geht von der Auffassung aus, dass Akte der Literatur – einschließlich wissenschaftlicher Lektüren – in materieller Übereinstimmung mit den Affordanzen ihrer Medien, dem Sensorium ihres Publikums und den Deformationen der Dissemination aufgeführt werden, während sie aufgrund der Irruptionen der choralen Fläche transduziert und deformiert werden.[25]

Es ist nicht so, als wären solche Textbrocken wirklich kompliziert; vielmehr scheinen sie fast absichtlich bar jeden aussagenlogischen Inhalts zu sein, was die Nichtinitiierten zu der Frage veranlasst, ob diese Wissenschaftler:innen wirklich etwas sagen möchten oder sich doch bloß einen Scherz erlauben. In einem erfrischenden Ausbruch fällt es der Anthropologin Ellen Hertz schwer, nicht den Schluss zu ziehen, dass in der anthropologischen »Konversation« heutzutage eine Unmenge an Fusseln herumschwirren, begleitet von einer absurden Menge an Getue. Darüber hinaus ist es unmöglich, sich nicht zu diesem Des-Kaisers-neue-Kleider-Syndrom, das diesen Obskurantismus so dermaßen mühelos antreibt, zu bekennen: Wer möchte schließlich in aller Öffentlichkeit zugeben, dass sie es einfach nicht versteht?[26]

Das Gleiche gilt für den Großteil politischer Ökologie und zeitgenössischer Theorie im Allgemeinen. Die Fusseln finden äußerst selten bei den Massen oder an der Spitze Gehör. Die Klage gegen den akademischen Obskurantismus musste in den letzten drei oder vier Jahrzehnten bereits wiederholt vorgebracht werden, und bedauerlicherweise ist die Notwendigkeit dafür nicht verstrichen; wir können uns die Prognose erlauben, dass je mehr Natur und Gesellschaft zu einem einzigen grauen Brei verschmiert werden, sie umso lauter werden wird.

Zu guter Letzt hat der Dissolutionismus auch politische Konsequenzen. Zunächst einmal tendiert er dazu, die Wurzeln der sozialen und ökologischen Missstände innerhalb der begrifflichen Sphäre zu verorten. Haraway etwa glaubt, dass der Zusammenbruch der Distinktionen »die Matrizes der Herrschaft auf[bricht]«, Plumwood wiederum, dass die antidualistische Theorie »die konzeptuellen Strukturen der Unterdrückung in ihren Grundlagen erschüttern« könne.[27] Moore ist derselben Auffassung. Er glaubt, die Binarität von Natur und Gesellschaft sei die Wurzel allen Übels und an sich bereits »wesentlich für den Aufstieg des Kapitalismus«.[28] Aber Macht entspringt nicht symbolischen Dichotomien; sie entstammt einer viel irdischeren Natur, deren Auffindung und Vertreibung möglicherweise Hammer und Sichel erfordern. Wissenschaftler:innen, hypnotisiert von den Rigiditäten der Sprache und der Aussicht, sie verflüssigen zu können, sind, wie Eagleton bemerkt, »in eine großartige Kompensation für einen wirklichen politischen Stillstand« verwickelt; das gegenwärtige Verlangen, Natur und Gesellschaft aufzulösen, stellt eine hervorragende Illustration seines Arguments dar.[29] Gleichermaßen sublimierend erscheint der Glaube, dass gerade die Praktik, zwischen Dingen zu unterscheiden, etwas Gewaltsames und Unterdrückendes an sich habe.[30] Unsere verkommene Realität weist da in eine etwas andere Richtung. Wenn acht Personen – so der Stand aus dem Jahr 2017; die Zahl scheint fast so schnell zu schrumpfen, wie die CO_2-Konzentrationen steigen – so viel Reichtum wie die Hälfte der Menschheit besitzen, kann man es sich nicht leisten, keine Trennlinien zu ziehen.[31]

Wie gründlich das Phänomen der CO_2-Emissionen mit einer solchen Polarität verknüpft ist, wurde in zwei Berichten hervorgehoben, die anlässlich der COP 21 veröffentlicht wurden. Ein Zehntel der menschlichen Spezies ist für die Hälfte aller gegenwärtigen konsumbasierten Emissionen verantwortlich, die Hälfte der Spezies für ein Zehntel. Das reichste ein Prozent hat einen rund 175-mal so großen Kohlenstoff-Fußabdruck wie die ärmsten zehn Prozent; die Emissionen des reichsten ein Prozents der Amerikaner, Luxemburger und Saudis sind zweitausendmal größer als jene der ärmsten Honduraner, Mosambikaner oder Ruander. Die seit 1820 akkumulierten Anteile an CO_2 sind ähnlich verzerrt.[32] In einer Welt wie dieser, in der die Gegensätze zwischen dem Gipfel des Reichtums und den die menschliche Existenz unterstützenden Bedingungen ein katastrophales Ausmaß annehmen, sollte der Impuls der kritischen Wissenschaftler:innen nicht in der Auflösung der Binaritäten liegen, sondern darin, nach einer *radikaleren Polarisierung* zu streben, damit die Einsätze geklärt und die Kräfte gebündelt werden können. Sollte die Politik der Polarität und der oppositionellen Denkweisen vermieden werden, würde es zwar friedlich zugehen auf unserem Weg in den Abgrund. Die politische Kriegsführung gegen eine zunehmend verseuchte Herrscherklasse aber verlangt nach Handbüchern, die nur so strotzen vor Binaritäten.

In dem jüngsten – dieses Mal Bruno Latour gewidmeten – Beitrag von Dipesh Chakrabartys Kampagne, den Klimawandel von Fragen der Gerechtigkeit abzukoppeln, werden wir mit einem anderen Argument konfrontiert. Da die Erderwärmung für andere Arten als die unsere dermaßen ruinöse Konsequenzen habe, könnten wir dem Ringen nach menschlicher Gerechtigkeit nicht länger einen Ehrenplatz einräumen. Lasst uns also zugunsten der Tiere die Polarisation innerhalb derselben Spezies beilegen.[33] Würden sich nun die reichsten acht Mitglieder oder das eine Prozent der *Homo sapiens sapiens* morgen einfach in Luft auflösen, zählten die Nager, Bären, Vögel und Schmetterlinge dieses Planeten zwar mit Sicherheit zu den glücklichen Gewinnern – aber die Fähigkeit, das zu verwirklichen, besitzen sie nicht. Die groteske Konzentration an zu verbrennenden Ressourcen an der Spitze der menschlichen Pyramide ist eine Geißel aller Lebewesen; eine wirksame Klimapolitik bestünde in der vollständigen Enteignung der obersten ein bis zehn Prozent. Das könnte auf einen Schlag bis zu fünfzig Prozent aller Emissionen beseitigen und mehrere Male eine globale Wende finanzieren. Manche Menschen würden solch eine Maßnahme herbeiführen müssen, auch wenn sie sich wohl kaum mehr davon versprechen dürften als die Tiere, deren objektives Interesse – so subjektiv stumm dieses auch wirken mag – sich restlos mit jenem der menschlichen Feinde des einen Prozents deckt. Auch andere Arten harren unserer Befreiung.

DIE LICHTER VON GOLDMAN SACHS

All das scheint also viel Lärm um nichts im Kampf um den metabolischen Bruch. Aber abseits der wortverdreherischen Nebenschauplätze herrscht zusätzlich auch Uneinigkeit darüber, welche Aspekte der Umweltzerstörung überhaupt von kritischem Interesse sein sollen. Insofern Foster und seine Kolleg:innen häufig als Nukleus einer zweiten Generation ökologischer Marxist:innen betrachtet werden, greift Moore lieber auf James O'Connor, den zentralen Denker der ersten zurück, der seinen Schwerpunkt darauf legte, wie ökologische Probleme Sand ins Getriebe des Kapitals streuten. Obwohl das Kapital dazu neige, zu viele Waren zu produzieren (»der erste Widerspruch«), sei es nicht davor gefeit, die ökologischen Konditionen zugunsten hoher Profitraten zu *unterproduzieren* – zu erschöpfen, zu überlasten, zu zerstören (»der zweite Widerspruch«).[34] Entgegen diesem Modell führt die Theorie des metabolischen Bruchs zwei Beobachtungen an: Erstens betreffen die schwerwiegendsten Folgen der Umweltzerstörung vor allem Menschen und andere Arten, die *außerhalb der kapitalistischen Klasse und deren Akkumulationszirkeln* stehen, und zweitens legt die Beweislage nahe, dass das Kapital *gedeihen kann, indem es die Erde verheert* – selbstverständlich nicht auf ewig, aber innerhalb der ausschlaggebenden Zeitspanne, innerhalb derer sich Krisen wie etwa der Klimawandel möglicherweise noch abmildern ließen.[35] Für Moore aber hat dieses Argument selbstverständlich einen allzu kartesianischen Beigeschmack. In seinem Eifer, jegliche Spur einer Trennung zwischen Natur und Gesellschaft auszutilgen, lässt er O'Connor wiederauferstehen und entwickelt dessen zweiten Widerspruch zu einer allgemeinen Theorie des Kapitalismus und der Umwelt weiter, die sich möglicherweise am besten als eine Art des *Internalismus* beschreiben lässt.[36]

Zusammengefasst besagt die Theorie Folgendes: Damit hohe Profitraten erzielt werden können, muss die Natur – hier verstanden als aus Nahrungsmitteln, Arbeitskraft, Energie und Rohmaterialien bestehend – billig sein. Durch die Zerstörung der Umwelt wird eine oder mehrere dieser »Billigen Vier« kostspielig, was wiederum die Profitraten unter Druck setzt. Sodann stellt sich eine regelrechte kapitalistische Krise ein. Das führt Moore wiederum dazu, den *Preis* der materiellen Substrate als den Hauptvektor der sozioökologischen – nun ja, nennen wir es »Anpassung« – zu betonen, sodass beispielsweise der Übergang zur Dampfkraft angeblich durch die Billigkeit der Kohle im Gegensatz zu anderen Brennstoffen verursacht wurde.[37] Hier liegt nun also eine empirisch überprüfbare Hypothese vor, und dabei stellt sich heraus, dass sie nicht mit den vorhandenen Daten der wesentlichen Frontlinien des Wandels übereinstimmt: Sowohl in Großbritannien als auch in den USA war Wasser in den Mühlen bis lange nach Abschluss des Wandels billiger als Dampfkraft; während der Zeit, da das britische Imperium seine Dampfschiffe hineinsetzte, war auf den Meeren und Flüssen Wind billiger als Dampfkraft.[38] Komplett andere Faktoren spielten eine Rolle. Eine Geschichte der fossilen Ökonomie muss es sich zur Aufgabe machen, mit weit mehr Faktoren als lediglich Preisniveaus zu jonglieren.[39]

Weitaus verheerender ist jedoch die Verengung der ökomarxistischen Optik, die Moore in seiner Wiederbelebung O'Connors anstrebt. Er ist nicht an einer ökologischen Krise »in einem cartesianischen Rahmen« interessiert, worunter er Aspekte versteht, die nichts mit den Profitraten zu tun haben und die von anderen als den Kapitalist:innen, außerhalb des Akkumulationsprozesses, erlitten werden, was gewissermaßen eine Aufteilung der Realität in verschiedene Abteilungen kennzeichnen würde. In seiner gegen Foster und dessen Kolleg:innen gerichteten Polemik mokiert er sich über die Aufmerksamkeit, die der Umweltzerstörung als solcher entgegengebracht wird – das heißt unabhängig vom Vermögen des Kapitals: »Der Kapitalismus überziehe die Erde mit Krieg und ähnlichen Dingen. Ich möchte hier jedoch behaupten, dass das interessantere – und eigentlich relevante – Problem die ›Ausreizung‹ der Natur ist«, aufgrund derer die Profite zu fallen beginnen.[40] Der einzige Aspekt des Klimawandels, der Jason W. Moore folglich interessiert, ist der Richtungspfeil, der von den Agrarkrisen über die steigenden Lebensmittelpreise über die wachsenden Lohnkosten und zurückgehenden Abbauraten bis hin zu den sinkenden Profitraten verläuft. In einer sich erwärmenden Welt wird die Nahrung der Arbeiter:innen teurer werden; das Kapital wird ihnen bessere Gehälter zahlen müssen; die Gewinne werden schrumpfen. Auf der Grundlage dieser einen Kausalschleife bekundet Moore: »Die Erderwärmung stellt nicht nur für die Menschheit, sondern, viel *unmittelbarer*, für den Kapitalismus selbst eine fundamentale Bedrohung dar.«[41]

Ein kurzer Blick über die Landschaft des Klimawandels sollte ausreichen, um diese Behauptung zu widerlegen. Die unmittelbare, direkte und fundamentale Bedrohung betrifft nicht die Kapitalist:innen: Der Sturm fegt in das Leben der anderen. Moores Pfeil beruht auf einer Ableitung der historischen Bedeutung von billiger Nahrung für die kapitalistische Entwicklung, was in einer sich erwärmenden Welt jedoch erst noch bewiesen werden muss. *Prima facie* scheint dieses alte ricardianische Gesetz – Nahrungsmittelknappheit → hohe Löhne → niedrige Profite → Krise für das Kapital – ziemlich weitab vom Schuss der Schlachtfelder des extremen Wetters zu liegen. Denken wir etwa an die Überschwemmungen in Pakistan im Jahr 2010, eine der schlimmsten klimainduzierten landwirtschaftlichen Katastrophen der letzten Jahre, bei der zweitausend Menschen getötet und zehn Millionen weitere vertrieben wurden, mehr als siebzig Prozent der Bauern des Landes mehr als die Hälfte ihres erwarteten Einkommens verloren, Felder und Lagerbestände ausgelöscht wurden, Reisimporte steil anstiegen und Preise in die Höhe schossen.[42] Hat sich das in irgendeiner Weise in einem Abwärtstrend der Profitraten niedergeschlagen? Oder handelte es sich bei den Leidtragenden in erster Linie um Personen, die so arm und fernab der wesentlichen Kreisläufe des Kapitals waren, dass sie ohnehin keinen Lohn hatten, was ihr Unglück schlimmer noch als das einer produktiven Arbeiterin erscheinen ließ? Und falls sie einen Lohn erhalten hätten, wäre er dann angehoben worden, um ihre komprimierten Haushaltsbudgets auszugleichen? Und falls ein paar Kapitalist:innen infolge dessen Geld verloren hätten, und falls das tatsächlich zu einer Profitkrise beigetragen hätte, wäre das dann der Moment, an dem das theoretische und politische Interesse der ökologischen Marxist:innen hätte geweckt werden sollen? (Und bisher haben wir noch nicht einmal die von anderen Arten erlittenen Verluste erwähnt.)

Sollten zu einem künftigen Zeitpunkt steigende Nahrungsmittelpreise zum Einbruch der Profite führen, geschähe dies lange nachdem Hungersnöte Millionen von Menschen getötet hätten, die in den Akkumulationsprozessen keinerlei Rolle spielen. Vieles deutet darauf hin, dass die kapitalistische Klasse als letzte an der Erderwärmung zu leiden haben wird und dass sie in der Zwischenzeit aus einigen ihrer Facetten Gewinne ziehen kann: GVO-Technologien[43] zur Anpassung von Nutzpflanzen an Hitzebelastungen, Wasserentsalzungsanlagen, der plötzliche Zugang zu arktischem Öl, Katastrophenschutzversicherungen, CO_2-Handel sowie andere frisch erschlossene Finanzmärkte, militärische Ausrüstung, *teures* Wasser – die Gewinnpotenziale steigen natürlich, sobald ehemals vorhandene Ressourcen knapp werden –, ganz zu schweigen von der letzten Hürde des Geoengineerings.[44] Anna Plowman hat den Verlauf einer im Gegensatz zu Moores stehenden Kausalschleife aufgezeigt: Der Klimawandel forciert die Migration aus ländlichen Gebieten wie dem Ganges-Brahmaputra-Delta in Industriestädte wie Dhaka, wo das Anwachsen der Reservearmee die Arbeitsverhandlungsposition weiter untergräbt und zu einer steigenden Ausbeutungs- und Profitrate führt.[45]

Sollte der Klimawandel die Kapitalakkumulation letztlich drosseln – lange nachdem er die am weitesten von der Bourgeoisie entfernten Menschen getötet hat –, stößt man bis dahin sicherlich noch auf einige gegenläufige Tendenzen. Es finden sich kaum Beweise, dass irgendein atmosphärisches Damoklesschwert über der Rentabilität schwebt, wohingegen einiges dafür spricht, dass die Lage der Menschen ohne moderne Produktionsmittel genau darunter liegt.[46] Die prototypische Szene des Erwärmungszustands ist jener namhafte Augenblick, in dem Ben Lerners Protagonist durch ein New York City spaziert, in dem der Sturm beinahe alle Lichter ausgelöscht hat:

> Im Osten, zwischen den dunklen Hochhäusern des Finanzdistrikts, sahen wir einen hellen Schimmer wie das Augenleuchten irgendeines Tiers. Später sollten wir erfahren, dass er von Goldman Sachs ausging, und Fotos sehen, auf denen eines der wenigen beleuchteten Gebäude der Skyline das der Investmentbank war [...]. Die Generatoren der Bank mussten riesig sein; oder hatte man dort gesonderten Zugang zu einem geheimen Netz?[47]

Oder in den Worten Naomi Kleins:

> Geschehen kann so etwas, weil die reichsten Leute in den reichsten Ländern der Welt davon ausgehen, dass ihnen nichts passieren wird – dass irgendjemand anderes die größten Risiken ausbaden muss, ja dass sogar dann, wenn der Klimawandel ihre Türschwelle erreicht, für sie schon gesorgt werden wird.[48]

Sollen sie doch Chaos fressen.

Indem sie diese Szene auf den Kopf stellt, ist Moores internalistische Theorie des Kapitalismus als Weltökologie bereits weit über jede Anthropozentrik hinaus: Sie ist *kapitalozentrisch*. Ihre politische Implikation scheint darin zu liegen, dass wir den drohenden klimainduzierten Kollaps der kapitalistischen Produktionsweise mit Spannung erwarten sollten. Moore hätte uns gerne weniger »katastrophal« und »apokalyptisch«, stattdessen viel fröhlicher. Die globale Erwärmung und die damit einhergehenden Krisen machen ihn »skeptisch (gegenüber dem Überleben des Kapitalismus), was bedeutet, dass ich optimistisch bin (gegenüber dem unseren)«; er zieht eine Parallele zum Untergang Roms, der für »die breite Mehrheit hinsichtlich des Lebensstandards in ein goldenes Zeitalter« mündete.[49] In diese Analogie hat sich jedoch ein Irrtum eingeschlichen: Rom hatte keine Eigentumsverhältnisse, die ein selbsterhaltendes Wachstum auf Basis fossiler Brennstoffe erforderten. Sollte dem Kapital weiterhin erlaubt sein, das zu tun, was es der Erde antut, wird es sie für alle Nachkommenden bis auf die Grundmauern niedergebrannt zurücklassen. Solange es weltweit nur wenige Anzeichen für dessen Umsturz gibt, gibt es allen Grund, pessimistisch zu sein – und dementsprechend kompromisslos in Militanz und Negativität.[50]

Gewänne er an Zugkraft, wäre es gut möglich, dass Moores kapitalozentrischer Internalismus der radikalen Ökologie und der Klimaschutzbewegung schadet, nicht zuletzt, indem er ihren im Wesentlichen normativen Vorteil gegenüber der kapitalistischen Klasse abstumpfen würde: *Ihr habt das getan, um euch zu bereichern, und nun sind wir es, die mit unserem Leben dafür bezahlen.* Eine fundierte Sichtweise, und gleichzeitig ist es die Grundlage eines ökologischen Klassenhasses, der vielleicht am dringendsten benötigten Emotion in einer sich erwärmenden Welt. Denn ganz gewiss verdient die kapitalistische Klasse eine Prise Hass dafür, dass sie Naturgewalten in Massenmörder armer Menschen umgewandelt hat – und anschließend, nebst all der anderen Kunststücke, die Leugnung dieser Tatsache verbreitet und jegliche Versuche, die Streubrandbombe doch noch zu entschärfen, sabotiert hat.

Weit davon entfernt, den vermeintlich kartesianischen Ökomarxismus mittels einer hegelianischen dialektischen Aufhebung zu überwinden, hat Moore es geschafft, einen großen Schritt zurück zu tun. Das hat nicht notwendigerweise zur Folge, dass die Schule des Metabolischen Bruchs das letzte Wort bei der Suche nach einer geeinten rot-grünen Theorie hat. Die Verfahren des Historischen Materialismus sind ergiebig genug, um noch andere Ressourcen, jenseits dessen, was Marx selbst geschrieben hat, zu umfassen. Ausgehend von seinen Worten über die Arbeit und die Erde als die beiden Elternteile aller wertvollen Dinge, können wir mit einigen der Ideen der Marxist:innen, die sich ausschließlich mit Arbeit beschäftigt haben, experimentieren und sie, *mutatis mutandis*, auf die Erde anwenden. Es ist diese Aufgabe, der wir uns nun widmen wollen.

7

Über widerspenstige Natur. Ein ökologischer Autonomismusversuch

DIE AUTONOMIE VON ARBEIT UND NATUR

Arbeit und Natur verfügen über eine unabänderliche Autonomie vom Kapital. Beide sind ihm ontologisch vorgelagert, gehen seinem Erscheinen auf der Erde voraus, besitzen im einen Fall eine so lange Geschichte wie die Geschichte der Menschheit und im anderen wie die geologische Geschichte selbst, die beide jeweils gemäß ihrer eigenen Gesetze operieren, und wie sehr sich die verschiedenen herrschenden Klassen nachfolgend auch bemüht haben, sie zu kontrollieren – und keiner anderen stand dabei mehr Macht zur Verfügung als der Bourgeoisie –, diese Autonomie bleibt unter der Oberfläche weiterhin bestehen, selbst noch wenn die Vulkane inaktiv erscheinen. Die Autonomie der Arbeit wurde bekanntermaßen seit mehr als einem halben Jahrhundert vom autonomen Marxismus theoretisiert. Arbeit, verficht Antonio Negri in *Marx Beyond Marx. Lessons on the Grundrisse*, ist ihre eigene selbstgenerierende Leistung oder Kraft beziehungsweise, auf Italienisch, *potenza*, da sie nicht von den Leben der Menschen zu unterscheiden ist. Das Kapital hat diese *potenza* nicht hervorgebracht. Es handelt sich dabei um kein Artefakt, keine angefertigte Ware; sie tritt gemeinsam mit den menschlichen Körpern selbst in Erscheinung, vergleichbar dem Verstand oder der Stimme, als Resultat ihrer Reproduktionszyklen, und folglich, so ließe sich sagen, als eine Funktion ihrer Naturzugehörigkeit. Daher entzieht sich die Arbeit dem Kapital. Ihre Existenz, das Leben, das sie führt, kann nicht vollständig in die Hand des Kapitalisten übergehen, der stets auf seine Autorität möglicherweise verweigernde Subjektivitätsrückstände stößt. Negri postuliert »die radikale Entfremdung, *die Autonomie der Arbeiterklasse von der Entwicklung des Kapitals*«.[1]

In mehr als einem Sinn, als Begleiterscheinung der realistischen Definition, verfügt die Natur über eine analoge Autonomie. Einige Umweltphilosoph:innen und -historiker:innen haben in letzter Zeit damit begonnen, sie näher zu bestimmen. Keekok Lee definiert die Autonomie der Natur etwa als das, was »zum Leben erwacht ist, fortfährt zu existieren und sich schlussendlich auflöst/verfällt und folglich aufhört zu sein, im Prinzip ganz und gar unabhängig von menschlichem Willen oder Vorsatz, von menschlicher Kontrolle, Manipulation oder Intervention«.[2] Einfacher ausgedrückt ist die Natur autonom, da sie die Fähigkeit besitzt, ihr eigenes Verhalten zu regulieren. Das ist die eigentliche Bedeutung von »Autonomie«, zusammengesetzt aus *autós*, selbst, und *nómos*, Ordnung oder Gesetz: sich selbst die eigenen Gesetze festlegend.[3] Beispiele dafür sind Steine, die fallen, Sterne, die sich in einer Umlaufbahn bewegen, Tiere, die sich reproduzieren, Raubtiere, die auf die Jagd gehen, Pflanzen, die wachsen, Bäume, die verrotten, Klippen, die erodieren, Blitze, die einschlagen, Gebirgszüge, die sich aus eigenem Antrieb bilden. All das und noch viel mehr fand statt, kam und ging und tauchte wieder auf, noch bevor irgendwelche Menschen ihr Unwesen trieben, denn von ihnen war und ist sie intrinsisch unabhängig.[4] Da das Kapital eine menschliche Schöpfung ist, lässt sich schließen, dass die Natur intrinsisch unabhängig ist vom Kapital, von dessen Produktion, Verwaltung und Herrschaft – was von einem kapitalistischen Standpunkt aus betrachtet höchst nervtötend sein kann.

Aber die Autonomie der Natur ist bei Weitem nicht mit jener der Arbeit identisch. Neben etlichen Unähnlichkeiten hat die natürliche Autonomie in den Worten Lees, »überhaupt nichts mit dem Bewusstsein zu tun, geschweige denn mit Vernunft und Freiheit«.[5] Lee zieht damit eine scharfe Trennlinie zwischen menschlicher und natürlicher Autonomie sowie zwischen Letzterer und dem Konzept, wie es gewöhnlich mit Kant in Verbindung gebracht wird, für den sich die Autonomie auf den individuellen Willen bezog, welcher sich die Gesetze rational selbst auferlegt. Sie erkennt zwar an, dass höher entwickelte Tiere über Bewusstsein verfügen, doch erachtet Lee das menschliche Bewusstsein als einzigartig und als das einzige, auf das die kantische Vorstellung tatsächlich zutreffen dürfte. Angesichts der Masse an gedankenloser Materie innerhalb der Natur als Ganzem definiert sie deren Autonomie – diejenige, die sie am meisten interessiert – als primär unbewusst. Die Natur könne sich sehr gut selbst in Sachverhalte hineintreiben und ihre eigenen Strukturen erzeugen, doch ohne Verstand sei sie nicht in der Lage, über Dinge nachzudenken und entsprechend selbst überlegter Möglichkeiten zu handeln: Der Vulkan bricht ohne Absicht aus.[6] Dementsprechend wäre es angebracht, von einer *Autonomie ohne Handlungsmacht* zu sprechen.

Vom kapitalistischen Standpunkt aus betrachtet, dürfte der beunruhigendste Aspekt jedoch im Moment der Unkontrollierbarkeit an sich liegen, egal, ob dieser nun in einem Willen begründet ist oder nicht. Gleichmut oder Streik, beides gleichermaßen fähig, den Kreislauf lahmzulegen. Hierbei bezeichnet Autonomie keine moralische Fähigkeit, sondern eine ontologische Tatsache, mit der das Kapital sich in seiner Geschichte herumschlagen muss. Es ist gerade diese Gegebenheit, die Arbeit und Natur aus der Perspektive des Kapitals zusammenhält: als etwas, das ihm zuvorkam, auch ohne es weiterhin gut fortbestehen könnte, es nicht für ihr Dasein benötigt und womöglich eines Tages die Zusammenarbeit verweigert, sei es als Missernte oder als Massenkündigung. Auch ohne Kant sind die beiden vom Standpunkt des Kapitals aus einander wohl ähnlicher, als diesem lieb sein dürfte.

In *Autonomous Nature. Problems of Prediction and Control from Ancient Times to the Scientific Revolution*, dessen Cover der Ausbruch des Vesuvs ziert, geht Carolyn Merchant den Vorstellungen der Natur als einer »unberechenbaren, widerspenstigen und störrischen« Kraft nach, als der unproduzierten *potenza* par excellence, »selbst-handelnd« und »selbstschaffend«.[7] Genau wie im Fall der Arbeit büßt die Natur diese Autonomie nicht ein, sobald sie in eine Beziehung mit anderen tritt: Beide können überall auf ihren Körpern mit Markennamen vollgestempelt werden und bewahren doch im Kern ihre Autonomie. Tatsächlich manifestiert sich die Autonomie gerade in der Rückkopplung, in dem *im Gegenzug* ausgeübten Einfluss, unerwartet und unerbeten. Autonom zu sein bedeutet nicht, isoliert oder allein zu sein; im Gegenteil, die Autonomie rückt genau dann in den Vordergrund, wenn sie an eine andere Partei gebunden wird.[8] Merchant betont, dass »die Art und Weise, in der sich die Natur als autonomes System benimmt, *davon abhängt, wie sich die Menschen in Beziehung zu ihr verhalten*«, und dasselbe kann selbstverständlich über die Arbeit im Verhältnis zum Kapital gesagt werden.[9] Hierin liegt eine Quelle der Paradoxien und Schleifen.

Autonomie in diesem Sinn weist also auf eine besondere zeitliche Dynamik hin. Für Negri und seine Mitstreiter:innen ist die Autonomie der Arbeit der externe Motor kapitalistischer Entwicklung. Das Kapital kann ohne die Entfremdung der Arbeiterin nicht auskommen, also jagt es sie und bemüht sich, sie sich unterzuordnen, sie in ein disziplinäres Regime zu integrieren und ihre subjektivsten Regungen überflüssig für den Produktionsprozess zu machen, stets auf dem Weg in Richtung der Illusion vollständiger Kontrolle: Das Kapital ist »eine einer Trennung auferlegte Regelung«.[10] Das, so behaupten die Autonomist:innen, sei der Anreiz jeglicher technologischen Innovation. Automatische Maschinerie werde in der Hoffnung eingeführt, »jede noch verbliebene Autonomie« der Arbeiterin auszulöschen, die Bewegungen der Arbeiterin in die physische Organisation des Kapitals selbst einzugliedern, sodass sie Güter mit einem Minimum an – besser noch, wenn auch unmöglich, keinerlei – Beteiligung lebendiger Arbeit produzieren könne.[11] Oder, die »Geschichte des Kapitals ist *die Geschichte der sukzessiven Bestrebungen der Kapitalistenklasse, sich von der Arbeiterklasse zu emanzipieren*« – oder, alle Produktivkräfte sind

> Waffen des Kapitals. Immer, wenn das Kapital eine neue Organisation der nützlichen Arbeit plant oder die Einführung einer neuen Technologie, sollten solche Pläne in Bezug auf ihre Rolle in der Zerschlagung bzw. Zersetzung des aktuellen Niveaus der Macht der Arbeiter:innenklasse untersucht werden.[12]

In beinahe jeder dieser Aussagen ließe sich »Arbeit« durch »Natur« ersetzen und schon hätten wir ein paar hilfreiche Wegweiser in Richtung einer Geschichte der fossilen Ökonomie. Das Kapital kommt nicht ohne die Fremdheit der Natur aus, also jagt es sie und bemüht sich, sie sich unterzuordnen, sie in ein disziplinäres Regime zu integrieren und ihre subjektivsten Regungen überflüssig für den Produktionsprozess zu machen, stets auf dem Weg in Richtung der Illusion vollständiger Kontrolle: Auch hier ist das Kapital eine einer Trennung auferlegte Regelung. Automatische Maschinerie wird in jener Hoffnung eingeführt, jede noch verbliebene natürliche Autonomie auszulöschen, die Potenziale materieller Substrate in solch einer Weise zu aktivieren, damit das Kapital mit einer angemessenen physischen Gestalt ausgestattet wird, die es ihm erlaubt, die maximale Menge an Handelswaren zu erzeugen, ohne sich an die Umschwünge und Zuckungen der externen Natur anpassen zu müssen. Die Geschichte des Kapitals ist folglich die Geschichte der sukzessiven Bestrebungen der Kapitalistenklasse, sich von der Natur zu emanzipieren – doch, wie uns die Autonomist:innen lehren, handelt es sich genau deshalb um eine sich selbst widersprechende, sich selbst unterminierende Unternehmung, denn die einzigen Waffen, die dem Kapital zur Verfügung stehen, um Arbeit und Natur zu Fall zu bringen, sind – wie könnte es auch anders sein – Natur und Arbeit. Sobald das Kapital eine neue Technologie einführt, um die beiden zu subsumieren, gründet sich dessen Kraft sowohl auf der Arbeit anderer Arbeiter:innen als auch auf der Funktionalität anderer Substrate als jenen, die ihm zur Kontrolle, Verdrängung, Absorbierung oder schnelleren Prozessierung dienen. Das Kapital, sagen die Autonomist:innen, versucht sich von den Arbeiter:innen zu emanzipieren, nur um sogleich wieder in ihr unentrinnbares Netz zurückzufallen.[13]

Die Maschine ist der Dreh- und Angelpunkt dieser unmöglichen Aufgabe. Wir können die Übung, »Natur« und »Arbeit« auszutauschen, an einer Passage des Autonomisten Raniero Panzieri ausprobieren:

> Die (kapitalistische) Objektivität des Produktionsmechanismus, der der Natur gegenübergestellt wird, findet im technischen Prinzip der Maschinen seine beste Rechtfertigung: die durch die Technik bedingte Geschwindigkeit, der Zusammenhang der verschiedenen Phasen, die ununterbrochene Kontinuität des Produktionsprozesses drängen sich der Natur als »wissenschaftliche« Notwendigkeit auf und kommen vollkommen dem Bestreben des Kapitalisten entgegen, die materiellen Substrate maximal »auszusaugen«.[14]

Die Maschine ist also die bevorzugte kapitalistische Plattform beziehungsweise Bühne im Krieg gegen Arbeit *und* Natur. Sie verspricht einen Sieg in Form eines produktiven Mechanismus, der nicht angewiesen ist auf deren turbulente *potenza*: Sie müssen bloß den Knopf drücken oder den Bildschirm berühren, und die Artefakte des Kapitals erledigen den Job mit blindem Gehorsam. Die Maschine hält irgendein materielles Substrat (sagen wir Eisen) gefangen, um ein anderes (nehmen wir Baumwolle) besser aussaugen zu können. Als Kombination vereinigt sie bestimmte Verhältnisse mit bestimmten Objekten. Sie ist gebaut, um alle darin liegenden Spuren an Autonomie auszulöschen und die Materie so umzugestalten, bis das Ding zum verlängerten Arm seiner Besitzerin geworden ist: Marx sagt, dass das »stoffliche[] Dasein« des Arbeitsmittels »in eine dem Capital fixe und dem Kapital überhaupt adäquate Existenz [...] aufgenommen wurde«. Auch wenn die Materie störrisch sein mag, besitzt sie dennoch keine Handlungsmacht, und so ist es dem Kapital möglich, sich wirklich damit zu schmücken, in dem duldsamen Fleisch zu verweilen, die Maschine als ihre eigene »grob-sinnlich[e]« Form anzunehmen – und Macht durch das Medium eines Dings zu vermitteln.[15]

Das unmittelbare Objekt dieser vergegenständlichten Macht dürfte – geht es nach den klassischen Autonomist:innen – die Arbeit sein. Die Maschine übt ihre Disziplin auf die Arbeiter:innen aus, presst ein weiteres Stück aus ihrer Zeit heraus, spitzt die Ausbeutungsrate zu – aber dieser Prozess geht einher mit der Beschleunigung des Materialdurchsatzes, der Reduktion der Natur zu einer standardisierten Form, dem Verbrauch angeordneter Materie, der Usurpation, Prozessierung und Degradierung der Erde; der Produktivitätsanstieg fordert von beiden seinen Tribut. Nicht zufällig ist es gerade das Kapitel über »Maschinerie und große Industrie«, worin Marx seine sorgfältig ausgearbeitete Analyse der Maschine im *Kapital* entwirft, die mit der feierlichen Erklärung endet, dass die kapitalistische Produktion sich nur entwickelt, »indem sie zugleich die Springquellen alles Reichtums untergräbt: die Erde und den Arbeiter«.[16] Die Maschine ist eine Kombination, um die Aneignung zu beschleunigen und die Kontrolle über Arbeit und Natur zu festigen. Geht sie kaputt, liegt das entweder daran, dass die autonome Arbeit oder die autonome Natur wieder in ihr aufgetreten ist und an dem einen oder anderen Zahnrad herumgespielt hat. Dann versucht es das Kapital von Neuem. Das ist der Prozess der wirklichen Subsumtion der beiden Fremdheiten, in dem diese sowohl als Geschütz als auch als Zielscheibe die Hauptrolle spielen.

Nun ist eines der Substrate, ohne das keine Maschine auskommt, Energie. Die Maschine mag »ihre eigne Seele besitz[en] in den in ihr wirkenden mechanischen Gesetzen«, doch konsumiert sie »zu ihrer beständigen Selbstbewegung, wie der Arbeiter Nahrungsmittel, so Kohlen, Öl etc. [...] (matières instrumentales)«.[17] Im Bereich der Energie – dermaßen grundlegend für die gesamte Produktion – stieß das Kapital zunächst auf Treibstoffe, die seit Menschengedenken verwendet wurden, insbesondere Wasser in Mühlen und Wind auf den Meeren und Flüssen. Sie flossen innerhalb der Landschaft auf vorgegebenen Pfaden und versiegten, sobald das Wetter es so entschied. Niederschlagsfreie Wochen, Flauten und Strömungen flussabwärts konnten die Fertigung und den Warentransport zum Erliegen bringen. Diese Energie, welche die Kreisläufe bereits in der basalsten Ebene unterbrach, bekundete eine überwältigende Autonomie und machte das Kapital zur Geißel der Natur – doch gab es eine Alternative, der offenbar selbst noch die geringste Spur an Autonomie fehlte: fossile Energie. Ihre Verwirklichung erforderte zunächst kolossale Mengen an Kapital, ohne die sie niemals an die Oberfläche treten würde, was zu dem Eindruck führte, dass die resultierende mechanische Kraft ein bloßes Produkt technischer Bearbeitung und Investition sei. Daher auch – um hier langwierige und komplizierte Geschichten extrem abzukürzen – der Übergang sowohl in Fabriken als auch auf Schiffen.[18] *Fossile Energie schien eine dem Kapital inhärente Kraft zu sein.* Das Kapital war nicht in der Lage, innerhalb seines eigenen abstrakten Kreislaufes eine kinetische Energie aufzustöbern, sondern musste sie außerhalb seiner selbst, in der Natur lokalisieren und in seine mechanischen Arbeitsgeräte einschleusen: Der Energiefluss aber, oder was wir heute erneuerbare Energien nennen würden, entlud sich permanent in widerspenstigen Schwingungen. Fossiles Kapital ist eine einer Trennung auferlegte Regelung.

Die als Dampfschiffe bezeichneten mechanisierten Fahrzeuge folgten der gleichen Logik: Als das Britische Weltreich sie ab dem zweiten Viertel des 19. Jahrhunderts die Flüsse und Küstenstraßen hinaufschickte, kündigten diese prachtvollen Kombinationen an, die in die Jahre gekommenen Segelschiffe bei der Einverleibung von Rohmaterialien – Baumwolle, Flachs, Seide, Palmöl, Tee, Zucker, Holz, Kautschuk, Elfenbein, Bienenwachs … – in den Schatten zu stellen, die benötigten ausländischen Arbeitskräfte zu unterwerfen und selbstverständlich jede Militärmacht, die dumm genug war, sich ihnen in den Weg zu stellen, zu vernichten. Doch die Schiffe mussten Kohle verbrauchen, um ihre fortwährende Bewegung am Laufen zu halten. Während es Dampf in seine Maschinen und Fahrzeuge injizierte, vermittelte das Kapital eine gestärkte Macht über autonome Arbeit – nicht zuletzt auf entfernten Feldern und Plantagen – sowie über autonome Natur, wie sie sich beispielsweise in den Örtlichkeiten und der Saisonalität der begehrten Rohmaterialien manifestiert. Dieser Vorgang legte ein äußerst hartnäckiges Muster fest. In den vergangenen beiden Jahrhunderten war die fossile Energie eine Art Metawaffe innerhalb der sukzessiven Bestrebungen der Kapitalistenklasse, sich von der Arbeit und der Natur zu emanzipieren und eine Welt produktiver Mechanismen zu konstruieren, die ganz und gar unter ihrer Herrschaft stehen würde. Oder wie Klein es ausdrückt:

> Dem Versprechen der Unabhängigkeit von der Natur, mit dem Watts in dieser Anfangsphase seine Erfindung anpries, verdanken die fossilen Brennstoffe nach wie vor ihre Macht. Diese Macht erlaubt es den multinationalen Konzernen von heute, den Globus auf der Suche nach den billigsten Arbeitskräften zu durchstreifen, die man ungehindert ausbeuten kann. Geographische Gegebenheiten und Naturereignisse,

> die einst Hindernisse darstellten – riesige Ozeane, unwirtliche Landschaften, der Wechsel der Jahreszeiten –, galten nicht einmal mehr als kleine Ärgernisse. *Jedenfalls sah es eine Zeitlang so aus.*[19]

Es handelt sich um einen Grundsatz des autonomistischen Marxismus, dass die *potenza* früher oder später zurückschlägt. Sobald das Kapital den Eindruck hat, sich endgültig von seiner Arbeitsabhängigkeit befreit zu haben, fliegt in dem einen oder anderen Hinterhof etwas in die Luft. Und hier haben wir nun den Klimawandel – den ultimativen Rückschlag; die Rückkehr, wie Merchant anmerkt, der völligen Unberechenbarkeit: »Der Klimawandel ist das Paradebeispiel der auf die von Menschen produzierten Treibhausgase reagierenden autonomen Natur im 21. Jahrhundert.«[20] Oder in den Worten des renommierten Klimaforschers Wallace Broecker: »Das Klimasystem der Erde hat sich als ein zorniges Biest erwiesen. Wird es angestupst, ist es zu einer gewaltsamen Erwiderung fähig.«[21] Solar Radiation Management ist also genau diejenige kapitalistische Antwort, die der Autonomismus immer schon erwarten würde: eine neue Technologie, um die Dinge zu besänftigen. Es wäre der Versuch, das gesamte Klimasystem wie eine Maschine zu behandeln. In *The Planet Remade. How Geoengineering Could Change the World*, momentan das einflussreichste Evangelium auf diesem Gebiet – und predigen kann es, voller Hingabe –, spricht Oliver Morton, Herausgeber des *Economist*, von der Erde durchgängig als einer mechanischen Struktur: »Einen kräftigen Hebel zu finden, ist der Schlüssel, um das Erdsystem zu verrücken«, das »mit Präzision« gelenkt werden müsse. Von Flugzeugen träumend, die Ruß in den Himmel speien, kann Morton es kaum erwarten, diese »wagemutige Utopie« und »technologische Erhabenheit« vor seinen Augen auferstehen zu sehen; die Aussicht darauf, »große Eisdecken zurückzuhalten und planetenumspannende Luftströme umzulenken, erregt« ihn.[22] So spricht allein der Eigentümer der Maschine.

Das grundlegende Prinzip dieser Geomaschine läge offenbar darin, den gegenwärtigen Grad der natürlichen Autonomie zu zersetzen, doch selbst Morton, der an anderer Stelle achselzuckend über Bedenken kataklysmischer Nebeneffekte hinweggeht, räumt ein, dass es sich dabei um ein vergebliches Unterfangen handle: »Das Klimasystem funktioniert so, dass, würde man ein Stück davon durcheinanderbringen, man schon von Weitem Reaktionen in anderen Teilen zu sehen erwarten dürfte.« Im Moment ist das Klimasystem das wahrscheinlich größte, am schwersten realisierbare und am wenigsten fassbare autonome System, an dem der Mensch auch nur ansatzweise herumpfuschen könnte. Selbst in einer geoengineerten Welt sind das Soziale und das Natürliche, laut Morton, weder »untrennbar vereint noch ununterscheidbar; *sie haben immer noch ihre Aufteilung*, und es gibt immer Raum für das Unbeabsichtigte« – eine weitere Regelung also, die einer Trennung auferlegt wird, und zwar eine, die sich möglicherweise als beispiellos gefährlich herausstellt.[23] Der aktuelle Forschungs- und Diskussionsstand zum Solar Radiation Management liefert ausreichend Beweise für die Autonomie der Natur. Wir müssen es nicht auch noch durch die Praxis bekräftigt sehen.

EURE KRIEGE, UNSRE TOTEN

Nichts von alledem besagt jedoch, dass man sich dem autonomistischen Marxismus mit Haut und Haar verschreiben sollte. Fragen der politischen Strategie außen vor gelassen, sind seine jüngsten Ausprägungen schließlich in Richtung eines Ultramonismus, Hybridismus, Posthumanismus und einer Unzahl anderer Sackgassen geschlittert. Es besteht, wie Noys bemerkt, eine Korrelation zwischen Latours flachen Netzwerken und jenen von *Empire*, dessen Autoren gleichermaßen unwillig sind, eine zentrale Macht anzuerkennen.[24] Andererseits hat auch der

Autonomismus in seiner klassischen Ausprägung seine blinden Flecken und Übertreibungen, etwa eine Naturalisierung des Arbeiteraufstandes oder, in den Worten Perry Andersons, eine »Romantisierung der proletarischen Revolte als ein mehr oder weniger kontinuierlicher, aus den Fabrikhallen fließender Lavastrom«.[25] Die Vulkane brechen nicht immer aus; dem Anschein des gegenwärtigen Zustands der Welt nach dürfte ein schwelender Brand die geläufigere Situation sein. Die italienische Industrie der 1960er und 1970er war Schauplatz außerordentlich erbitterter Kämpfe und kaum zur Verallgemeinerung geeignet, doch sind die Autonomist:innen, die diese Erfahrung theoretisieren, allzu oft in die Falle einer »*Ontologisierung* des Klassenkampfes« getappt.[26] Kapitalistische Eigentumsverhältnisse werden dabei als ein permanentes, wenn auch episches Drama ohne signifikante Flauten oder Sprünge dargestellt, das Hochs und Tiefs genauso wie Saisons und Zäsuren überdauert.[27]

Ähnliches ließe sich übrigens auch über die Natur sagen: Sie stellt ihre Autonomie nicht permanent zur Schau. Fast zwei Jahrhunderte lang schien die Angelegenheit des Kohlenstoffs vollkommen unter Kontrolle. Man konnte sich eine Zeit vorstellen, in der das Solar Radiation Management reibungslos funktionieren und die Nachwirkungen unerheblich sein würden. Auch wenn Arbeit und Natur selbstverständlich ihren eigenen Rhythmen folgten, ohne sich je vollkommen zu synchronisieren, erfolgten größere Rückschläge für sie *in spezifisch historischen Kontexten*, sobald sich die verdrängten und verdichteten Widersprüche in explosiver Einheit in den Vordergrund drängten. Gehen wir davon aus, dass die 1960er und 1970er durch ein Aufflammen der Arbeit gekennzeichnet waren, scheinen wir nun in eine Zeit einzutreten, die von den Turbulenzen der Natur bestimmt ist. (Man könnte noch darüber spekulieren, wie sich der Kampf gegen den Klimawandel entwickeln würde, würden die Eruptionen gleichzeitig stattfinden.)

Ökologischer Autonomismus, falls so etwas überhaupt existiert, wäre dann primär eine Theorie akuter Krisen. Aber gerade im ontologischen Status der Autonomie der Natur, wie in jenem der Arbeit, liegt die Möglichkeit, diese Krisen zur Chance werden zu lassen. Hier findet sich also die Wurzel der unbeabsichtigten Folgen, die Gegenkraft, die das Paradox historisierter Natur am Laufen hält. Mehr noch, aufgrund der Art und Weise, wie das Kapital mit der Natur umgeht – und hierbei könnte es sich um einen zweiten Unterschied zur Arbeit handeln –, scheint der Trend in Richtung eines langanhaltenden Anstiegs des Vulkanismus zu gehen. Zu begrüßen ist das keineswegs: denn hier folgt noch ein dritter, ganz entscheidender Unterschied. Einen Supersturm feuert man nicht in dem Maße an, wie man zu einem Streik mit anschließender Sitzblockade aufruft.

Das andere der Arbeit ist das Kapital; das andere der Natur ist die Gesellschaft und damit die Menschheit als Ganzes. Die Natur kann niemals, nicht einmal hypothetisch, ein Revolutionssubjekt sein; ihre Rückschläge sind nicht-subjektiv und willkürlich. Die Kapitalistenklasse und ihre verbündeten Schichten haben genügend Zugriff auf biophysikalische Ressourcen akkumuliert, um den Schlägen standzuhalten, und in diesem Sinne haben sie es auch geschafft, sich von der Natur zu emanzipieren, zumindest für die Zeit größten politischen Interesses. Wenn die Lichter für all diejenigen ausgehen, die unmittelbar von den biophysikalischen Ressourcen zehren und kein Geld zurücklegen können – eine Bäuerin in Burkina Faso, eine Familie von Fischern auf den Philippinen –, für die Leute ohne jegliches Eigentum (Fabrikarbeiter:innen in Alexandria, Wohnungslose in New York), werden sie in der Lage sein, ihre immensen Generatoren einzuschalten. Bei allem Respekt Jason W. Moore gegenüber, der kapitalistische Krieg auf unserer Erde nimmt die Züge von *vos guerres, nor morts* an – »eure Kriege, unsre Toten«. Wie Klein aufgezeigt hat, gilt das genauso für das Solar Radiation Management: Die schlimmsten Auswirkungen werden wahrscheinlich den Menschen im Südsudan, nicht in Süddakota widerfahren, weshalb einige reiche *weiße*

Männer dem Ganzen wahrscheinlich auch so zuversichtlich gegenüberstehen.[28] Objektiv betrachtet, folgt daraus, dass die Befreiung der Natur eine Forderung der globalen Klassen ist.

FÜR DIE BEFREIUNG DER NATUR

Während der Konstruktionismus die Menschheit von den Fesseln der Natur befreien will, kann die Vorstellung, dass die Natur genau wie die Menschheit entfesselt werden sollte, auf eine ehrwürdige marxistische Ahnentafel zurückblicken. Friedrich Engels hat bekanntermaßen einen Teil dieser Logik bereits vorausgeahnt:

> Schmeicheln wir uns indes nicht zu sehr mit unsern menschlichen Siegen über die Natur. Für jeden solchen Sieg rächt sie sich an uns. Jeder hat in erster Linie zwar die Folgen, auf die wir gerechnet, aber in zweiter und dritter Linie hat er ganz andre, unvorhergesehene Wirkungen, die nur zu oft jene ersten Folgen wieder aufheben[29]

– und dem entspringen, was wir hier als die Autonomie der Natur bezeichnet haben. Anschließend fuhr Engels mit einigen historischen Beispielen der Gefahren, die Natur zu unterwerfen, fort: Bauern rund um das Mittelmeer, welche die Wälder ausrotteten und unbeabsichtigt die Region trockenlegten; Händler, welche die Kartoffel in Europa einführten und damit unwissentlich die Skrofelkrankheit verbreiteten. »Und so werden wir bei jedem Schritt daran erinnert, daß wir keineswegs die Natur beherrschen, wie ein Eroberer ein fremdes Volk beherrscht«, und sollten wir versuchen, in dieser Weise zu herrschen, so das Argument, wird uns die Rechnung mit absoluter Gewissheit gestellt werden.[30] Engels' Beispiele legen nahe, dass jegliche Versuche, sich die Natur untertan zu machen, sowie ihre unglückseligen Kombinationen der kapitalistischen Produktionsweise vorausgehen.[31] Gleiches gilt für Geld, Märkte und den Egoismus. »Der Kapitalismus unterscheidet sich von anderen historischen Lebensformen darin«, um noch einmal etwas von Eagleton zu entlehnen, »dass er direkt an diese[n destabilisierendsten Triebkräften] ansetzt«: »Ständige Überschreitung ist sein Wesen.«[32] Die reale Subsumtion der Natur – wie auch der Arbeit – ist nicht länger eine Option unter vielen, sondern ein Imperativ des Systems selbst, das Ressourcen anhäuft, um weitermachen zu können. Über das Aufkommen der bürgerlichen Gesellschaft schreibt Marx:

> Die Natur wird erst rein Gegenstand für den Menschen, rein Sache der Nützlichkeit; hört auf, als Macht für sich anerkannt zu werden; und die theoretische Erkenntnis ihrer selbständigen Gesetze erscheint selbst nur als List, um sie den menschlichen Bedürfnissen, sei es als Gegenstand des Konsums, sei es als Mittel der Produktion, zu unterwerfen.[33]

Der geistige Vater dieser *Weltanschauung** ist weniger Descartes als vielmehr Francis Bacon. Sollte die radikale politische Ökologie einen Antagonisten brauchen, handelt es sich bei ihm, wie Hailwood vorschlägt, um den besseren Kandidaten; anders als der französische Philosoph war er direkt mit der aufkommenden fossilen Ökonomie verbunden und machte die Herrschaft über die Natur zum Kernstück seines Denkens. Bacon begriff die Bergleute als seine Stoßtruppen. Jegliche Skrupel »an dem Eintritt und dem Durchdringen in diese verschloßene Pläze, so wie an die Rükkunft« mussten verworfen werden, da »der Schoß der Natur noch viele Geheimnisse hegt, die von großem Nutzen sein können und weder verwandt noch gleichzusetzen sind mit all jenem, was man bereits kennt«. Durch die gemeinsamen Anstrengungen der Bergarbeiter, Mühlenbesitzer, Schmiede und anderen Handwerker konnte die Natur schließlich »zum Dienst verpflichtet« und zum »Sklaven« gemacht werden; das war, wie Merchant in ihrem Buch *Der Tod der Natur* ausführlich erörtert, das für die aufsteigende Klasse der Minenbesitzer, Handwerker und Kaufleute am besten geeignete Weltbild.[34] Die ursprüngliche ideologische Sünde der Bourgeoisie ist demnach nicht so sehr ein Dualismus als vielmehr ein Subsumtionismus.

An Engels und Marx anschließend, entwickelten zwei Koryphäen des Marxismus des mittleren 20. Jahrhunderts diesen Standpunkt weiter: Ernst Bloch und Herbert Marcuse. Während Theodor W. Adorno und Max Horkheimer zu der Auffassung tendierten, die zerstörerische Technologie sei der menschlichen Natur inhärent, betrachtete Bloch in seinem Kapitel zu den technischen Utopien in *Das Prinzip Hoffnung* das Aufkommen des Kapitals als den eigentlichen Wendepunkt. Bis weit in das 18. Jahrhundert hinein nahm Innovation meist die Gestalt eines in magischen oder organischen Kosmologien verankerten dilettantischen Experiments oder alchemistischen Vorhabens an. Vorstöße im Bergbau wurden von dem Glauben an Wassergeister und unter der Erde lebenden blutsaugenden Dämonen verhindert – andererseits aber »gibt [es] keinen inwendigen Drang an sich, etwas zu erfinden. Immer ist ein Auftrag dazu nötig«, genauer gesagt ein »gesellschaftliche[r] Auftrag«, ohne den die Maschinen der industriellen Revolution »im Geist keines Erfinders, etwa aus innerer Berufung«, aufblitzen würden.[35] Ganz egal, wie »bemerkenswert auch römische Wasserleitungen sind, chinesisches Papier und Pulver (nur für Feuerwerke verwendet), ägyptische Krane: erst kapitalistisch kamen mit dem Auftrag auch größere technische Entwürfe in Gang«. »Was war«, schreibt Bloch, »einmal aus dem alten Papinschen Topf geworden« – einer der vielen gescheiterten Vorläufer von Watts Dampfmaschine –, »als das Kapital daran interessiert war, den Dampf Arbeit leisten zu lassen«.[36] Als Bacon frühzeitig von Dampfmaschinen und anderen mechanischen Wunderwerken fantasierte, artikulierte er die Zuversicht der neu erstandenen Bourgeoisie und ebnete ihren Weg, indem er die Kategorie der Katastrophe aus dem Bewusstsein strich. Dies betraf insbesondere die vormals gefürchtete Aktivität, tief in die Erde zu graben.[37]

Hier also findet sich der Bruch: In der Epoche des Kapitals wird die Natur als eine Lagerstätte des Tauschwerts wahrgenommen. Sie wird geplündert und gebrandschatzt für die materiellen Substrate des Profits und mit antiseptischen, hyperabstrakten Handschuhen angefasst. »Das bürgerliche Denken insgesamt hat sich von den Stoffen, von denen es handelt, entfernt. Ihm liegt eine Wirtschaft zugrunde, die sich, wie Brecht sagt, nirgends für Reis interessiert, sondern nur für seinen Preis.« Die symbolische Zwangsjacke des universellen Äquivalents wird der Natur in einem doppelten Schritt aus »Ausbeutung« und »Abstraktheit« aufgezwungen, wodurch man es schafft, alles für alles andere substituierbar zu machen. Obwohl es tiefer als irgendjemand zuvor in die Natur vorgedrungen ist, steht das Kapital »in einem reinen Waren-Bezug, einem von Haus entfremdeten, zu den Naturkräften, mit denen [es] *von außen* operiert«. Während nun also das ganze Leben »derart von einem Gürtel künstlicher, vorher nicht dagewesener Geschöpfe umgeben« ist, liegt dies – paradoxer-, gleichzeitig jedoch logischerweise – an einer Form von Technik, welche die materielle Welt herabmindert, ihre qualitativen Eigenschaften negiert, sich weigert, nachhaltige Beziehungen mit ihr aufzubauen, sie mit Füßen tritt und überhaupt nicht »daran interessiert [ist], *in* [*ihr*] *einheimisch zu sein*«.[38] Die passende Entsprechung wäre eine koloniale Besatzung:

> Der kapitalistische Begriff der Technik insgesamt […] zeigt dergestalt mehr von Domination als von Befreundung, mehr von Sklavenaufseher und Ostindischer Kompanie als vom Busen eines Freunds. […] So erhellt immer wieder: Unsere bisherige Technik steht in der Natur wie eine Besatzungsarmee in Feindesland, und vom Landesinnern weiß sie nichts[.][39]

Der Fluch des Kapitals liegt darin, dass es sich von der Natur in ihrer ganzen strahlenden Autonomie nur insofern emanzipieren kann, indem es sie kolonisiert, in Reih und Glied aufstellen und zu den Schornsteinen der Akkumulation abführen lässt: Und während seiner langen, in dieser Weise wirkenden Geschichte waren die Fälle, in denen es die Menschen gleichermaßen behandelt hat, zahlreich. Herbert Marcuse band die beiden Stränge in dem Schlachtruf »[A]uch die Natur wartet auf die Revolution« aneinander. Unter den aufziehenden Wolken des Erwärmungszustands liest sich sein Aufsatz *Konterrevolution und Revolte*, gemeinsam mit den Kapiteln Blochs, wie einer der eindringlichsten Kommentare zur Ökologie innerhalb des marxistischen Kanons. Der Kapitalismus nähert sich der Natur »in aggressiv wissenschaftlicher Weise: es gibt sie um der Herrschaft willen; sie ist wertfreie Materie, bloßes Material. Diese Einstellung zur Natur ist ein *historisches* Apriori, das einer spezifischen Gesellschaftsform angehört.«[40] Das Kapital klammert sich an Natur und Arbeit und saugt sie bis aufs Blut aus; beide müssen es abschütteln; beide besitzen die Fähigkeit, sich selbst zu regieren, und der sicherste Weg, nicht unbedingt eine Zukunft in Freiheit als *vielmehr überhaupt* eine Zukunft zu haben, liegt darin, ihre vollkommene Selbstverwaltung einzuführen – wenn man so will, eine Definition von Nachhaltigkeit.

Aber die Befreiung der Natur kann nicht allein das Werk der Natur selbst sein (jedenfalls nicht, solange es mit jener der Menschheit übereinstimmen soll). Jede ökologische Politik muss, wie wir uns erinnern, anthropozentrisch sein, auf eine elementare, methodologische und als solche einigermaßen harmlose Weise. So viel macht Marcuse deutlich:

> Die Idee der Befreiung der Natur setzt keinen derartigen Plan oder Zweck im Universum voraus: Befreiung ist vielmehr der mögliche Plan und Zweck von Menschen, *der sich in der Natur geltend macht.* Sie verlangt jedoch, daß die

> Natur einem solchen Unternehmen entgegenkommt, daß es Kräfte in ihr gibt, die verzerrt und unterdrückt wurden – Kräfte, welche die Befreiung des Menschen unterstützen und steigern könnten. Dieses Vermögen der Natur ließe sich als »Zufall« oder »blinde Freiheit« bezeichnen[41]

– oder als Autonomie ohne Handlungsmacht. Es weht mit jedem Wind und fällt mit jedem Sonnenstrahl. Freie Menschen knüpfen ihre Zukunft an solche Kräfte.

AUTONOMIE IM *SIEG*

Die britische Kohlekolonie auf Labuan endete als kommerzieller Reinfall. Nach der Annexion der Insel im Jahr 1846 gründete das Britische Kolonialreich die Eastern Archipelago Company, um Bergbaubetriebe zu unterhalten und die nahegelegenen Dampfer zu versorgen, doch stieß es dabei bald auf ein unüberbrückbares Hindernis: Arbeit. Die Eingeborenen erwiesen sich als der Arbeit in den Minen gänzlich abgeneigt und machten sich aus dem Staub, sobald sie auch nur einen Fuß in die Schächte gesetzt hatten. Zwangsarbeiter aus China und Indien mussten schließlich importiert werden. Diese erwiesen sich jedoch als nicht weniger unzuverlässig; in etlichen Berichten an die Gesellschaft beschwerten sich die Betriebsleiter über deren kindisches und nichtsnutziges Benehmen. Aufgrund der Schwierigkeiten, die Unternehmung wenigstens zur Hälfte der erforderlichen Größe zu bemannen, gestaltete sich Labuan als Blamage, und in den späten 1870er-Jahren wurden die Minen letztlich geschlossen.[42]

Dieses Debakel bildet den Hintergrund für *Sieg*, Joseph Conrads am wenigsten beachteten Roman.[43] Er setzt mit einem Abriss der Ideologie der Fossilwirtschaft ein:

> Wie jeder Schuljunge in unserem wissenschaftlichen Zeitalter weiß, besteht eine sehr enge chemische Verwandtschaft zwischen Kohle und Diamanten. Das ist, glaube ich, auch der Grund dafür, daß manche Leute von der Kohle als von »schwarzen Diamanten« sprechen. Beide Gebrauchsgüter stellen Reichtum dar; aber Kohle ist eine sehr viel unhandlichere Form von Besitz. Unter diesem Gesichtspunkt weist sie einen bedauerlichen Mangel an Dichte auf. Wenn man noch ein Kohlenflöz in die Westentasche stecken könnte – aber das kann man nicht! Gleichzeitig geht von der Kohle, *dieser höchsten Errungenschaft des Zeitalters, in dem man uns abgesetzt hat wie verdutzte Reisende in einem unruhigen Grand-Hotel, etwas Faszinierendes aus.*[44]

Und diese höchste Errungenschaft, lässt sich hinzufügen, hat dieses protzige Hotel direkt über einem Abgrund erbaut; in einer sich erwärmenden Welt nehmen Worte wie diese eine andere Bedeutungsebene an.[45] Sie geben den Ton der Vergänglichkeit und des unmittelbar bevorstehenden Endes an, der den Roman durchzieht. Bei dem als Schwede gekennzeichneten Protagonisten des Romans handelt es sich um Heyst, der, wie wir auf den ersten Seiten erfahren, die meisten Kohleausstriche der tropischen Insel persönlich ausfindig gemacht hat. Im ganzen Archipel umhersausend, von lokalen Postdampfern ab- und wieder aufspringend, rastlos sein Geschäft vorbereitend, hatten ihn »[e]inige hundert Leute auf den Inseln […] von einem ›gewaltigen Fortschritt in diesen Regionen‹ sprechen hören«.[46] Als Betriebsleiter der speziell gegründeten Tropical Belt Coal Company war er auf Samburan stationiert, jener Insel, die Labuan nachempfunden ist und das Setting für den Großteil der Handlung darstellt.

Als der Roman einsetzt, ist die Company bereits liquidiert. Keine Kohle verlässt den Boden. Heyst führt das Leben eines Einsiedlers auf der Insel, hoffnungslos und jämmerlich, begleitet einzig von Wang, einem chinesischen Zwangsarbeiter, der nach der Schließung der Minen zurückgeblieben ist. Die Hierarchie zwischen der ehemaligen »Nummer Eins« und ihrem Arbeiter ist seltsam uneindeutig. Wang kocht das Essen für Heyst, besitzt jedoch die beunruhigende Fähigkeit, nach Lust und Laune zu verschwinden oder aufzutauchen. Nachdem er eine Frau aus der indigenen Bevölkerung, den »Alfuros«, geheiratet hat, lebt Wang mit ihr in einer Hütte und kultiviert ein Stück Land abseits der zentralen Siedlung. Eine Linie teilt die Insel in zwei Zonen: Wald auf der einen Seite, die Relikte der Company auf der anderen – ein paar Bungalows, Schächte, eine Rodung, »auf der schwarz verkohlte Baumstümpfe standen«, baufällige Lagerräume, ein Pier in Richtung der »Schwarze[n]-Diamanten-Bucht«.[47] Auf der gegenüberliegenden Seite, in den dichten Wäldern, leben die Alfuros. Um ihren Widerstand gegen die Company auszudrücken, haben sie eine Barrikade aus gefällten Bäumen an der Grenze ihres Gebiets errichtet.

Heyst findet einen neuen Sinn im Leben, als er eine Frau, Lena, dazu überredet, mit ihm zu kommen und auf der Insel zu leben; der Großteil des Romans handelt von den Intrigen des Paars und einigen anderen Westlern, mit Wang und den Alfuros im Hintergrund (typisch für Conrads Romane spricht kein Alfuro je ein einziges Wort). Heyst aber hat das Auftreten eines Zombies der Bourgeoisie. Er hat seine Company, seine Energie, seinen Glauben an den gewaltigen Fortschritt verloren; während eines Spaziergangs auf ihrer Seite der Insel sagt ihm Lena, dass es »scheint, als wäre alles, was man da sieht, längst untergegangen«. Heyst erinnert sich dann »an die Geschichte von der Sintflut […]. Die Vision einer zerstörten Welt«.[48]

Während sich die Handlung zuspitzt, pirschen sich die beiden Gefolgsleute seines europäischen Rivalen an Heyst heran. Im Moment der größten Gefahr schleicht sich Wang in den Bungalow und macht sich mit Heysts einzigem Revolver davon: Der alte Arbeiter hat beschlossen, sich ein für alle Mal von seinem Dienstherrn abzuwenden und zu den Alfuros auf die andere Seite des Schutzwalls zu ziehen. Über diese Leute sagt Heyst, sie seien »ein friedfertiges, freundliches Völkchen und hätten mit größter Genugtuung gesehen, wie ich niedergeschossen worden wäre.«[49] Um seine eigene physische Sicherheit besorgt, nimmt er Lena auf einen Fußmarsch hoch zu den Barrikaden mit, um Wang zu überreden, ihm die Waffe zurückzugeben. Sie nähern sich dem Blätterwald und entdecken mehrere hervorragende Speerspitzen:

> »Dies hier«, erklärte Heyst in seinem verbindlichen Ton, »ist eine Barriere gegen den Vormarsch der Zivilisation. Die armen Leute dort drüben liebten ihn nicht, denn er erschien ihnen in der Gestalt meiner Firma – eine gewaltige Etappe, wie manche Leute das mit irriger Zuversicht zu nennen pflegten. Der vorgeschobene Fuß ist wieder zurückgezogen worden, aber die Barrikade bleibt.«[50]

Lachend und in einer aussichtsreicheren Lage gibt Wang zu verstehen, dass er Heyst eher erschießen würde, als den Revolver zurückzugeben. Das unbewaffnete Paar fügt sich seinem Schicksal. Lena, die beiden Gefolgsleute und Heyst, sie alle sterben auf den letzten Seiten.

Als Penguin Classics im Jahr 2015 *Sieg* neu auflegte, stellten die Leser:innen erneut die Frage, die schon vielen Kritiker:innen Kopfzerbrechen bereitet hatte: Wer ist der Sieger in diesem Roman?[51] Angesichts der Tatsache, dass die vier Hauptcharaktere auf der westlichen Seite der Geschichte umkommen, scheint nirgendwo ein Gewinn in Sicht. Das hieße selbstverständlich jedoch, ihre Kontrastfiguren zu vernachlässigen: Der Sieg gebührt Wang und den Alfuros, die die Insel ohne die Kohlengesellschaft und ohne irgendwelche Westler erben. Welches strategische Asset besiegelt ihren Triumph? Nur ein Teil der Insel wurde gerodet. Jenseits der Barrikade steht die Natur in autonomer Blüte, stärkt und unterstützt die Autonomie der Inselbewohner:innen. Den Gerätschaften der Firma entgangen, steht es dieser Natur frei, sich von selbst zu entfalten – und folglich auch den Menschen, die in ihr leben und arbeiten. Es steht ihnen frei, sich zurückzuziehen, sich von den Eindringlingen zu befreien und die Früchte der Insel in Frieden zu pflücken. Conrad hat eine Erzählung doppelter Autonomie geschaffen, die schlussendlich siegreich ist, als die Kohle ungestört belassen und kein schwarzer Diamant exportiert wird, kein Dampfer anlegt, die »Nummer Eins« verschwunden ist und die Bäume in den Rodungen wieder zu wachsen beginnen.

Als ein Märchen über den Ausgang der fossilen Ökonomie ist *Sieg* selbstverständlich zu schön, um wahr zu sein. In Wirklichkeit sind es eher Heyst und seine Nachkommen, die die Erde geerbt, sie mit Landungsbrücken und Eisenbahnen gefüllt, die umliegende Vegetation gerodet und Wang in den Untergrund gedrängt haben. Wenn auch nur unter negativen Vorzeichen, dramatisiert Conrad hier jedoch die Bedingungen für die Befreiung (oder gar für das Überleben). Eine Insel für die Alfuros und Wang, ganz für sie allein, mit niemandem, der sie in die Minen treiben und die Bäume fällen lassen könnte. So sähe ein Sieg aus.

8

Schluss. Ein Schritt zurück, zwei Schritte vor

VON EINEM TAG VOR MORGEN

Eine Genealogie der wichtigsten Ideen, die wir hier unter die Lupe genommen und wieder verworfen haben, würde uns zurück zu dem alten Rhizom des Poststrukturalismus und anderer postmoderner Denkweisen führen. Im weiteren Sinn sind diese Ideen Ergüsse beziehungsweise Reflexionen des postmodernen Zustands, insofern sie sich nicht mit der Natur, der Geschichte und deren Überschneidungen abfinden können. Im Erwärmungszustand handelt es sich bei ihnen um gestrige Ideen, die sich weigern, ein Ende zu finden.

Im engeren Sinn ahmt die theoretische Auslöschung der Natur die praktischen Versuche des Kapitals nach, sie unter dem Wertgesetz zu subsumieren – und tatsächlich ist es, wie einige Anti-Konstruktionist:innen argumentiert haben, das Letztere, was Ersteres plausibel erscheinen lässt.[1] Einzig innerhalb einer Gesellschaft, die bestrebt ist, jedes Stückchen Natur in Profit zu verwandeln, kann die Vorstellung einer nicht unabhängig existierenden Natur Wurzeln schlagen. Für Steven Vogel grenzt allein schon die Andeutung, es gebe irgendeinen Bereich namens Natur, den der Mensch nicht gestalten könne, an die Propagierung »einer religiösen Idee«.[2] Doch einzig unter einer herrschenden Klasse, die sich selbst für dermaßen gottgleich hält, dass sie ihre Macht anstelle aller anderen setzen kann, kann der Naturgedanke als solcher offensiv religiös wirken. Der Konstruktionismus schwimmt mit dem Strom, während es doch darauf ankäme, die Natur als etwas *anderes* denn ein Verbrauchsgut zu bejahen.

Der Neue Materialismus seinerseits setzt die postmoderne Tradition fort, aus der Krise der politischen Handlungsmacht eine Tugend zu machen.[3] Gemeinsam mit seinen Geschwisterchen blieb ihm nichts anderes übrig, als das Kind der anhaltenden Niederlagenkonjunktur zu sein, und nicht etwa jenes der 1920er oder der 1960er. Insofern also der Konstruktionismus die Kräfte widerspiegelt, die rücksichtslos über die Natur hinwegmarschieren, spiegelt der Neue Materialismus den Mangel an Kontrolle über die Natur und die offensichtliche Unwahrscheinlichkeit jedes Vorhabens, sie einzuhegen, wider: Sobald das Kapital stabiler und felsartiger wirkt als die Erde selbst, kann einen mitunter das Gefühl einer überwältigenden Ding-Macht [*thing-power*] schon beschleichen. Jane Bennett rechtfertigt den *Material/Nonhuman turn* mit »den voluminösen Bergen an ›Dingen‹, die heutzutage diejenigen von uns umgeben, die in unternehmerisch-kapitalistischen, neoliberalen, Shopping-als-Religion-Kulturen leben«. Diese Berge verlangten, dass wir den verführerischen Gegenständen selbst – den Waren – »einen Ehrenplatz in unserem Denken« zugestünden.[4] Mit Sicherheit hat der Neue Materialismus in dieser Hinsicht einen umfassenderen ontologischen Erfolg erzielt als die meisten seiner Vorgänger, indem er die Dinge zu Erben der Handlungsmacht ernennt. Der Reichtum der Gesellschaften, in denen die kapitalistische Produktionsweise vorherrscht, erscheint als eine ungeheure Ansammlung von Ding-Königen.

Der Hybridismus erfreut sich an der Transgression. Der Kapitalismus, ruft uns Eagleton in Erinnerung, ist »die pluralistischste Gesellschaftsordnung, pausenlos überschreitet er Grenzen und baut Widerstände ab«.[5] Und wie selbst Plumwood betont hat, wäre es besser, wir würden ein paar Grenzen respektieren: Die Erschließung eines Regenwalds zur Ölexploration verwischt die Linien zwischen dem Natürlichen und dem Sozialen, und das ist keineswegs zu bejubeln.[6] Hybridismus ist das theoretische Spiegelbild der homogenisierenden Bulldozer des Kapitals.[7] Man ist einige Kreise weit unten in der Umwelthölle auf ihn gestoßen.

EINE REISE ZURÜCK IN DER ZEIT

War die Moderne das Zeitalter, in dem die Zeit nach vorne schritt, und die Postmoderne jenes, in dem sie stillstand, so gab es immer noch die Möglichkeit, dass sie sich plötzlich rückwärts bewegen würde.

> Im Versuch, der strapaziösen Hitze zu entkommen, suchen Osama Sayed und sein siebenjähriger Sohn Ahmed Zuflucht unter einem Busch. »Es ist, als wären wir in der Zeit zurückgereist und müssten mit Krügen auf den Wasserträger warten«, sagt Sayed. Massive Wasserrationierungen haben ihn und die fünftausend anderen in dem kleinen Nildelta-Dorf lebenden Bauern gezwungen, stunden-, manchmal sogar tagelang inmitten einer heftigen Hitzewelle im Nahen Osten auf Trinkwasser zu warten,

berichtete der *Guardian* im August 2015.[8] Wir können damit rechnen, dass uns weitere Gaben der Geschichte entzogen werden, eine nach der anderen, jedoch vornehmlich jenen von uns, die einen Großteil davon ohnehin nie zu Gesicht bekommen haben. Die historisierte Natur schlägt zurück.

Es ist verlockend, ein ordentliches, dialektisches Diagramm der drei emblematischen ästhetischen Methoden zu entwerfen: Utopie für die Moderne, Simulakren, Pastiche und verwandte Formen für die Postmoderne, gefolgt von der Dystopie für den Erwärmungszustand – all das repräsentiert die miteinander verknüpften historischen Momente von Fortschritt-Niederlage-Desaster. In Bezug auf vorrangig amerikanische Filme und Romane merkt E. Ann Kaplan an, dass »utopische Diskurse den dystopischen Imaginationen in einem Maße gewichen sind, wie es in früheren ästhetischen Perioden kaum zu beobachten war«. Während der Subtext moderner Dystopien – Langs *Metropolis*, Orwells *1984*, Huxleys *Schöne Neue Welt* – die Ängste vor Fordismus und Totalitarismus zum Ausdruck brachte und Filme über eine Alieninvasion die Einbildungskraft bis zum Äußersten reizten, sieht Kaplan heutzutage den Kollaps in der Gestalt des »Prätraumas« sich auf das gesamte wohlgeordnete Gesellschaftsleben ausdehnen und an einen Ort und in eine Zeit nahe den Konsumierenden verlagern, stets mit Bezügen zu extremen Wissenschaftsszenarien. Hier sei »die Zukunft eines der wichtigsten Themen«, während das Trauma gleichzeitig dem Gefühl entspringe, »überhaupt keine Zukunft mehr zu haben«.[9]

Es liegen jedoch mindestens vier Argumente vor, in Erwägung zu ziehen, dass solche Dystopien bloß eine regionale Art des Umgangs mit dem Erwärmungszustand darstellen. Erstens werden sie von der *Erwartung* eines Desasters geschürt, das hinter der nächsten Ecke lauert oder als frühe Heimsuchung auftaucht. Sollte sich die Klimakatastrophe jedoch zu einem generellen Sachverhalt entwickeln, würde diese Art der Zukunftserzählung dann überhaupt noch irgendeine Faszination ausüben? Zweitens: Wollten die Klimaschutzbewegung und ihre verschiedenen Verbündeten einen wirklich tiefgreifenden Eindruck hinterlassen, müssten sie wahrscheinlich – so lautet eines der schlagendsten Argumente Kleins – die utopischen Impulse neu beleben, recyceln und umleiten. Drittens, während in Hollywood Apokalypsefantasien auf der Tagesordnung stehen, scheinen sie in Bollywood und Nollywood etwas rarer gesät zu sein; das Utopie-Simulacra-Dystopie-Schema müsste demnach einem bestimmten westlichen Verlauf nachempfunden sein, der nicht zwangsläufig anderweitigen Entwicklungen entspricht. Vielleicht reichen Ereignisse wie Sandy tatsächlich bereits aus, um eine vage Vorstellung davon zu bekommen, wie es wäre, inmitten all jener, die alles besitzen, alles zu verlieren. (Und vielleicht erfordert die Inszenierung glaubwürdiger Apokalypsen nach wie vor die fortschrittlichsten Medientechnologien.)

Viertens ist es noch zu früh, der postmodernen Kultur jeden Einfluss abzusprechen: Vielleicht steht sie nicht nur in einem direkten Widerspruch zu einer sich erwärmenden Welt, sondern heizt diese sogar noch weiter auf. Die geistreiche Bemerkung von Fredric Jameson, die das so treffend auf den Punkt bringt – »Es ist einfacher, sich das Ende der Welt vorzustellen als das Ende des Kapitalismus« –, würde dann einen reibungslosen Übergang vom postmodernen zum Erwärmungszustand identifizieren, auf dem der Verkehr nie ins Stocken geraten ist. Es läge eher ein Parallelismus oder eine Dialektik zwischen den beiden vor – beide entstammen selbstverständlich einer spezifisch kapitalistischen Modernität – als ein gegenseitiger Ausschluss. Und vielleicht ist das auch ein weiterer Grund, weshalb die Sorge in den armen Teilen der kapitalistischen Welt so viel stärker verbreitet ist als in den entwickelten. Ein Hirte in Burkina Faso oder ein Bauer im Nildelta verfügt über weniger Bildschirme, in die sie sich flüchten können. Im Gegenzug ist es vielleicht falsch zu behaupten, dass der Erwärmungszustand ein Zustand der Realisierung ist: Vielleicht sollte man sich ihn eher als grundlegend gespalten denken, in zwei Teile gerissen, einerseits Leugnung und Flucht und andererseits Realisation und Leid, wobei Ersteres den Fortbestand von Letzterem sicherstellt.

Wenn man den gegenwärtigen Trends Glauben schenken darf, scheint der Erwärmungszustand aller Voraussicht nach eine Ära der Retrogression zu werden, ökologisch wie politisch. Eine seiner größten Pathologien besteht mit Sicherheit in dem Energieüberfluss, der in die Dämonisierung von Flüchtlingen, Muslim:innen, Mexikaner:innen und all den anderweitig Anderscodierten in den entwickelten kapitalistischen Ländern gesteckt wird, während dem Klimawandel kaum ein Bruchstück dieser Aufmerksamkeit zuteilwird. Jeden Tag bestimmt die Nicht-Bedrohung der Immigration die Schlagzeilen und Debatten, während die Über-Bedrohung des sich tatsächlich offenbarenden Klimawandels größte Mühe hat, dort überhaupt aufzuscheinen, selbst dann noch, wenn die spektakulärsten Aufzeichnungen vermeldet werden. Es handelt sich hierbei keinesfalls um einen zufälligen Fakt unserer Zeit. Wie Rachel E. Goldsmith und ihre Kolleg:innen betonen, ist die fossile Energie ein dem System inhärenter Fluch, wohingegen Immigrant:innen und alle sonstigen Anderen als *äußere* Feinde gedacht werden können und sich folglich als ein viel besseres Ziel der Aggressionen eignen.[10] Wer weiß schon, welche unbewussten Verbindungen im Gehirn zwischen der eigentlichen Ursache und den späteren Auswirkungen geknüpft werden. Wie dem auch sei, findet der An- und Aufstieg der Rechten offenbar kein Äquivalent am grünen oder rot-grünen Ende des Spektrums. Eine Besucherin aus der Zukunft mag über diese Irrationalität staunen, doch besteht möglicherweise auch eine gewisse Wechselseitigkeit oder Homologie zwischen diesen beiden Trends. Es gibt Momente, in denen der Rechtsruck mit dem Anstieg der Temperaturen im Gleichschritt an Geschwindigkeit zuzunehmen scheint. Die Devolution in Ökosystemen – etwa »der Schleimanstieg« in den Ozeanen: der Aufstieg von Quallen und giftigen Algen, das Schwinden der Korallenriffe und der an der Spitze der Nahrungspyramide stehenden Gattungen – findet in der gegenwärtigen westlichen Politik ein passendes Gegenstück.[11]

Die Parteien des rechten Rands sind selbstverständlich die Ersten, die sich darüber beklagen, dass von Tag zu Tag alles immer schlimmer werde, und die Tränen über einstige Pracht vergießen, was sich schließlich in der universellen Formel »Make X Great Again« niederschlägt. Als Zeugnis des deklinationistischen Zeitgeists verpasst diese Strömung jedoch nie die Gelegenheit, über genau das herzufallen, was in den letzten Jahrzehnten an tatsächlichem Fortschritt erzielt wurde – in den Bereichen Gender, Kultur, soziale Wohlfahrt sowie, zumindest in manchen nordeuropäischen Ländern, der verspätete Zerfall der *weißen* ethnischen Homogenität –, und dadurch die Kraft einer aus reaktionärem Schlamm bestehenden Flutwelle anzusammeln, die über den ganzen Globus schwappt. Das ist die führende Spitze der Degeneration, *auch im Bereich des Klimas.* Wie aber werden die Verknüpfungen geschmiedet? In ihrem Buch *Climate Crisis, Psychoanalysis, and Radical Ethics* jagt Donna M. Orange den Geistern der Kolonialgeschichte nach, die unsere sich erwärmende Welt heimsuchen, und deutet an, dass eine unaufgearbeitete Geschichte der Versklavung von anderen die privilegierten *weißen* Menschen zur Gefühllosigkeit ankurble. »Die Blindheit gegenüber den Verbrechen unserer Vorfahren und der Art und Weise, wie wir ›Weißen‹ weiterhin von diesen Verbrechen leben, lässt uns das Leid derjenigen, die ohnehin bereits der Verheerung der Klimakrise ausgesetzt sind, unmöglich sehen oder spüren«.[12] Und die Verbrechen verschlimmern sich: gegen Nicht-*Weiße* als Immigrant:innen und als Opfer des Klimawandels. Kann es also sein, dass uns eine historische Akkumulation einholt, um ihren Schrecken in der Gegenwart beider Bereiche zu verbreiten? Betrachten wir ein letztes Mal das Bild von Labuan: Stellt es die gemeinsamen Wurzeln der fossilen Ökonomie und des modernen Rassismus dar? Oder jenen Moment, in dem *weiße* Männer mit Geld und Waffen die Überzeugung ausleben, dass es ihnen obliegt, den

Dschungel und dessen praktischerweise im Dunkeln bleibenden Bewohner:innen mit Füßen zu treten? Ist koloniale Aggression – Blochs »Sklavenaufseher und Ostindische[] Kompanie« – mehr als bloß eine treffende Metapher für auf fossilen Brennstoffen basierende kapitalistische Technologien? Sind Natur und Nicht-*Weiße* ein und demselben Moloch unterworfen, und wenn dem so ist, wäre es dann so verwunderlich, wenn der Erwärmungszustand – dieser sich hinziehende Fallout der Subsumtion – ebenso eine Steigerung des Rassismus nach sich ziehen würde?

Abseits all dieser Fragen ist die globale Erwärmung sicher nicht die einzige Zukunftskatastrophe, die gerade im Entstehen begriffen ist. Sie ist von so katastrophalen Ausmaßen, dass es sicher ein Fehler wäre, sie sich bloß als Abweichung einer sonst positiv zu betrachtenden Entwicklung vorzustellen. In diesem Sinn steht ihr, wiederum *mutatis mutandis*, ein ähnlicher Platz wie Ausschwitz in den Schriften Adornos zu: als einer Katastrophe, in der sich die Geschichte als Ganzes entlädt.

WIDER DIE AFFIRMATION

Der Erwärmungszustand bedeutet den Tod der affirmativen Politik.[13] Negativität ist nun unsere einzige Chance. Eine Version von Benjamins destruktivem Charakter muss rehabilitiert werden:

> Der destruktive Charakter hat das Bewußtsein des historischen Menschen, dessen Grundaffekt ein unbezwingliches Mißtrauen in den Gang der Dinge und die Bereitwilligkeit ist, mit der er jederzeit davon Notiz nimmt, daß alles schief gehen kann. [...] Das Bestehende legt er in Trümmer, nicht um der Trümmer, sondern um des Weges willen, der sich durch sie hindurchzieht. [...] Die Natur ist es, die ihm das Tempo vorschreibt, indirekt wenigstens: denn er muß ihr zuvorkommen. Sonst wird sie selber die Zerstörung übernehmen.[14]

Für jemanden, der es sich in seiner Lebenslage und materiellen Position behaglich und ohne unmittelbare Bedrohung durch den Klimawandel eingerichtet hat – wie etwa die durchschnittliche westliche Akademikerin –, ist die einzige Möglichkeit, sich der gewaltigen Dringlichkeit des Problems stets bewusst zu bleiben, sich regelmäßig, wöchentlich oder täglich, den Neuigkeiten von der Front dieser sich erwärmenden Welt auszusetzen. Im Juli 2016 – weltweites Sinnbild für den heißesten Monat seit Beginn der Aufzeichnungen – stiegen die Temperaturen in den Gebieten rund um den Persischen Golf bis an die Grenzen der Bewohnbarkeit. In Basra erreichten sie 54 Grad Celsius.[15] Die sechsundzwanzigjährige Studentin Zainab Guman berichtete dem Reporter der *Washington Post*, dass sie es den ganzen Sommer über vermieden habe, tagsüber das Haus zu verlassen, da nach draußen zu gehen sei, als »laufe man in ein Feuer hinein«: »Es ist, als würde alles an deinem Körper – deine Haut, deine Augen, deine Nase – anfangen zu brennen.«[16] Im November 2016 erklärte Bolivien den Ausnahmezustand, da die Städte La Paz und El Alto über kein Wasser mehr verfügten. Die Gletscher, die die Städte in den Trockenperioden versorgt hatten, waren geschrumpft oder verschwunden, sodass die Sammelbecken leer blieben und der Staat sich gezwungen sah, Wasserrationierungen einzuführen und verzweifelt nach Reserven zu graben. Stundenlang standen die Menschen mit ihren Eimern Schlange.[17] Im Juli und September kollabierten plötzlich zwei Gletscher in Tibet durch Implosionen, die die Wissenschaftler:innen aus allen Wolken fallen ließen und jeweils Lawinen lostraten, die rund zehn Quadratkilometer Land mit zerbrochenem Eis und verstreuten Felsbrocken bedeckten.[18] Ende 2016 veröffentlichte der *Guardian* mehrere Berichte über in Sand versinkende Dörfer im Osten Sudans. Schwankungen zwischen Dürre und sintflutartigen Regengüssen verderben den Boden, Wasserstände sinken, einst fruchtbare Felder verwandeln sich in rissige Krusten und Wälder sich in stiebende Wüsten: »Besonders beängstigend ist es, wenn das Haus in der Nacht [mit Sand] bedeckt wird und das Einzige, was man tun kann, darin besteht, bis zum Morgen in der Dunkelheit zu warten, um sich auszugraben«, meinte der 70-jährige Hamud El-Nour Hamdallah.[19] In Bangladesch wiederum werden Dörfer schlichtweg dem steigenden Meer überlassen: »›Der Ozean quält uns‹, sagte Pushpo Rani Das, 28, Mutter dreier Kinder, die ihr Heim vier Mal wechseln musste, um den Sturmfluten zu entkommen. ›Wir können es nicht aufhalten. Wasser dringt mit jeder Flut in mein Haus, besonders in der Regenzeit.‹«[20]

Über diesen Krieg wird nach wie vor viel zu wenig berichtet. Immer noch gibt es kein *Planet der Slums* oder *High Tide*, das den permanenten Klimaausnahmezustand abbildet, der sich im globalen Süden breitmacht. Die Wissenschaft hingegen macht nicht Halt: Eine im September 2016 in der Zeitschrift *Nature Climate Change* veröffentlichte Studie verwendete Simulationen und historische Aufzeichnungen, um zu berechnen, wie stark der globale Weizenertrag pro Grad Celsius Temperaturanstieg abnehmen wird. Durchschnittlich 5,7 Prozent, fand man heraus, jedoch mit großer Schwankungsbreite: Heiße Länder – diejenigen innerhalb oder nahe der Tropen, in denen die meisten mittellosen Menschen leben – werden größere Verluste erleiden: elf bis zwanzig Prozent in Oberägypten, im Vergleich zu etwa vier Prozent in Frankreich.[21] Aus der Antarktis meldeten Reporter ein Bündel neuer Entdeckungen. Eisschelfe stützen Inlandgletscher und verhindern, dass diese ins Meer rutschen. Wenn jedoch ausreichend Wasser auf ihren Oberflächen zu Teichen schmilzt, kann es unter Umständen in die Hohlräume fließen und sich einen Weg durch die Schelfe bahnen, bis diese katastrophal auseinanderbrechen; bereits mehrere Male ist das auf der antarktischen Halbinsel vorgefallen, aber Forscher:innen vor Ort haben nun auch ähnliche Prozesse auf dem südlichen Teil des Kontinents beobachtet.[22] Der Totten-Eisschelf hält ein Eisvolumen zurück, das einem Meeresspiegelanstieg von 3,5 Metern entspricht. Schmelzwasser und der warme Ozean fressen sich von unten in ihn hinein.[23]

Und immer so weiter. Einige Linke behaupten weiterhin, dass die Progressiven keine Panik verbreiten sollten – sie sollten weniger »katastrophisch« und »apokalyptisch« sein –, aber wenn wir die Prinzipien des Klimarealismus akzeptieren und auf dem neuesten Stand der Wissenschaft bleiben, dreht sich der Spieß plötzlich um. Donna Orange weist auf die klassisch psychoanalytische Beschämung Sigmund Freuds hin, der sich weigerte, den »Anschluss« Österreichs an das nationalsozialistische Deutschland kommen zu sehen, erst im letzten Moment aus Wien flüchtete und dadurch mehrere Familienmitglieder ins Verderben stürzen ließ. »Die Parallele zu unserer Klima-Notsituation ist klar: Wenn wir nicht in der Lage sind, angemessen in Panik zu geraten, können wir nicht angemessene radikale Maßnahmen ergreifen.«[24] Riskieren wir es, die Panik zu spüren. Anschließend gilt es, zwischen den beiden wichtigsten Optionen zu wählen: Verpflichten wir uns zu der militantesten und unerschütterlichsten Opposition gegen dieses System, oder schauen wir seelenruhig dabei zu, wie alles den Bach runtergeht?

EIN SCHLECHTER ZEITPUNKT, UM AUFZUGEBEN

Was aber kann in dem Kampf, die Überlebenschancen zu maximieren, überhaupt noch erreicht werden? Sollte sich herausstellen, dass sowohl die 1,5-Grad-Celsius- als auch die 2-Grad-Celsius-Leitplanken bereits durchbrochen wurden, wären wir immer noch weit von einem Anstieg der Durchschnittstemperaturen um acht Grad Celsius aufgrund der Verbrennung aller nachgewiesenen fossilen Energieträger entfernt. Dieser Abstand deckt die Distanz zwischen einem höchst gefährlichen und einem unbewohnbaren Klima ab. Es sollte heute keine wissenschaftliche

Unterstützung der Position geben, dass es egal sei, ob die fossilen Brennstoffe aus dem Boden geholt würden oder nicht, oder der Ansicht, dass Null-Emissionen keine Auswirkungen hätten. Das sind die beiden Ziellinien, denen der Widerstand in den kommenden Jahrzehnten entgegeneilen muss: Keine Förderung, keine Emissionen.[25] Aber es könnte viele Jahrzehnte dauern, bis man dorthin gelangt, und sollte das der Fall sein, ist es aller Wahrscheinlichkeit nach so, dass eine vollständige Dekarbonisierung der Weltwirtschaft mit negativen Emissionen im großen Stil kombiniert werden muss, damit das Schlimmste noch abgewendet werden kann. Offenkundig haben wir bereits den Punkt überschritten, an dem solche Methoden nicht zur Stabilisierung des Klimas erforderlich wären – und uns, sagen wir, zu 350 ppm zurückbringen könnten –, daher gilt es, ihren Nutzen genau zu erwägen, aber nur zusätzlich zum vollständigen Abbau der fossilen Ökonomie. Es sprengt hier den Rahmen, darüber zu diskutieren, ab welchem Umfang negative Emissionstechnologien praktikabel sein könnten (möglicherweise teilen uns empirische Daten mit, dass es ein niedriger ist), doch sind sie sicherlich einer der Parameter für den vor uns liegenden Kampf: alle Mittel auszuprobieren und anzuwenden, um diesen kleinen Planeten auf Dauer bewohnbar zu machen. Das lässt sich nicht bei einer Dinnerparty auf die Beine stellen. Im schlimmsten Fall müsste man sogar einen Abstecher zur Unterstützung eines geplanten phasenweisen Abbaus des Solar Radiation Managements machen. Vielleicht könnte eine Stabilisierung des Klimas – nach der die autonomen Kräfte der Natur wieder vorherrschen können, ohne die menschliche Zivilisation zu gefährden – als ein revolutionäres Projekt der nächsten paar Jahrhunderte verstanden werden. In der Zwischenzeit wird es noch einige Kämpfe zu führen geben, um eine sinnvolle Anpassung und gerechte Kompensationen zu erlangen; wenn auch bloß mittelfristig wird der Erwärmungszustand die sozialen Brüche vertiefen und vervielfachen.[26] Es ist ein schlechter Zeitpunkt, um radikale Politik einfach aufzugeben.

Die Tatsache, dass die Autonomie der Natur unauslöschlich ist – wie jene der Arbeit, einschließlich derjenigen einer Person, die als Sklav:in gehalten wird –, ist noch kein Grund, darauf zu beharren, sie überflügeln oder überwältigen zu wollen. Niemand kann die ontologische Autonomie der Natur auslöschen oder auch nur reduzieren. Es ist jedoch eindeutig möglich, sie in einer solchen Weise zu beherrschen, dass für die Menschheit schädliche Rückschläge heraufbeschwört werden (ganz zu schweigen von anderen Gattungen), und ein rein anthropozentrischer Überlebensinstinkt sollte daher bereits ausreichen, um eine Politik der Nicht-Subsumtion zu begründen. Das soll keineswegs eine Politik des Nicht-Engagements bedeuten – der Mensch *muss* sich mit der Natur verbinden –, aber im entscheidenden Bereich der Energie bedeutet es, zwei Jahrhunderte kapitalistischer Herrschaft zu beenden, die einer Trennung auferlegt wurde: Es bedeutet den Verzicht auf jegliche Subsumtion durch fossile Brennstoffe. Es bedeutet, mit der autonomen Sonne, dem autonomen Wind und den autonomen Wellen zu leben, ohne auf weitere feststoffliche Energie zurückzugreifen.

Das macht einige Leute nervös. »[M]ir [kam] der Gedanken«, schreibt Klein, »dass die Notwendigkeit, sich der Natur anzupassen, manche Menschen zur Raserei treibt: Die Erneuerbaren verlangen eine Demut, die in krassem Gegensatz zu Großprojekten [...] steht«, die die bourgeoise Gepflogenheit, die Erde zu besitzen, nicht wirklich ertragen kann. »Die Kraft von Sonne, Wind und Wellen kann zwar genutzt werden, aber anders als die Fossilbrennstoffe können wir sie nie ganz besitzen«, weshalb eine Hinwendung zu ihnen »eine tiefgreifende Verschiebung der *Machtverhältnisse* zwischen den Menschen und der natürlichen Welt, von der wir abhängig sind« ankündigen würde.[27] Solche Verhältnisse lassen sich durchaus mit der Autonomie der Natur vereinbaren; man muss nicht jeden Kontakt abbrechen und alle Ansprüche auf Zusammenarbeit aufheben, um jemandes Autonomie zu respektieren: Man kann die Nachbarin darum bitten, heute Abend Essen für einen zu kochen, ohne sie gleich zur Sklavin zu machen.[28]

Was zählt, ist die Abkehr von der kolonialen Einstellung. »Marxismus der Technik«, erklärt der stets utopische Bloch, »ist keine Philanthropie für mißhandelte Metalle, wohl aber das Ende der naiven Übertragung des Ausbeuter- und Tierbändigerstandpunktes auf die Natur.« Es geht nicht nur darum, sich mit den Kräften der Natur zu verbünden, sondern ihnen innezuwohnen. »Der Technik«, schreibt Bloch – und hätte sich damit speziell auf Energietechniken beziehen können –, »fehlt, auf ihrem immer weiter vorgeschobenen, aber auch immer einsameren Posten, der Anschluß an die alte gewachsene Welt, von der sich der Kapitalismus abgestoßen hat, und ebenso der Anschluß an ein der Technik selber Günstiges in der Natur«.[29] Es ist dieser Posten, der nun geräumt werden muss.

THEODIZEE

In einer sich rapide erwärmenden Welt verschwindet auch der Raum für eine modernistische Theodizee rapide. Die Klimaforschung hat deutlich gemacht, was es bedeuten würde, ließe man die Dinge weiterhin einfach auf vollsten Touren laufen. Was könnte also ein solches Leid überhaupt rechtfertigen? Im Grunde nichts, schließlich lässt sich kaum etwas Schlimmeres vorstellen. Eine bürgerliche Zivilisation, die dieses Leid hervorbringt, wird ihrer Schuld nicht entgehen, und gleichzeitig macht der in Aussicht stehende Endpunkt dieser festgefügten Gleise den Raum zunichte für solche Argumente wie: »Zugegeben, der Kapitalismus hat die schrecklichsten je verzeichneten Ungleichheiten geschaffen, Subsistenzgemeinschaften und indigene Völker ausgelöscht, Milliarden in die Arbeitslosigkeit gestoßen und Milliarden weiterer Körper ausgelaugt, aber unterm Strich hat er den Lebensstandard der Moderne – zum Neid aller bisherigen Geschichte – verbreitet und die Menschheit aus der Asche der Armut gehoben« – hinein ins Feuer. Im Anbruch des kataklysmischen Klimawandels werden alle früheren Desaster der bürgerlichen Epoche zu Prototypen. Nicht aus Zufall beinhaltet Ben Lerners *22:04* eine Reproduktion des *Angelus Novus* und beginnt mit einem Epigramm von Walter Benjamin: »Alles wird sein wie hier – nur ein klein wenig anders.«[30]

FORTSCHRITT WIDER FORTSCHRITT

Wie würde ein echter Fortschritt im Erwärmungszustand aussehen? Adorno: »Fortschritt ist dieser Widerstand gegen diese [Regression] auf allen Stufen, und nicht das sich Überlassen an den Stufengang.« »Denn Fortschreiten heute heißt ja wirklich nichts anderes, als die totale Katastrophe vermeiden und verhindern«. In gewisser Hinsicht ließe sich deshalb auch sagen, »der Fortschritt ereigne sich dort, wo er endet«.[31] Wenn wir abermals Fortschritt erzielen wollen, werden wir gleichzeitig, in diesem speziellen Zustand, in dem wir uns befinden, verschiedene Formen der Rückkehr benötigen, um vorwärtszukommen: zurück zu nicht-fossilen Energiequellen, niedrigeren CO_2-Konzentrationen, womöglich zu einer Welt ohne Geoengineering. Es wird ein neuer Tanz sein, ein Schritt zurück und zwei Schritte vor, in Opposition zu den Kräften des Sturms.

INDUZIERT DIE IMPLOSION

Benjamin bekundete die »Erfahrung unserer Generation: daß der Kapitalismus keines natürlichen Todes sterben wird«.[32] Ob er jedoch das Überleben überleben wird, bleibt eine offene

Frage. Klimaforscher:innen wissen, dass erneuerbare Energietechnologien »exponentiell ausgeweitet« werden müssen, und erwarten, dass »eine solche ›technische Explosion‹ mit einer ›induzierten Implosion‹ des vorherrschenden industriellen, von Kohle, Öl und Gas genährten Metabolismus einhergehen wird«.[33] Das schließt auch momentan betriebene Einsatzstätten zur Förderung von Kohle, Öl und Erdgas ein, in denen sich das Kapital festgesetzt hat und in astronomischen Mengen zirkuliert – Akkumulationsfelder, die für sich genommen und selbst unter konservativen Einschätzungen bereits ausreichen, um die Welt jenseits der 2-Grad-Celsius-Marke zu befördern.[34] All jene, die die Funktionsweise des Kapitals auch nur ansatzweise verstehen – nicht unbedingt das Fachgebiet der Klimaforscher:innen –, können sich vorstellen, was eine derartig induzierte Implosion mit sich bringen könnte.[35] Es käme der destruktive Charakter zum Zug, der aber erst möglich wird durch eine politische Bewegung, deren Kräfte sich momentan noch nicht am Horizont abzeichnen. Die Tatsache aber, dass sich die Klimaschutzbewegung und ihre Verbündeten immer noch schwertun, sich als Abrisstrupp zu bezeichnen, ist noch lange kein Grund, sie verloren zu geben. Was die Theorie anbelangt, so kann sie in einem solchen Projekt immer nur eine sehr begrenzte Rolle spielen. Aber zumindest sollte sie kein Klotz am Bein sein.

Dank

Mein Dank gilt zuallererst Sebastian Budgen, dessen Energie so großzügig wie beeindruckend ist; er ist der Wind in so vielen marxistischen Segeln, dass wir keine Drachen brauchen. Danke auch an John Merrick, Rosie Warren und all die anderen Genoss:innen bei Verso. Dieser Text ist aus Gesprächen mit sowie inspiriert durch drei brillante Genoss:innen entstanden: Alf Hornborg, Kate Soper und John Bellamy Foster. Sie alle haben verschiedene Entwürfe gelesen und mir unschätzbar wertvolle Kommentare geliefert. So auch Rikard Warlenius und Harvey Shoolman. Die Hörerinnenschaft der Historical-Materialism-Konferenz in London, die Politische-Ökologie-Forschungsgruppe an der Lund Universität sowie an der University of Essex und am Goldsmiths haben auf Teile meiner Argumentation reagiert und Mängel aufgezeigt. Die Studierenden des CPS-Jahrgangs 2015–2017 (*Cultural, Power and Sustainability*) haben sich im Frühjahr 2016 intensiv mit der Erörterung dieses Themas beschäftigt; zum Zeitpunkt der Niederschrift sind sie unterwegs, um Praktika zu machen, etwa indem sie die Olivenernte palästinensischer Bauern durch den landwirtschaftlichen Zweig der PFLP (*Volksfront zur Befreiung Palästinas*) unterstützen, bei der One-Million-Climate-Jobs-Kampagne in Großbritannien mitarbeiten oder sich an der Mobilisierung gegen den Kohlebergbau in Ecuador beteiligen. Ich bin dankbar und demütig, solche Studierende zu haben. Zu guter Letzt gilt mein Dank Shora Esmailian und Latifa Esmailian Malm, die mir in dieser ansonsten so traurigen Zeit Gründe geliefert haben, jeden Tag zu lachen und ein Lächeln zu schenken.

Politisches
Sachbuch
bei
Matthes &
Seitz Berlin

Eine Geschichte der Welt in Objekten – erworben, erbeutet, zurückgegeben. Vom wechselhaften Leben der Objekte zwischen Erwerb, Entwenden und Restitution.

Beute
Ein Bildatlas zu Kunstraub und Kulturerbe

hrsg. v. Bénédicte Savoy, Merten Lagatz und Philippa Sissis

400 Seiten, in Leinen gebunden
€ 38,00 (D) / € 39,10 (A)
ISBN 978-3-75180-311-3

Das Pendant zum großen Bildatlas: Stimmen zu Entwendungen, Translokationen und Rückgaben in Texten von der Antike bis in die Gegenwart.

Beute
Eine Anthologie zu Kunstraub und Kulturerbe

hrsg. v. Bénédicte Savoy, Isabelle Dolezalek, Robert Skwirblies und unter Mitarbeit von Luca Frepoli

500 Seiten, gebunden
€ 38,00 (D) / € 39,10 (A)
ISBN 978-3-75180-312-0

Ist es an der Zeit, das kaputt zu machen, was uns kaputt machen wird? Wir müssen die Förderung fossiler Brennstoffe zum Stillstand bringen – Andreas Malm fordert nichts weniger als die Eskalation.

Andreas Malm
Wie man eine Pipeline in die Luft jagt
Kämpfen lernen in einer Welt in Flammen

Aus dem Englischen von David Frühauf

211 Seiten, Klappenbroschur
€ 18,00 (D) / € 18,50 (A)
ISBN 978-3-75180-305-2

Unter Bedingungen extremer Gewalt erscheint Widerstand kaum vorstellbar. Und doch haben Menschen immer wieder das Unmögliche gewollt, gesucht und getan.

Iris Därmann
Widerstände
Geschichte und Theorie

200 Seiten, gebunden
€ 20,00 (D) / € 20,60 (A)
ISBN 978-3-75180-510-0

Eine schonungslose Analyse des derzeitigen Ansehensverlustes unserer offenen Gesellschaft

Wolfgang Engler
Die offene Gesellschaft und ihre Grenzen

160 Seiten, Klappenbroschur
€ 18,00 (D) / € 18,50 (A)
ISBN 978-3-75180-300-7

Leidenschaftlich wendet sich Guénon gegen das Streben nach Profitmaximierung, materiellem Fortschritt und individueller Selbstverwirklichung.

René Guénon
Die Krise der modernen Welt

Aus dem Französischen von Ulrich Kunzmann
Mit einem Vorwort von Mark Sedgwick

190 Seiten, gebunden
€ 24,00 (D) / € 24,60 (A)
ISBN 978-3-95757-851-8

Anmerkungen

Einleitung. Theorie des Erwärmungszustands

1 Fredric Jameson, »The Aesthetics of Singularity«, in: *New Left Review* II/92 (2015), S. 101–132, hier S. 105. (Übersetzung hier und im Weiteren, falls nicht anders angegeben, David Frühauf.) Für eine Bestandsaufnahme von Jamesons Thesen sowie deren weitere Verbreitung während der letzten dreißig Jahre siehe die Spezialausgabe von *Social Text* 34/2 (2016).

2 Fredric Jameson, *Postmodernism, or, The Cultural Logic of Late Capitalism*, London 1991, S. 16; vgl. darüber hinaus Fredric Jameson, »The End of Temporality«, in: *Critical Inquiry* 29 (2003), S. 695–718.

3 Jameson, *Postmodernism*, S. 309.

4 Ebd., S. ix, S. 392. Zur Analyse des Endes der Natur als dem Ende der Zeitlichkeit und Geschichtlichkeit siehe z. B. S. 35, S. 49, S. 307–311, S. 365 f.; Jameson, »The End of Temporality«, S. 699; Fredric Jameson, *Spätmarxismus. Adorno oder Die Beharrlichkeit der Dialektik*, übers. v. Michael Haupt, Hamburg 1991, S. 122; Fredric Jameson, *The Cultural Turn. Selected Writings on the Postmodern 1983–1998*, London 2009, S. 54–70.

5 Ben Lerner, *22:04*, übers. v. Nikolaus Stingl, Reinbek bei Hamburg 2016, S. 76.

6 Ebd., S. 28, 17, 30, 30.

7 Kevin E. Trenberth, John T. Fasullo, Theodore G. Shepherd, »Attribution of Climate Extreme Events«, in: *Nature Climate Change* 5 (2015), S. 725–730, hier S. 729. Vgl. Andrew R. Solow, »Extreme Weather, Made by Us?«, in: *Science* 349 (2015), S. 1445–1455; Friederike Otto, Geert Jan van Oldenborgh, Jonathan Eden u. a., »The Attribution Question«, in: *Nature Climate Change* 6 (2016), S. 813–816; Peter Stott, »How Climate Change Affects Extreme Weather Events«, in: *Science* 352 (2016), S. 1517–1518.

8 Izuru Takayabu, Kenshi Hibino, Hidetaka Sasaki u. a., »Climate Change Effects on Worst-Case Storm Surge. A Case Study of

Typhoon Haiyan«, in: *Environmental Research Letters* 10 (2015), {iopscience.iop.org/article/10.1088/1748-9326/10/6/064011}, letzter Aufruf 14.06.2021.

9 E. M. Fischer, R. Knutti, »Anthropogenic Contribution to Global Occurrence of Heavy-Precipitation and High-Temperature Extremes«, in: *Nature Climate Change* 5 (2015), S. 560–565; Peter Stott, »Weather Risks in a Warming World«, in: *Nature Climate Change* 5 (2015), S. 516–517.

10 Flavior Lehner, Thomas F. Stocker, »From Local Perception to Global Perspective«, in: *Nature Climate Change* 5 (2015), S. 731–735.

11 Zu den kumulativen Emissionen und den damit verbundenen Zeitlichkeiten des Klimawandels sowie Referenzen siehe Andreas Malm, *Fossil Capital. The Rise of Steam Power and the Roots of Global Warming*, London 2016, S. 4–8.

12 Walter Benjamin, *Gesammelte Schriften*, Bd. 5: *Das Passagen-Werk*, Frankfurt/M. 1991, S. 162.

13 Jameson, *The Cultural Turn*, 59.

14 Lerner, *22:04*, S. 88. Siehe ferner S. 142, 200, 265, 297. Zur Etymologie von Unwetter und Zeitlichkeit siehe Bronislaw Szerszynski, »Reading and Writing the Weather. Climate Technics and the Moment of Responsibility«, in: *Theory, Culture and Society* 27 (2010), S. 9–30, hier S. 24.

15 Lerner, *22:04*, S. 97.

16 Peter U. Clark, Jeremy D. Shakun, Shaun A. Marcott u. a., »Consequences of Twenty-First-Century Policy for Multi-Millennial Climate and Sea-Level Change«, in: *Nature Climate Change* 6 (2016), S. 360–369, hier S. 360f.

17 Siehe u. a. Patrik L. Pfister, Thomas F. Stocker, »Earth System Commitments Due to Delayed Mitigation«, in: *Environmental Research Letters* 11 (2016), {iopscience.iop.org/article/10.1088/1748-9326/11/1/014010}, letzter Aufruf 02.07.2021.

18 E. Rignot, J. Mouginot, M. Morlighem u. a., »Widespread, Rapid Grounding Line Retreat of Pine Island, Thwaites, Smith, and Kohler glaciers, West Antarctica, from 1992 to 2011«, in: *Geophysical Research Letters* 41 (2014), S. 3502–3509; Ian Joughin, Benjamin Smith, Brooke Medley, »Marine Ice Sheet Collapse Potentially Under Way for the Thwaites Glacier Basin, West Antarctica«, in: *Science* 344 (2014), S. 735–738; J. S. Greenbaum, D. D. Blankenship, D. A. Young u. a., »Ocean Access to a Cavity Beneath Totten Glacier in East Antarctica«, in: *Nature Geoscience* 8 (2015), S. 294–298; Fernando S. Paolo, Helen A. Fricker, Laurie Padman, »Volume Loss from Antarctic Ice Shelves is Accelerating«, in: *Science* 348 (2015), S. 327–331.

19 Michael Le Page, »Five Metres and Counting«, in: *New Scientist* 226 (Juni 2015), S. 8–10, hier S. 8.

20 J. Hansen, M. Sato, P. Hearty u. a., »Ice Melt, Sea Level Rise and Superstorms. Evidence from Paleoclimate Data, Climate Modelling, and Modern Observations that 2°C Global Warming Could be Dangerous«, in: *Atmospheric Chemistry and Physics Discussion* 16 (2015), S. 3761–3812.

21 Lerner, *22:04*, vgl. S. 58, 142, 199.

22 Rahmenübereinkommen der Vereinten Nationen über Klimaänderungen, »Adoption of the Paris Agreement«, 12.12.2015, S. 22, {unfccc.int/resource/docs/convkp/convger.pdf}, letzter Aufruf 14.06.2021.

23 Weltorganisation für Meteorologie, »2015 Is Hottest Year on Record«, 25.01.2016, {public.wmo.int/en/media/press-release/2015-hottest-year-record}, letzter Aufruf 14.06.2021.

24 Glen Peters, »The ›Best Available Science‹ to Inform 1.5°C Policy Choices«, in: *Nature Climate Change* 6 (2016), S. 646–649.

25 Chris Mooney, »Scientists Are Floored by What's Happening in the Arctic Right Now«, in: *The Washington Post*, 18.02.2016.

26 Chris Huntingford, Lina M. Mercado, »High Chance that Current Atmospheric Greenhouse Concentrations Commit to Warmings Greater than 1.5°C Over Land«, in: *Nature Scientific Reports* 6 (2016), S. 5, {nature.com/articles/srep30294}, letzter Aufruf 02.07.2021.

27 John Vidal, »›Extraordinarily Hot‹ Arctic Temperatures Alarm Scientists«, in: *The Guardian*, 22.11.2016.

28 Copernicus Climate Change Service, »Earth on the Edge. Record Breaking 2016 Was Close to 1.5°C Warming«, 05.01.2017, {climate.copernicus.eu/earth-edge-record-breaking-2016-was-close-15degc-warming}, letzter Aufruf 14.06.21; WMO, »WMO confirms 2016 as hottest year on record, about 1.1°C above pre-industrial era«, 18.01.2017, {public.wmo.int/en/media/press-release/wmo-confirms-2016-hottest-year-record-about-11°c-above-pre-industrial-era}, letzter Aufruf 14.06.21; Damian Carrington, »2016 Hottest Year Ever Recorded – and Scientists Say Human Activity to Blame«, in: *The Guardian*, 18.01.2017.

29 E. Ann Kaplan, *Climate Trauma. Foreseeing the Future in Dystopian Film and Fiction*, New Brunswick 2016, S. xix, S. 53, 12.

30 Jonathan Crary, *24/7. Schlaflos im Spätkapitalismus*, übers. v. Thomas Laugstien, Berlin 2014, S. 15, 84.

31 Andrew McMurry, »Media Moralia. Reflections on Damaged Environments and Digital Life«, in: Greg Garrard (Hg.), *The Oxford Handbook of Ecocriticism*, Oxford 2014, S. 487–501, hier S. 493, 497.

32 Kae Tempest, *Let Them Eat Chaos. Sollen sie doch Chaos fressen*, übers. v. Johanna Davids, Berlin 2018, S. 143.

33 Zum Klima als Lackmustest bzw. Prüfstein, vgl. McKenzie Wark, *Molekulares Rot. Theorie für das Anthropozän*, übers. v. Dirk Höfer, Berlin 2017, u. a. S. 254, 269 f.

34 Laetitia van Eeckhout, »Winds of Climate Change Blast Farmers' Hopes of Sustaining a Livelihood in Burkina Faso«, in: *The Guardian*, 07.07.2015.

35 Ami Sedghi, »Climate Change Seen as Greatest Threat by Global Population«, in: *The Guardian*, 17.07.2015.

36 Hanno Sandvik, »Public Concern Over Global Warming Correlates Negatively with National Wealth«, in: *Climatic Change* 90 (2008), S. 333–341; So Young Kim, Yael Wolinsky-Nahmias, »Cross-National Public Opinion on Climate Change, The Effects of Affluence and Vulnerability«, in: *Global Environmental Politics* 14 (2014), S. 79–106; Alex Y. Lo, Alex T. Chow, »The Relationship Between Climate Change Concern and National Wealth«, in: *Climatic Change* 131 (2015), S. 335–348.

37 Zu den Details der britischen Kohleförderung in Labuan siehe Andreas Malm, »Who Lit this Fire? Approaching the History of the Fossil Economy«, in: *Critical Historical Studies* 3 (2016), S. 215–248.

38 Vgl. die Beschreibung des Bildes in Andrew Francis, *Culture and Commerce in Conrad's Asian Fiction*, Cambridge 2015, S. 1.

39 Für weitere Informationen über die fossile Ökonomie und ihre britische Erfindung siehe Malm, *Fossil Capital.*

Über den Bau der Natur. Wider den Konstruktionismus

1 Naomi Klein, *Die Entscheidung. Kapitalismus vs. Klima*, übers. v. Gabriele Gockel, Sonja Schuhmacher, Christa Prummer-Lehmair, Frankfurt/M. 2015, S. 245, siehe auch 96 ff.

2 Bronislaw Szerszynski, John Urry, »Changing Climates. Introduction«, in: *Theory, Culture and Society* 27 (2010), S. 1–8, hier S. 1.

3 Keith Jenkins, *On ›What is History?‹ From Carr and Elton to Rorty and White*, London 1995, S. 19 f., 37, 151, 178 f.; Keith Jenkins, *Refiguring History. New Thoughts on an Old Discipline*, London 2003, S. 41, 56–60.

4 Richard J. Evans, *Fakten und Fiktionen. Über die Grundlagen historischer Erkenntnis*, übers. v. Ulrich Speck, Frankfurt/New York 1998, S. 123.

5 Für eine höchst wirkungsvolle Darstellung des historiografischen Realismus siehe Murray G. Murphey, *Truth and History*, Albany 2009.

6 Ebd., S. 14.

7 Noel Castree, *Making Sense of Nature. Representation, Politics and Democracy*, Abingdon 2014, S. 10.

8 Ebd., S. 6, 12, 282, 318, 320.

9 Ebd., S. 114, 142 (Hvh. i. O.).

10 Ebd., S. 236.

11 Zum »epistemic fallacy« siehe Roy Bhaskar, *A Realist Theory of Science*, London 2008, u. a. S. 16, 30, 36 ff., 44, 250; Andrew Collier, *Critical Realism. An Introduction to Roy Bhaskar's Philosophy*, London 1994, S. 76–85.

12 Donna J. Haraway, »Monströse Versprechen. Eine Erneuerungspolitik für un/an/geeignete Andere«, in: dies., *Monströse Versprechen. Die Gender- und Technologie-Essays*, übers. v. Michael Haupt, Hamburg 2017, S. 35–123, hier S. 46, 39.

13 Paul Wapner, *Living Through the End of Nature. The Future of American Environmentalism*, Cambridge 2013, S. 7, 126, 19 (Hvh. i. O.).

14 Diese Kritik am Konstruktionismus wird brillant ausgearbeitet in Kate Soper, *What is Nature? Culture, Politics and the Non-Human*, Oxford 1995. Siehe auch u. a. Holmes Rolston III, »Nature for Real. Is Nature a Social Construct?«, in: T. D. J. Chappell (Hg.), *The Philosophy of the Environment*, Edinburgh 1997, S. 33–64; Ian Hacking, *Was heißt »soziale Konstruktion«? Zur Konjunktur einer Kampfvokabel in den Wissenschaften*, übers. v. Joachim Schulte, Frankfurt/M. [2]1999, u. a. S. 63, 106–108; David Kidner, »Fabricating Nature. A Critique of the Social Construction of Nature«, in: *Environment and Ethics* 22 (2000), S. 339–357; Val Plumwood, »The Concept of a Cultural Landscape. Nature, Culture and Agency in the Land«, in: *Ethics and the Environment* 11 (2006), S. 115–150; Dave Elder-Vass, *The Reality of Social Construction*, Cambridge 2012, S. 234–252. Für einen Überblick über die langwährende Debatte über die soziale Konstruktion der Natur siehe James D. Proctor, »The Social Construction of Nature. Relativist Accounts, Pragmatist and Critical Realist Responses«, in: *Annals of the Association of American Geographers* 88 (1998), S. 352–376; David Demeritt, »What is the ›Social Construction of Nature‹? A Typology and Sympathetic Critique«, in: *Progress in Human Geography* 26 (2002), S. 767–790.

15 Das Beispiel wurde Dale Jacquette, *The Philosophy of Mind. The Metaphysics of Consciousness*, London 2009, S. 149, nachempfunden.

16 Zu dieser verstiegenen Vorstellung siehe Tim Newton, *Nature and Sociology*, London 2007, S. 22–24.

17 Was die kantischen Wurzeln des Konstruktionismus anbelangt, so

erinnert Noel Castree explizit an sie in Noel Castree, »The Return of Nature?«, in: *Cultural Geographies* 19 (2012), S. 547–552, insbesondere S. 549. Für eine sorgfältige Rekonstruktion dieser Genealogie siehe Elder-Vass, *The Reality of Social Construction*, S. 244–247.

18 Soper, *What is Nature?*, S. 151.

19 Ebd., S. 132 f. Siehe auch Kate Soper, »Nature/›nature‹«, in: George Robertson, Melinda Mash, Lisa Tickner u. a. (Hg.), *FutureNatural*, London 1996, S. 22–34; Kate Soper, »Disposing Nature or Disposing of It. Reflections on the Instruction of Nature«, in: Gregory E. Kaebnick (Hg.), *The Ideal of Nature. Debates about Biotechnology and the Environment*, Baltimore 2011, S. 1–16.

20 Neil Smith, *Uneven Development. Nature, Capital, and the Production of Space*, Athens/GA, [3]2008, S. 81.

21 Ebd., S. 47.

22 Noel Castree, »Marxism and the Production of Nature«, in: *Capital and Class* 24 (2000), S. 5–36, hier S. 25; Noel Castree, »The Production of Nature«, in: Eric Sheppard, Trevor J. Barnes (Hg.), *A Companion to Economic Geography*, Oxford 2000, S. 275–289, hier S. 278 (Hvh. i. O.). Vgl. Noel Castree, »Capitalism and the Marxist critique of political ecology«, in: Tom Perreault, Gavin Bridge, James McCarthy (Hg.), *The Routledge Handbook of Political Ecology*, London 2015, S. 279–292, insbesondere S. 285–288.

23 Für frühere Erwähnungen siehe Smith, *Uneven Development*, S. 80, 88; vgl. Neil Smith, »The Production of Nature«, in: Robertson u. a., *FutureNatural*, S. 35–54, insbesondere S. 50.

24 Smith, *Uneven Development*, S. 244. Siehe auch die verworrenen Argumente auf S. 245 ff.

25 Simon Hailwood, *Alienation and Nature in Environmental Philosophy*, Cambridge 2015, S. 39 (Hvh. i. O.). Vgl. Plumwood, »The Concept of a Cultural Landscape«, S. 144.

26 Trotz Smiths Aussagen ist es Wissenschaftler:innen, die seiner Theorie verpflichtet sind, offenbar dennoch möglich, vernünftig über den Klimawandel zu schreiben. Siehe etwa Susan W. S. Millar, Don Mitchell, »The Tight Dialectic and the Capitalist Production of Nature«, in: *Antipode* 49 (2017), S. 75–93. Die problematischen Implikationen seiner Theorie werden hier schlichtweg ausgespart.

27 Gabriele C. Hegerl, »Use of Models and Observations in Event Attribution«, in: *Environmental Research Letters* 10 (2015), {iopscience.iop.org/article/10.1088/1748-9326/10/7/071001/pdf}, letzter Aufruf 02.07.2021. Siehe weitere Referenzen in den Anmerkungen 7–9 des Kapitels »Einleitung. Theorie des Erwärmungszustands«.

28 Bill McKibben, *Das Ende der Natur*, übers. v. Udo Rennert, München 1990, S. 57 f., 68 (Hvh. i. O.).

29 Ebd., S. 74 (Hvh. i. O.).

30 Für ähnliche Kritikpunkte an der puristischen Definition und der daran anschließenden Proklamation des Endes der Natur siehe Keekok Lee, »Is Nature Autonomous?«, in: Thomas Heyd (Hg.), *Recognizing the Autonomy of Nature*, New York 2005, S. 54–74, hier S. 54 f.; Val Plumwood, »Toward a Progressive Naturalism«, in: ebd., S. 25–53, hier S. 41–43; Mark Woods, »Ecological Restoration and the Renewal of Wildness and Freedom«, in: ebd., S. 170–188, hier S. 174; Plumwood, »The Concept of a Cultural Landscape«, S. 135.

31 Die Gründe für diese Klage werden in einem späteren Aufsatz untersucht.

32 Steven Vogel, *Against Nature. The Concept of Nature in Critical Theory*, New York 1996, S. 35–39.

33 Steven Vogel, *Thinking like a Mall. Environmental Philosophy after the End of Nature*, Cambridge 2015, Kap. 1.

34 Ebd., S. 8, 29 (Hvh. i. O.).

35 Ebd., S. 8. Diese Schlussfolgerung wird in den ersten Kapiteln des Buchs mehrmals wiederholt, siehe u. a. S. 44, 58, 90.

36 Ebd., insbesondere Kap. 5.

37 Zu dieser Unterscheidung, vgl. u. a. Anna Peterson, »Environmental Ethics and the Social Construction of Nature«, in: *Environmental Ethics* 21 (1999), S. 343. In einem 1996 geschriebenen Text vereinigt Smith »Material mit konzeptueller Konstruktion«; in seinem Buch aus dem gleichen Jahr behauptet Vogel, dass »›Natur‹ selbst als diskursiv und praktisch konstituiert verstanden werden muss«. Vgl. Smith, »The Production of Nature«, S. 50; Vogel, *Against Nature*, S. 170. Beide Männer beschlossen später, die konzeptionell-diskursiven Aspekte beiseitezulassen und sich auf die materiell-praktischen zu konzentrieren. Tatsächlich haben beide den idealistischen Konstruktionismus aus ähnlichen wie den oben vorgebrachten Gründen abgelehnt: siehe Neil Smith, »Nature at the Millenium. Production, and Re-enchantment«, in: Bruce Braun, Noel Castree (Hg.), *Remaking Reality. Nature at the Millenium*, London 1998, S. 269–282, hier S. 274–276; Vogel, *Thinking like a Mall*, S. 34–36, 57.

38 Vogel, *Thinking like a Mall*, 41, 63. Vgl. u. a. S. 61 f., 73, 94.

39 Siehe u. a. Jeffrey S. Dukes, »Burning Buried Sunshine. Human Consumption of Ancient Solar Energy«, in: *Climatic Change* 61 (2003), S. 31–44; Vaclav Smil, *The Earth's Biosphere. Evolution, Dynamics, and Change*, Cambridge, MA, 2003, 131–134; Smil, *Energy in Nature and Society. General Energetics of Complex Systems*, Cambridge, MA, 2008, S. 206; David Beerling, *The Emerald Planet. How Plants Changed Earth's History*, Oxford 2007, S. 42–52.

40 Vogel, *Thinking like a Mall*, S. 44 (Hvh. hinzugefügt).

41 Ebd., S. 244 (Hvh. i. O.). Die gleiche Schlussfolgerung wird gezogen in Steven Vogel, »Why ›Nature‹ Has No Place in Environmental Philosophy«, in: Kaebnick, *The Ideal of Nature*, S. 197.

42 Plumwood, »The Concept of a Cultural Landscape«, S. 137.

43 Soper, *What is Nature?*, S. 135. Siehe ebenso S. 136 f., 141 f.

44 Vgl. Hacking, *Was heißt »soziale Konstruktion«?*, S. 78 f.

45 William H. Sewell Jr., *Logics of History. Social Theory and Social Transformation*, Chicago 2005, S. 360 (Hvh. i. O.).

46 Außer dass es sich nicht um »eine Bedeutung« handeln würde.

47 Hacking, *Was heißt »soziale Konstruktion«?*, S. 24, 19.

48 Vgl. das brillante *Alienation and Nature in Environmental Philosophy* von Simon Hailwood, insbesondere S. 40; Plumwood, »The Concept of a Cultural Landscape«, S. 135.

49 Castree, *Making Sense of Nature*, S. 141. Vgl. auch S. 7, 137–140. Castree ist der Hauptautor eines Artikels in der führenden Zeitschrift für Klimaforschung, der mit der Würdigung einer äußerst realistischen Unternehmung einsetzt: »Die Forschungen des Global Environmental Change (GEC) haben eine wichtige Rolle dabei gespielt, Menschen auf die außergewöhnlichen biophysikalischen Auswirkungen ihrer Aktivitäten aufmerksam zu machen.« Noel Castree, William M. Adams, John Barry u. a., »Changing the Intellectual Climate«, in: *Nature Climate Change* 4 (2014), S. 763–768, hier S. 763. Vgl. Noel Castree, »Unfree Radicals. Geoscientists, the Anthropocene, and Left Politics«, in: *Antipode* 49 (2017), S. 52–74.

50 Smith, *Uneven Development*, S. 82 (vgl. S. 54).

51 Vogel, *Thinking like a Mall*, S. 43, 110–112 (Hvh. i. O.).

52 Ein differenzierteres Plädoyer liefert Manuel Arias-Maldonado, »Let's Make It Real. In Defense of a Realistic Constructivism«, in: *Environmental Ethics* 33 (2011), S. 377–392, doch ist seine Differenzierung direkt proportional zu seinen Zugeständnissen an den Realismus.

53 Wie argumentiert wird von Newton, *Nature and Sociology*, S. 24 f.

54 McKibben, *Das Ende der Natur*, u. a. S. 92–94.

55 Jedediah Purdy, *After Nature. A Politics for the Anthropocene*, Cambridge 2015, S. 3; Jedediah Purdy, »Response«, in: *Boston Review*, 11.01.2016, {bostonreview.net/forum/new-nature/jedediah-purdy-jedediah-purdy-response-new-nature}, letzter Aufruf 02.07.2021.

56 Purdy, *After Nature*, S. 16, 42, 271, 288. Siehe auch u. a. S. 21, 46, 146, 232, 238 f., 277, 286 f.

57 Für ein weiteres Beispiel dieses performativen Widerspruchs siehe noch einen weiteren, bereits zum Klassiker gewordenen »Nach der Natur«-Text: Arturo Escobar, »After Nature. Steps to an Anti-

essentialist Political Ecology«, in: *Current Anthropology* 40 (1999), S. 1–30.

58 Rolston III, »Nature for Real«, S. 43.

Über kombinierte Entwicklung. Wider den Hybridismus

1 Times Higher Education, »Most Cited Authors of Books in the Humanities, 2007«, in: timeshighereducation.com, 26.03.2009, {timeshighereducation.com/news/most-cited-authors-of-books-in-the-humanities-2007/405956.article}, letzter Aufruf 03.07.2021.

2 Graham Harman, »Demodernizing the Humanities with Latour«, in: *New Literary History* 47 (2016), S. 249–274, hier S. 249.

3 Bruno Latour, *Wir sind nie modern gewesen. Versuch einer symmetrischen Anthropologie*, Frankfurt/M. 2008, S. 7.

4 Es bleibt eines seiner zentralen Anliegen in Bruno Latour, *Existenzweisen. Eine Anthropologie der Modernen*, Berlin 2014, siehe u. a. die Aussagen zu Natur und Gesellschaft auf S. 441 f., 482–484.

5 Latour, *Wir sind nie modern gewesen*, S. 68, 174 (Hvh. hinzugefügt). Vgl. Bruno Latour, *The Pasteurization of France*, Cambridge 1988, S. 205 f.

6 Latour, *Wir sind nie modern gewesen*, S. 114.

7 Latour, *Das Parlament der Dinge. Für eine politische Ökologie*. Frankfurt/M. 2001, S. 82, 54 (Hvh. i. O.).

8 Graham Harman, *Bruno Latour. Reassembling the Political*, London 2014, S. viii. Vgl. Latour, *The Pasteurization of France*, S. 206.

9 Damian F. White, Alan P. Rudy, Brian J. Gareau, *Environments, Nature and Social Theory*, London 2016, S. 199. Man muss White u. a. zugutehalten, dass sie mehrere Probleme innerhalb des Hybridismus ausmachen und eine Reihe an gut durchdachten Kritikpunkten verschiedener Ansätze liefern: Siehe weiter unten. Jedoch schließen sie sich letztlich dem hybridistischen Projekt an.

10 Wapner, *Living Through the End of Nature*, S. 134; Purdy, *After Nature*, S. 15.

11 Leo Trotzki, *Geschichte der Russischen Revolution. Februarrevolution*, Bd. 1., Essen 2010 [1930], S. 9 (Hvh. hinzugefügt).

12 René Descartes, *Mediationen. Mit sämtlichen Einwänden und Erwiderungen*, übers. u. hrsg. v. Christian Wohlers, Hamburg 2009, S. 14, 170, 85 (Hvh. i. O.).

13 Ein Schlüsselwerk innerhalb dieses antikartesianischen Genres bildet Val Plumwood, *Feminism and the Mastery of Nature*, London 1993, auch wenn sie die Probleme weiter bis zur Philosophie Platons zurückverfolgt.

14 René Descartes, *Der Briefwechsel mit Elisabeth von der Pfalz*, Hamburg 2015, S. 23.

15 Das folgt Jacquette, *The Philosophy of Mind*, S. 15–20. Für einen guten Überblick über das Problem siehe ferner William Jaworski, *Philosophy of Mind. A Comprehensive Introduction*, Chichester 2011, S. 56–59; John Heil, *Philosophy of Mind. A Contemporary Introduction*, New York 2013, S. 25–29.

16 Plumwood, *Feminism and the Mastery of Nature*, u.a. S. 47–55, 69–71; Val Plumwood, *Environmental Culture. The Ecological Crisis of Reason*, London 2002, S. 51, 98, 107–109, 120f.

17 Eigenschaftsdualismus wird manchmal auch als »Dualattribut-Theorie« oder »Doppelaspekt-Theorie« bezeichnet; er überschneidet sich an manchen Stellen mit dem »nichtreduktiven Physikalismus«.

18 Jacquette, *The Philosophy of Mind*, S. 8.

19 Dies folgt ebd., S. 8f.; John Searle, »Der Reduktionismus und die Irreduzibilität des Bewußtseins«, in: ders., *Die Wiederentdeckung des Geistes*, übers. v. Harvey P. Gavagai, München 1993, S. 130–146; Timothy O'Connor, John Ross Churchill, »Nonreductive Physicalism or Emergent Dualism? The Argument from Mental Causation«, in: Robert C. Koons, George Bealer (Hg.), *The Waning of Materialism*, Oxford 2010, S. 279; Michael Jubien, »Dualizing Materialism«, in: ebd., S. 338; Heil, *Philosophy of Mind*, S. 3, 19 (Heil kommt schließlich – in Übereinstimmung mit dem von ihm vertretenen neutralen Monismus – zu dem Schluss, dass dieses Dritte-Person-Beobachtungsproblem in Wahrheit überhaupt kein Problem ist, Heil, *Philosophy of Mind*, S. 239f.).

20 Vgl. Penelope Mackie, »Property Dualism and Substance Dualism«, in: *Proceedings of the Aristotelian Society* 111 (2011), S. 181–199.

21 Jacquette, *The Philosophy of Mind*, S. 9, 59, 135, 218; Jubien, »Dualizing Materialism«, S. 339–343.

22 Jacquette, *The Philosophy of Mind*, S. 136.

23 Zur Emergenz und Eigenschaften des Lebens siehe den wundervollen Pier Luigi Luisi, *The Emergence of Life. From Chemical Origins to Synthetic Biology*, Cambridge 2006. Das Nicht-Mysteriöse der mentalen Eigenschaften wird hervorgehoben von Jubien, »Dualizing Materialism«, S. 343, und heftig bestritten von William G. Lycan, »Is Property Dualism Better Off Than Substance Dualism?«, in: *Philosophical Studies* 164 (2013), S. 535.

24 Jacquette, *The Philosophy of Mind*, u.a. S. 23, 32, 43, 144, 207, 239f.

25 Ebd., S. 36f.

26 Vgl. die kritischen Kommentare zu Latours umfassender Ablehnung aller modernistischen Strömungen in White u.a., *Environments, Nature and Social Theory*, S. 131f.

27 Vgl. Arias-Maldonado, »Let's Make It Real«, S. 382 f.

28 Latour, *Wir sind nie modern gewesen*, S. 167, 75 (und siehe auch S. 77); Latour, *Das Parlament der Dinge*, S. 319 Fn 36; Vgl. u. a. Latour, *The Pasteurization of France*, S. 180; Bruno Latour, *Facing Gaia. Six Lectures on the Political Theology of Nature*, in: {bruno-latour.fr}, 2013, S. 78, aufgerufen am 29.02.2016 (Der Link wurde mittlerweile gelöscht, die Vorträge wurden stark bearbeitet veröffentlicht als Bruno Latour, *Kampf um Gaia. Acht Vorträge über das Neue Klimaregime*, Berlin 2017), bzw. *Kampf um Gaia*, S. 203 f., sowie Bruno Latour, »Agency at the Time of the Anthropocene«, in: *New Literary History* 45 (2014), S. 1–18.

29 Karl Marx, *Grundrisse der Kritik der politischen Ökonomie*, in: Institut für Marxismus-Leninismus beim ZK der SED (Hg.), *MEW* 42, Berlin/DDR 1983, S. 15–768, hier S. 189.

30 Vgl. Richard Evanoff, »Reconciling Realism and Constructivism in Environmental Ethics«, in: *Environmental Values* 14 (2005), S. 61–81, hier S. 71, 74.

31 Hailwood, *Alienation and Nature in Environmental Philosophy*, S. 47.

32 Latour, *Wir sind nie modern gewesen*, S. 52. Zu dieser Unterscheidung, vgl. Jacques Pollini, »Bruno Latour and the Ontological Dissolution of Nature in the Social Sciences. A Critical Review«, in: *Environmental Values* 22 (2013), S. 25–42, hier S. 37.

33 Das erneut auftaucht u. a. in Bruno Latour, »Über technische Vermittlung. Philosophie, Soziologie und Genealogie«, in: Andréa Belliger, David J. Krieger (Hg.): *ANThology. Ein einführendes Handbuch zur Akteur-Netzwerk-Theorie*, Bielefeld 2006, S. 483–528, hier S. 515.

34 Alf Hornborg, »Technology as Fetish. Marx, Latour, and the Cultural Foundations of Capitalism«, in: *Theory, Culture and Society* 31 (2014), S. 119–140; Alf Hornborg, »The Political Economy of Technofetishism. Agency, Amazonian Ontologies, and Global Magic«, in: *HAU. Journal of Ethnographic Theory* 5 (2015), S. 35–57; Alf Hornborg, »The Political Ecology of the Technocene. Uncovering Ecologically Unequal Exchange in the World-System«, in: Clive Hamilton, François Gemenne, Christophe Bonneuil (Hg.), *The Anthropocene and the Global Environmental Crisis. Rethinking Modernity in a New Epoch*, Abingdon 2015, S. 57–69. Vgl. Pollini, »Bruno Latour and the Ontological Dissolution of Nature in the Social Sciences«, S. 36–39.

35 Hornborg, »The Political Ecology of the Technocene«, S. 59 (Hvh. i. O.).

36 Eine klare Darlegung dieser Kritik findet sich bei Lycan, »Is Pro-

perty Dualism Better Off Than Substance Dualism?«. Heil formuliert seine Kritik aus der Position eines neutralen Monismus in Heil, *Philosophy of Mind*, S. 192 f., Jaworski aus der des Hylemorphismus in Jaworski, *Philosophy of Mind*, S. 58 f., 240 ff. Eine damit zusammenhängende Attacke auf den Eigenschaftsdualismus (angeblich der nicht-kartesianischen Sorte) versucht Dean Zimmerman, »From Property Dualism to Substance Dualism«, in: *Proceedings of the Aristotelian Society Supplementary Volume* 84 (2010), S. 119–150, demgegenüber Mackie, »Property Dualism and Substance Dualism« ein effektives Schutzschild darstellt.

37 Siehe u. a. Tim Crane, »The Mental Causation Debate«, in: *Proceedings of the Aristotelian Society* 69 (1995), S. 1–23; Joseph Almog, »Dualistic Materialism 1«, in: Koons, Bealer, *The Waning of Materialism*, S. 349–364; O'Connor, Churchill, »Nonreductive Physicalism or Emergent Dualism?«; Jubien, »Dualizing Materialism«; Chiwook Won, »Overdetermination, Counterfactuals, and Mental Causation«, in: *Philosophical Review* 123 (2014), S. 205–229; Thomas Kroedel, »Dualist Mental Causation and the Exclusion Problem«, in: *Nous* 49 (2015), S. 357–375. Ein ausgezeichneter Überblick findet sich in Sophie C. Gibb, »Mental Causation«, in: *Analysis Reviews* 74 (2014), S. 327–338. Sie schließt mit dem Satz: »Welche Position innerhalb dieser Debatte einzunehmen ist, ist nach wie vor eine offene Frage«. Ebd., S. 335.

38 Vgl. Crane, »The Mental Causation Debate«, S. 17; Paul Humphreys, »How Properties Emerge«, in: Mark A. Bedau, Paul Humphreys, *Emergence. Contemporary Readings in Philosophy and Science*, Cambridge, MA/London 2008, S. 111–126, hier S. 111; Gibb, »Mental Causation«, S. 327, 334; Won, »Overdetermination, Counterfactuals, and Mental Causation«, S. 28.

39 Die Einwände des kausalen Endes und der Überdetermination, die innerhalb der Philosophie des Geistes in der Kritik des Eigenschaftsdualismus populär sind, laufen hier gleichermaßen ins Leere.

40 Insofern können wir sagen, dass es nicht-natürliche soziale Eigenschaften der materiellen Welt gibt, deren fundamentale Eigenschaften natürlich sind.

41 Soper, *What is Nature?*, S. 49.

42 Luisi, *The Emergence of Life*, S. 123 f.; William C. Wimsatt, »Aggregativity. Reductive Heuristics for Finding Emergence«, in: Bedau, Humphreys, *Emergence*, S. 99–110, hier S. 100 f.; Dave Elder-Vass, *The Causal Power of Social Structures. Emergence, Structure and Agency*, Cambridge 2010, S. 90; Carl Gillett, *Reduction and Emergence in Science and Philosophy*, Cambridge 2016, S. 42.

43 Elder-Vass, *The Causal Power of Social Structures*; Gillett, *Reduction*

and Emergence in Science and Philosophy. Für weitere stimulierende Ansichten zur Emergenz siehe u. a. Michael Silberstein, John McGeever, »The Search for Ontological Emergence«, in: *The Philosophical Quarterly* 49 (1999), S. 182–200; Mario Bunge, *Emergence and Convergence. Qualitative Novelty and the Unity of Knowledge*, Toronto 2003; Nils Henrik Gregersen (Hg.), *From Complexity to Life. On the Emergence of Life and Meaning*, Oxford 2003; Stuart Kauffman, Philip Clayton, »On Emergence, Agency, and Organization«, in: *Biology and Philosophy* 21 (2006), S. 501–521; Richard V. Solé, Jordi Bascompte, *Self-Organization in Complex Ecosystems*, Princeton 2006.

44 Gillett, *Reduction and Emergence in Science and Philosophy*, u. a. S. 42 f., 195, 202.

45 Wie Gillett mehrmals betont, der sich bemüht, seine Theorie der »starken« Emergenz sowohl von der »schwachen« als auch von der »ontologischen« Version zu unterscheiden.

46 Elder-Vass, *The Causal Power of Social Structures*, u. a. S. 23, 31, 66 f., 91, 193.

47 Siehe Gillett, *Reduction and Emergence in Science and Philosophy*, für eine umfassende Darstellung und eine differenzierte Behandlung des Reduktionismus; zur Aggregation siehe auch Wimsatt, »Aggregativity«.

48 Collier, *Critical Realism*, S. 120, 140; Roy Bhaskar, *The Possibility of Naturalism. A Philosophical Critique of the Contemporary Human Sciences*, London 1998, S. 31–42.

49 Stephen Jay Gould, *The Structure of Evolutionary Theory*, Cambridge 2002, S. 700. Vgl. Richard Levins, Richard Lewontin, *The Dialectical Biologist*, Cambridge 1985, u. a. S. 288.

50 Gillett, *Reduction and Emergence in Science and Philosophy*, S. 256 f.

51 Siehe u. a. Bhaskar, *A Realist Theory of Science*; Collier, *Critical Realism*; Elder-Vass, *The Causal Power of Social Structures*.

52 Dieser Konflikt wird vermerkt in White u. a., *Environments, Nature and Social Theory*, S. 139 f.

53 Collier, *Critical Realism*, S. 242.

54 Andrew A. Lacis, Gavin A. Schmidt, David Rind, Reto A. Ruedy, »Atmospheric CO_2. Principal Control Knob Governing Earth's Temperature«, in: *Science* 330 (2010), S. 356–359, hier S. 359. Vgl. Andrew A. Lacis, James E. Hansen, Gary L. Russell u. a., »The Role of Long-Lived Greenhouse Gases at Principal LW Control Knob that Governs the Global Surface Temperature for Past and Future Climate Change«, in: *Tellus B* 65 (2013), {doi.org/10.3402/tellusb.v65i0.19734}, letzter Aufruf 03.07.2021.

55 Im Jahr 2012 erhielten fossile Industrien weltweit fünfmal höhere Subventionen als der erneuerbare Energie-Sektor. David Ciplet, J. Timmons Roberts, Mizan R. Khan, *Power in a Warming World. The New Global Politics of Climate Change and the Remaking of Environmental Equality*, Cambridge 2015, S. 143.

56 Ivy Tan, Trude Storelvmo, Mark D. Zelinka, »Observational Constraints on Mixed-Phase Clouds Imply Higher Climate Sensitivity«, in: *Science* 352 (2016), S. 224–227.

57 Kai Xue, Mengting M. Yuan, Zhou J. Shi u. a., »Tundra Soil Carbon Is Vulnerable to Rapid Microbial Decomposition under Climate Warming«, in: *Nature Climate Change* 6 (2016), S. 595–600.

58 Bruno Latour, »Fifty Shades of Green«, in: *Environmental Humanities* 7 (2015), S. 219–225, hier S. 221.

59 Siehe u. a. Latour, *Kampf um Gaia*, S. 207 f.; Latour, *Existenzweisen*, S. 42 f.

60 Soper, *What is Nature?*, S. 132 f.

61 Kaplan, *Climate Trauma*, S. 38.

62 Castree, »Capitalism and the Marxist critique of political ecology«, S. 288.

Über das Wirken der Materie. Wider den Neuen Materialismus

1 Diana Coole, Samantha Frost, »Introducing the New Materialisms«, in: dies. (Hg.), *New Materialism. Ontology, Agency, and Politics*, Durham 2010, S. 1–43, hier S. 1.

2 Karen Barad, »Posthumanist Performativity. Toward an Understanding of How Matter Comes to Matter«, in: *Signs. Journal of Women in Culture and Society* 28 (2003), S. 801–831, vgl. u. a. S. 806 f.

3 Vgl. u. a. Rebekah Sheldon, »Form/Matter/Chora. Object-Oriented Ontology and Feminist New Materialism«, in: Richard Grusin (Hg.), *The Nonhuman Turn*, Minneapolis 2015, S. 193–222, hier S. 195.

4 Coole, Frost, »Introducing the New Materialisms«, S. 7.

5 John Frow, »Matter and materialism. A brief pre-history of the present«, in: Tony Bennett, Patrick Joyce (Hg.), *Material Powers. Cultural Studies, History and the Material Turn*, Abingdon 2010, S. 25–37, hier S. 33.

6 Chris Otter, »Locating Matter. The Place of Materiality in Urban History«, in: Bennett, Joyce, *Material Powers*, S. 43, 45 (Hvh. hinzugefügt). Für einen weiteren Typ eines solchen Angriffs auf den Marxismus, dessen primäre Qualität in einer extremen Unübersichtlichkeit besteht, siehe Pheng Cheah, »Non-Dialectical Marxism«, in: Coole, Frost, *New Materialism*, S. 70–91. Eine Art Annäherung

wird in Jason Edwards »The Material of Historical Materialism«, in: ebd., S. 281–298, zumindest angedeutet.

7 Vgl. Luigi Pellizzoni, »Catching up with Things? Environmental Sociology and the Material Turn in Social Theory«, in: *Environmental Sociology* 2 (2016), S. 312–321.

8 Ted Steinberg, »Down to Earth. Nature, Agency, and Power in History«, in: *The American Historical Review* 107 (2002), S. 798–820, hier S. 800; Kristin Asdal, »The Problematic Nature of Nature. The Post-Constructivist Challenge to Environmental History«, in: *History and Theory* 42 (2003), S.60–74, hier S. 61; J. Donald Hughes, *What is Environmental History?*, Cambridge 2006, S. 16. Vgl. u. a. William Cronon, »The Uses of Environmental History«, in: *Environmental History Review* 17 (1993), S. 1–22; John Herron, »Because Antelope Can't Talk. Natural Agency und Social Politics in American Environmental History«, in: *Historical Reflections* 36 (2010), S. 33–52.

9 James R. Fleming, »Climate, Change, History«, in: *Environment and History* 20 (2014), S. 577–586, hier S. 582.

10 Adam Trexler, »Integrating Agency with Climate Critique«, in: *symploke* 21 (2013), S. 233–235.

11 Bruno Latour, *Eine neue Soziologie für eine neue Gesellschaft. Einführung in die Akteur-Netzwerk-Theorie*. Frankfurt/M. 2010, S. 124, 92.

12 Wie weiter ausgeführt wird von dem ANT-Gelehrten Edwin Sayes, »Actor-Network Theory and Methodology. Just What Does It Mean to Say that Nonhumans Have Agency?, in: *Social Studies of Science* 44 (2014), S. 134–149.

13 Jane Bennett, *Lebhafte Materie. Eine politische Ökologie der Dinge*, Berlin 2020, S. 9, 163. Vgl. u. a. S. 29, 38 f., 54 f., 71–75, 200 f.

14 Diana Coole, »Agentic Capacities and Capacious Historical Materialism«, in: *Millenium. Journal of International Studies* 41 (2013), S. 451–469, hier S. 454.

15 Elektrizität ist eines jener Dinge in Bennetts Analyse, welches Anerkennung für seine »Bestrebungen« erfährt. Bennett, *Lebhafte Materie*, S. 65.

16 Jane Bennett, »Systems and Things. On Vital Materialism and Object-Oriented Philosophy«, in: Grusin, *The Nonhuman Turn*, S. 223–240, hier S. 223.

17 Bertram F. Malle, »Intentional Action in Folk Psychology«, in: Timothy O'Connor, Constantine Sandis (Hg.), *A Companion to the Philosophy of Action*, Chichester 2013, S. 357–365.

18 Jennifer Hornsby, »Agency and Actions«, in: Jonathan Dancy, Constantine Sandis (Hg.), *Philosophy of Action. An Anthology*, Chichester 2015, S. 48–61, hier S. 56 (Hvh. i. O.).

19 Harry G. Frankfurt: »Das Problem des Handelns«, übers. v. Joachim Schulte, in: Christoph Horn, Guido Löhrer (Hg.), *Gründe und Zwecke*, Frankfurt/M. 2010, S. 70–84, hier S. 76.

20 Helen Steward, »Moral Responsibility and the Concept of Agency«, in: Dancy, Sandis, *Philosophy of Action*, S. 382–392, hier S. 390 (Hvh. i. O.).

21 Frederick Stoutland, »The Ontology of Social Agency«, in: Dancy, Sandis, *Philosophy of Action*, S. 164–176, hier S. 166 (Hvh. i. O.).

22 Siehe auch Lilian O'Brien, *Philosophy of Action*, Basingstoke 2015.

23 Jacquette, *The Philosophy of Mind*, S. 258, 262 f. (Hvh. hinzugefügt).

24 Marx, *Das Kapital*, Bd. 1, in: MEW 23, Berlin/DDR 1962, S. 193.

25 Michael Bratman, »Two Faces of Intention«, in: Dancy, Sandis, *Philosophy of Action*, S. 130–144, hier S. 131 (Hvh. getilgt); Levins, Lewontin, *The Dialectical Biologist*, S. 255.

26 U. a. Jonathan L. Clark, »Labourers or Lab Tools? Rethinking the Role of Lab Animals in Clinical Trials«, in: Nik Taylor, Richard Twine (Hg.), *The Rise of Critical Animal Studies. From the Margins to the Centre*, Abingdon 2014, S. 139–164; John McDowell, »Acting as One Intends«, in: Dancy, Sandis, *Philosophy of Action*, S. 145–157, hier S. 151; Plumwood, *Feminism and the Mastery of Nature*, u. a. S. 131–135.

27 Perry Anderson, *Arguments within English Marxism*, London 1980, S. 19 (Hvh. hinzugefügt).

28 Karen Barad, *Agentieller Realismus, Über die Bedeutung materiell-diskursiver Praktiken*, Berlin 2012, S. 87, 98.

29 Bennett, *Lebhafte Materie*, S. 75, 67, 73. Latour stuft Revolutionen ebenso als eigenständige »Akteure« ein. Latour, *The Pasteurization of France*, S. 165.

30 Wie erkannt wird in Sayes, »Actor-Network Theory and Methodology«, S. 141.

31 Latour, *Facing Gaia* (Vortrag), S. 11 f. Vgl. »*jedes Ding*, das eine gegebene Situation verändert, indem es einen Unterschied macht, [ist] ein Akteur«. Latour, *Eine neue Soziologie für eine neue Gesellschaft*, S. 123 (Hvh. i. O.).

32 Latour, *Kampf um Gaia*, S. 278 (Hvh. i. O.).

33 Latour, »Agency at the Time of the Anthropocene«, S. 10 (Hvh. i. O.).

34 Plumwood, *Feminism and the Mastery of Nature*, S. 135; Plumwood, *Environmental Culture*, S. 121, 177–183 (Hvh. hinzugefügt).

35 Siehe auch u. a. Plumwood, *Environmental Culture*, S. 26, 46, 56, 99, 109, 175, 215, 263.

36 Diese Liste stützt sich auf Argumente in O'Brien, *Philosophy of Action*, S. 137–145; G. E. M. Anscombe, »Intention S. 1–9«, in: Dancy, Sandis, *Philosophy of Action*, S. 103–112, hier S. 109;

Donald Davidson, »Intending«, in: ebd., S. 119–129, hier S. 119; Bratman, »Two Faces of Intention«, in: ebd., S. 146–149.

37 O'Brien, *Philosophy of Action*, S. 136 f.; vgl. S. 4.

38 Arthur W. Collins, »Action, Causality, and Teleological Explanation«, in: Dancy, Sandis, *Philosophy of Action*, S. 315–332, hier S. 321 (Hvh. hinzugefügt).

39 Timothy James LeCain, »Against the Anthropocene. A Neo-Materialist Perspective«, in: *International Journal for History, Culture and Modernity* 3 (2015), S. 1–28, hier S. 20, 4, 21, 23 (Hvh. hinzugefügt).

40 Latour, *Kampf um Gaia*, S. 203, 464 (Hvh. hinzugefügt).

41 Steward, »Moral Responsibility and the Concept of Agency«, S. 385.

42 Ebd., S. 384.

43 McDowell, »Acting as One Intends«, S. 155.

44 Ebd. (Hvh. hinzugefügt).

45 Siehe auch Donald Davidson, »Agency«, in: Dancy, Sandis, *Philosophy of Action*, S. 10–20, hier S. 15–18; Jonathan Bennett, »Shooting, Killing, and Dying«, in: ebd., S. 21–25; Maria Alvarez, John Hyman, »Agents and their Action«, in: ebd., S. 33–47, hier S. 40; Hornsby, »Agency«, in: ebd., S. 55.

46 McDowell, »Acting as One Intends«, S. 157.

47 Vgl. Alf Hornborg, »Artifacts Have Consequences, Not Agency. Toward a Critical Theory of Global Environmental History«, in: *European Journal of Social Theory* 20 (2017), S. 95–110, hier S. 98 f.

48 Latour, »Agency at the Time of the Anthropocene«, S. 15 (Hvh. i. O.). Vgl. die ziemlich ähnlichen Formulierungen in Latour, »Fifty Shades of Green«, S. 221–223; Bruno Latour, *Reset Modernity!*, Cambridge 2016, S. 168. Bei diesem Buch von Latour handelt es sich um ein Monument des akademischen Narzissmus. Hier hat er einen üppig gestalteten Essayband mit 550 Seiten zusammengestellt, dessen verbindendes Thema die Großartigkeit Latours selbst ist: Autor:innen schreiben darüber, wie sie von einem Vortrag Latours zum nächsten reisen und dabei über sein Genie sinnieren; es gibt ein Bild, das ihn gemeinsam mit dem Vizebürgermeister von Paris zeigt; Studierende haben in Workshops, die er organisiert hat, die Stirn in Falten gelegt, und so weiter. Im Namensverzeichnis verweist »Bruno Latour« die Leserin auf 158 verschiedene Seiten. Plato bekommt 21. Isabelle Stengers schafft es mit 22 auf den zweiten Platz.

49 Latour, »Agency at the Time of the Anthropocene«, S. 5.

50 Alan Yuhas, »Inside the Largest Earth Science Event. ›The Time Has Never Been More Urgent‹«, in: *The Guardian*, 15.12.2016.

51 Alvarez, Hyman, »Agents and their Action«, S. 41. Vgl. Davidson, »Agency«, S. 18.

52 Wie angemerkt wurde von Clive Hamilton in seinem Vortrag »In Defence of an Anthropocentrism for the Anthropocene« an der Lund Universität, 07.06.2016.

53 Adam Trexler, *Anthropocene Fictions. The Novel in a Time of Climate Change*, Charlottesville 2015, S. 58, 191, 224.

54 Latour, *Eine neue Soziologie für eine neue Gesellschaft*, S. 123 (Hvh. i. O.); Bennett, *Lebhafte Materie*, S. 55, vgl. S. 173 f.

55 Latour, *Eine neue Soziologie für eine neue Gesellschaft*, S. 81 f., 123.

56 Linda Nash, »The Agency of Nature or the Nature of Agency?«, in: *Environmental History* 10 (2005), S. 67–69, hier S. 69. Die Wörter »Handlungen« and »Intentionen« sind im Original hervorgehoben.

57 Hornsby, »Agency«, S. 53–54; Davidson, »Intending«, S. 120, 122; McDowell, »Acting as One Intends«, S. 153.

58 Elder-Vass, *The Causal Power of Social Structures*, S. 93–97; Vivek Chibber, Postkoloniale Theorie und das Gespenst des Kapitals, Berlin 2018, S. 239–255.

59 Margaret Archer, *Being Human. The Problem of Agency*, Cambridge 2010, u. a. S. 263–269, 308.

60 Anderson, *Arguments within English Marxism*, S. 19.

61 Anm. d. Ü.: Mit *Second Line* wird in der Tradition der Brass-Band-Paraden in New Orleans jener Teil einer Parade bezeichnet, der auf die Musiker:innen (*Main Line*) folgt und in dem getanzt wird.

62 Stoutland, »The Ontology of Social Agency«, S. 167, 174 (Hvh. hinzugefügt).

63 Siehe Malm, *Fossil Capital*, S. 291, 320–326, 355–361.

64 Katarzyna B. Tokarska, Nathan P. Gillett, Andrew J. Weaver u. a., »The Climate Response to Five Trillion Tonnes of Carbon«, in: *Nature Climate Change* 6 (2016), S. 851–855.

65 Ricarda Winkelmann, Anders Levermann, Andy Ridgwell, Ken Caldeira, »Combustion of Available Fossil Fuel Resources Sufficient to Eliminate Antarctic Ice Sheet«, in: *Science Advances*, 11.09.2015, {advances.sciencemag.org/content/1/8/e1500589}, letzter Aufruf 03.04.2021.

66 Siehe u. a. Alfred R. Mele, »Intention«, in: O'Connor, Sandis, *A Companion to the Philosophy of Action*, S. 113; Joshua Knobe, »Intentional Action and Side Effects in Ordinary Language«, in: Dancy, Sandis, *Philosophy of Action*, S. 158–160; O'Brien, *Philosophy of Action*, S. 64–70.

67 Ciplet u. a., *Power in a Warming World*, S. 137, 149.

68 Für eine aktuelle Übersicht dieser amerikanischen Strömung siehe Michael E. Mann, Tom Toles, *Der Tollhauseffekt. Wie die Leugnung des Klimawandels unseren Planeten bedroht, unsere Politik*

zerstört und uns in den Wahnsinn treibt, übers. v. Matthias Hüttmann u. Herbert Eppel, Nürnberg 2018, S. 59–132.

69 Anm. d. Ü.: Zum Zeitpunkt der Niederschrift als auch der Veröffentlichung des englischsprachigen Originals im Jahr 2018 war die Abwahl Donald Trumps noch nicht absehbar, geschweige denn vollzogen.

70 Zu dieser Rolle der Vereinigten Staaten siehe Leo Panitch, Sam Gindin, *The Making of Global Capitalism. The Political Economy of American Empire*, London 2012.

71 Steve Coll, *Private Empire. ExxonMobil and American Power*, London 2012, S. 333–335, 20.

72 Siehe weiter unten.

73 Jessica Schmidt, »The Empirical Falsity of the Human Subject. New Materialism, Climate Change and the Shared Critique of Artifice«, in: *Resilience. International Policies, Practices and Discourses* 1 (2013), S. 174–192, hier S. 183, 187, 190 f., 181 (Hvh. hinzugefügt).

74 LeCain, »Against the Anthropocene«, S. 4 f., 23.

75 Zu einer solchen Beteuerung siehe ebd., S. 13.

76 Patrick Joyce, Tony Bennett, »Material Powers. Introduction«, in: Bennett, Joyce, *Material Powers*, S. 10, 5 (Hvh. hinzugefügt).

77 Jane Bennett, »A Vitalist Stopover on the Way to a New Materialism«, in: Coole, Frost, *New Materialism*, S. 47–69, hier S. 47; Jane Bennetts Erwiderung in Bonnie Washick, Elizabeth Wingrove, »Politics that matter. Thinking about Power and Justice with the New Materialists«, in: *Contemporary Political Theory* 14 (2015), S. 63–89, hier S. 86 (Hvh. i. O.).

78 Otter, »Locating Matter«, S. 54.

79 Latour, *Wir sind nie modern gewesen*, S. 181; Harman, *Bruno Latour*, S. 144 (Hvh. i. O.).

80 »Es ist sogar noch schwieriger, die weitverzweigten, unpersönlichen Ursachen der Erderwärmung zu einem Klimabösewicht zu verdichten.« Trexler, *Anthropocene Fictions*, S. 14.

81 Bennett, *Lebhafte Materie*, S. 78, 66.

82 Washick, Wingrove, »Politics that matter«, S. 87.

83 Timothy Morton, »They Are Here«, in: Grusin, *The Nonhuman Turn*, S. 167–192, hier S. 187; Timothy Morton, »An Object-Oriented Defense of Poetry«, in: *New Literary History* 43 (2012), S. 205–224, hier S. 215; Timothy Morton, *Hyperobjects. Philosophy and Ecology after the End of the World*, Minneapolis 2013, S. 53.

84 Hierbei handelt es sich keineswegs um eine vollständige Liste: Mark Carrigan hat ein Verzeichnis von siebenundvierzig turns innerhalb der Sozial- und Geisteswissenschaften erstellt, einschließlich des »auditory turn« und des »insect turn«. Mark Carrigan, »Can We

Have a ›Turn‹ to End All Turns?«, in: markcarrigan.net, 13.07.2014, {markcarrigan.net/2014/07/13/can-we-have-a-turn-to-end-all-turns/}, letzter Aufruf 21.06.2021.

85 Vgl. den Aufruf zur Vernunft eines Umwelthistorikers, der an diesem Trend verzweifelt: Paul S. Sutter, »The World with Us. The State of American Environmental History«, in: *The Journal of American History* 100 (2013), S. 94–119, hier S. 97 f.

86 Für ein solches Beispiel siehe Latour, »Agency at the Time of the Anthropocene«, S. 3. Bei Rosi Braidotti wird »die Erde zu einem politischen Akteur«. Rosi Braidotti, *Posthumanismus. Leben jenseits des Menschen*, übers. v. Thomas Laugstien, Frankfurt/New York, S. 68.

87 Bruce M. S. Campbell, »Nature as Historical Protagonist. Environment and Society in Pre-Industrial England«, in: *The Economic History Review* 63 (2010), S. 281–314, hier S. 310, 283.

88 U. a. Lucile Desblache, »Hybridity, Monstrosity and the Posthuman in Philosophy and Literature Today«, in: *Comparative Critical Studies* 9 (2012), S. 245–255.

89 Donna Haraway: »Ein Manifest für Cyborgs. Feminismus im Streit mit den Technowissenschaften«, in: dies., *Die Neuerfindung der Natur. Primaten, Cyborgs und Frauen*, übers. v. Dagmar Fink, Fred Wolf u. a., Frankfurt/New York 1995, S. 33–72, hier S. 36.

90 Cary Wolfe, *What Is Posthumanism?*, Minneapolis 2010, S. xv. Selbst menschliche Sprache ist »im Wesentlichen nicht- bzw. unmenschlich«. Ebd., S. 120.

91 Braidotti, *Posthumanismus*, S. 71, 7.

92 Harman, *Bruno Latour*, S. 146.

93 Hamilton, »In Defence of an Anthropocentrism for the Anthropocene« (Vortrag).

94 Wolfe, *What Is Posthumanism?*, S. xii. Wolfe zitiert hier Michel Foucault, *Die Ordnung der Dinge. Eine Archäologie der Humanwissenschaft*, übers. v. Ulrich Köppen, Frankfurt/M. 1974, S. 462.

95 Mark C. Urban, »Accelerating Extinction Risk from Climate Change«, in: *Science* 348 (2015), S. 571–573.

96 James Watson, »Bring Climate Change Back from the Future«, in: *Nature* 534 (2016), S. 437; Michael Slezak, »Revealed. First Mammal Species Wiped Out by Human-Induced Climate Change«, in: *The Guardian*, 14.06.2016.

97 Soper, *What is Nature?*, S. 40. Vgl. S. 41, 160 f.; Hailwood, *Alienation and Nature in Environmental Philosophy*, S. 21; White u. a., *Environments, Nature and Social Theory*, S. 141; Alf Hornborg, *Global Magic. Technologies of Appropriation from Ancient Rome to Wall Street*, Basingstoke 2016, S. 163.

98 Kate Soper, »The Humanism in Posthumanism«, in: *Comparative Critical Studies* 9 (2012), S. 365–378, hier S. 375 f. Das hier soll nur einen Vorgeschmack auf Sopers Kritik des Posthumanismus liefern. Für das vollständige Argument siehe auch Kate Soper, »Of Onco-Mice and Female/Men. Donna Haraway on Cyborg Ontology«, in: *Capitalism Nature Socialism* 10 (1999), S. 73–80; Soper, »Disposing Nature or Disposing of It«.

99 Soper, »The Humanism in Posthumanism«, S. 377.

100 Anderson, *Arguments within English Marxism*, S. 20 (Hvh. hinzugefügt). Vgl. Bhaskar, *The Possibility of Naturalism*, S. 38.

Über Einhörner und Paviane. Für einen Klimarealismus

1 Insofern ist Latour auch die wesentliche Inspirationsquelle für die idealistisch-konstruktionistischen Argumente in Vogels *Against Nature*, S. 7 f., 36–38, 47 f., 130.

2 Siehe u. a. Latour, *The Pasteurization of France*.

3 Bruno Latour, »On the Partial Existence of Existing and Non-existing Objects«, in: Lorraine Daston (Hg.), *Biographies of Scientific Objects*, Chicago 2000, S. 247–269, hier S. 248, 250.

4 Ebd., S. 266.

5 Ich folge hier Dave Elder-Vass, »Disassembling Actor-network Theory«, in: *Philosophy of the Social Sciences* 45 (2015), S. 100–121, hier S. 103–110; vgl. Dave Elder-Vass, »Searching for Realism, Structure and Agency in Actor Network Theory«, in: *The British Journal of Sociology* 59 (2008), S. 455–473, hier S. 460 f.

6 Latour, *The Pasteurization of France*, S. 232.

7 Ebd., S. 218 (Hvh. i. O.). Vgl. u. a. Bruno Latour: »Krieg und Frieden. Starke Mikroben – schwache Hygieniker«, in: Philipp Sarasin, Silvia Berger u. a. (Hg.): *Bakteriologie und Moderne. Studien zur Biopolitik des Unsichtbaren 1870–1920*, Frankfurt/M. 2007, S. 111–176.

8 Diese besondere Formulierung stammt aus dem letzten Abschnitt des ersten Teils von *The Pasteurization of France*, von dem der »Tractatus der Irreduktionen« den zweiten bildet: Latour, *The Pasteurization of France*, S. 150.

9 Ebd., S. 179. Vgl. S. 181.

10 Ebd., S. 156. Vgl. S. 163.

11 Wie in der ausgezeichneten Kritik von Benjamin Noys, *The Persistence of the Negative. A Critique of Contemporary Continental Theory*, Edinburgh 2012, S. 91, aufgezeigt wird.

12 Latour, *The Pasteurization of France*, S. 158.

13 Harman, *Bruno Latour*, S. viii (Hvh. i. O.).

14 Hierbei handelt es sich um Harmans Beispiele: Harman, *Bruno Latour*, S. 41, 90. Vgl. Latour, »Agency at the Time of the Anthropocene«, S. 12.

15 Latour, *The Pasteurization of France*, S. 183.

16 Wie bestätigt wird von Harman, *Bruno Latour*, S. 32, 35 f., 42 f., 119.

17 Latour, *The Pasteurization of France*, S. 219, 255.

18 Bruno Latour, *Elend der Kritik, Vom Krieg um Fakten zu Dingen von Belang*, Berlin, Zürich 2007, S. 9, 10 f. (Hvh. i. O.).

19 Anm. d. Ü.: Das französische Original *Politiques de la nature* erschien bereits 1999, die deutsche Übersetzung 2001, die englische Übersetzung hingegen erst 2004.

20 Erschien in überarbeiteter Form als Bruno Latour, *Kampf um Gaia. Acht Vorträge über das Neue Klimaregime*, Berlin 2017.

21 Latour, »Agency at the Time of the Anthropocene«; Latour, *Kampf um Gaia*, S. 85. Vgl. u. a. Latour, »Fifty Shades of Green«, S. 221 f.

22 Siehe Bruno Latour, *Das Parlament der Dinge*, S. 302, wo sich dieses spezielle Argument vortrefflich zusammengefasst findet. Vgl. auch Bruno Latour, »Politics of Nature. East and West Perspectives«, in: *Ethics and Global Politics* 4 (2011), S. 71–80, hier S. 72. Doch nicht einmal Latour kann sich völlig von dem Konzept der »Natur« lösen. In dem Glossar, das dem Buch großzügigerweise beigefügt ist, wird Natur als »ein unberechtigter Prozeß der Vereinigung des öffentlichen Lebens und einer bestimmten Verteilung der Rede- und Repräsentationsfähigkeit [definiert], um die politische Versammlung und die Einberufung des Kollektivs in einer Republik unmöglich zu machen.« Latour, *Das Parlament der Dinge*, S. 294. Ebenso erfahren wir, dass sich Natur »nicht auf einen bestimmten Realitätsbereich, sondern auf eine besondere Funktion der Politik [bezieht], auf eine Rumpfpolitik, auf eine bestimmte Konstruktionsweise für das Verhältnis von Notwendigkeit und Freiheit, von Vielfalt und Einheit, auf ein verborgenes Verfahren zur Verteilung von Rede und Autorität, zur Umverteilung von Tatsachen und Werten.« Ebd., S. 174 f. Unter all den miteinander konkurrierenden Naturdefinitionen wären diese beiden gute Kandidaten für den Kauderwelsch-Preis.

23 Latour, *Das Parlament der Dinge*, S. 93 f.

24 Harman, *Bruno Latour*, S. 119. Vgl. u. a. S. 37, 57 f., 108, 163, 180.

25 Latour, *Facing Gaia* (Vortrag), S. 109 (Hvh. i. O.). »Aus diesem Grund«, fügt er hinzu, »schlug ich vor, die Existenz der Kontroversen über den Klimawandel als etwas *Positives* zu betrachten.« Ebd., S. 116 (Hvh. i. O.).

26 Ebd., S. 113.

27 Siehe auch Bruno Latour, »Anthropology at the Time of the Anthro-

pocene – A Personal View of What Is to Be Studied«, Vortrag an der American Association of Anthropologists, Washington, 2014, in: {bruno-latour.fr/sites/default/files/139-AAA-Washington.pdf}, letzter Aufruf 02.03.2021.

28 Latour, *Kampf um Gaia*, S. 61 f. (Hvh. hinzugefügt). Siehe ferner u. a. S. 63 f., 239, 366. Vgl. Latour, *Eine neue Soziologie für eine neue Gesellschaft*, S. 153–155; Latour, »Agency at the Time of the Anthropocene«, S. 2.

29 Latour, *Facing Gaia* (Vortrag), S. 15 (Hvh. i. O.). Ein ähnliches Argument, jedoch ohne Bezug zur Klimaforschung, wird entwickelt in Bruno Latour, *On the Modern Cult of the Factish Gods*, Durham 2010, u. a. S. 18–20, 71 f.

30 Bruno Latour, *Existenzweisen*, S. 32–38, 44.

31 Zu Latour über Gaia siehe Latour, *Kampf um Gaia*; Latour, *Existenzweisen*, u. a. S. 257 f., 652 f.; Bruno Latour, *Reset Modernity!*, u. a. S. 107, 111; Bruno Latour, »Why Gaia Is Not a God of Totality«, in: *Theory, Culture and Society* (2016), S. 61–82 (zuerst online). Zitat aus Latour, »Politics of Nature«, S. 9. Für einen Überblick zum Tod Gaias siehe Tyler Volk, »Natural Selection, Gaia, and Inadvertent By-Products«, in: *Climatic Change* 58 (2003), S. 13–19; Tyler Volk, »Real Concern, False Gods«, in: *Nature* 440 (2006), S. 869–870; William H. Schlesinger, »Requiem for a Grand Theory«, in: *Nature Climate Change* 3 (2013), S. 697. Zu »Cenosotone« siehe Latour, *Kampf um Gaia*, u. a. S. 271. Zum Kapitalozän, zur zentralen Rolle der Menschen und der Kritik am Posthumanismus siehe ebd., S. 196–207, 238; sowie Bruno Latour, »On Some of the Affects of Capitalism«, Vortrag an der Royal Academy, Copenhagen, 2014, in: {bruno-latour.fr/sites/default/files/136-AFFECTS-OF-K-COPENHAGUE.pdf}, letzter Aufruf 03.07.2021, S. 2, 5–8, 18; Latour, »Why Gaia Is Not a God of Totality«, S. 18.

32 Anknüpfend an Bhaskar, *A Realist Theory of Science*, u. a. S. 21–27, 31–37, 47 ff., 185, 250; Bhaskar, *The Possibility of Naturalism*, S. 9–14; Roy Bhaskar, *Reclaiming Reality. A Critical Introduction to Contemporary Philosophy*, London 2011, S. 15; Elder-Vass, »Disassembling Actor-network Theory«, S. 106 ff.; Ernesto Laclau, Roy Bhaskar, »Discourse Theory vs Critical Realism«, in: *Alethia* 1 (1998), S. 9–14, insbesondere: S. 14; Matthias Lievens, Anneleen Kenis, »Social Constructivism and Beyond. On the Double Bind between Politics and Science«, in: *Ethics, Policy and Environment* 21 (2017), S. 81–95.

33 Bhaskar, *A Realist Theory of Science*, S. 39.

34 Ebd., S. 57 (Hvh. i. O.). Vgl. Bhaskar, *The Possibility of Naturalism*, S. 16 f.; Bhaskar, *Reclaiming Reality*, S. 22.

35 Spencer R. Weart, *The Discovery of Global Warming*, Cambridge 2003, S. 121.

36 Harman, *Bruno Latour*, S. 142. Vgl. S. 164.

37 Bhaskar, *A Realist Theory of Science*, 185.

38 Spencer R. Weart, *The Discovery of Global Warming. Revised and Expanded Edition*, Cambridge 2008, S. 159, 180, 201. Siehe auch Wearts Kommentare zum Konstruktionismus auf S. 199 f.

39 Vgl. Collier, *Critical Realism*, S. 56.

40 Der Versuch einer umfassenden Analyse der obstruktiven Rolle des Gradualismus bei der Entwicklung der Klimaforschung wird unternommen in Andreas Malm, *Det är vår bestämda uppfattning att om ingenting görs nu kommer det att vara för sent*, Stockholm 2007.

41 Anknüpfend an Bhaskar, *A Realist Theory of Science*, u. a. S. 38, 166 f.; Collier, *Critical Realism*, S. 82 ff.

42 Collier, *Critical Realism*, S. 88.

43 Wie betont wird von Robert J. Antonio, Brett Clark, »The Climate Change Divide in Social Theory«, in: Riley E. Dunlap, Robert J. Brulle (Hg.), *Climate Change and Society. Sociological Perspectives*, Oxford 2015, S. 333–368, hier S. 346 ff.

44 Vgl. den stets brillanten Elder-Vass, »Disassembling Actor-network Theory«, S. 116.

45 Der frühe Steven Vogel ist ein Beispiel dafür, siehe Vogel, *Against Nature*, u. a. S. 16–20.

46 Hamilton, »In Defence of an Anthropocentrism for the Anthropocene« (Vortrag).

47 Für einen Forschungsüberblick siehe Susan Clayton, Patrick Devine-Wright, Paul C. Stern u. a., »Psychological Research and Global Climate Change«, in: *Nature Climate Change* 5 (2015), S. 640–646.

48 Aaron M. McCright, Riley E. Dunlap, »Cool Dudes. The Denial of Climate Change Among Conservative White Males in the United States«, in: *Global Environmental Change* 21 (2011), S. 1163–1172, hier S. 1165. Vgl. Aaron M. McCright, Sandra T. Marquart-Pyatt, Rachael L. Shwom u. a., »Ideology, Capitalism, and Climate. Explaining Views about Climate Change in the United States«, in: *Energy Research and Social Science* 21 (2016), S. 180–189.

49 U. a. Rachel E. Goldsmith, Irina Feygina, John T. Jost, »The Gender Gap in Environmental Attitudes. A System Justification Perspective«, in: Margaret Alston, Kerri Whittenbury (Hg.), *Research, Action and Policy. Addressing the Gendered Impacts of Climate Change*, Dordrecht 2013, S. 159–171; Taciano L. Milfont, Petar Milojev, Lara M. Greaves, Chris G. Sibley, »Socio-Structural and Psychological Foundations of Climate Change Beliefs«, in: *New Zealand Journal of Psychology* 44 (2015), S. 17–30; Kirsti M. Jylhä, Nazar Akrami,

»Social Dominance Orientation and Climate Change Denial. The Role of Dominance and System Justification«, in: *Personality and Individual Differences* 86 (2015), S. 108–111; Kirsti Jylhä, Clara Cantal, Nazar Akrami, Taciano L. Milfont, »Denial of Anthropogenic Climate Change. Social Dominance Orientation Helps Explain the Conservative Male Effect in Brazil and Sweden«, in: *Personality and Individual Differences* 98 (2016), S. 184–187.

50 Yuko Heath, Robert Gifford, »Free-Market Ideology and Environmental Degradation. The Case of Belief in Climate Change«, in: *Environment and Behavior* 38 (2006), S. 48–71; McCright u. a., »Ideology, Capitalism, and Climate«.

51 Goldsmith u. a., »The Gender Gap in Environmental Attitudes«, S. 168.

52 Stuart Capstick, Lorraine Whitmarsh, Wouter Poortinga et al., »International Trends in Public Perceptions of Climate Change Over the Past Quarter Century«, in: WIRE*s Climate Change* 6 (2015), S. 35–61.

53 Matthew J. Hornsey, Emily A. Harris, Paul G. Bain, Kelly S. Fielding, »Meta-Analysis of the Determinants and Outcomes of Belief in Climate Change«, in: *Nature Climate Change* 6 (2016), S. 622–626, hier S. 623.

54 U. a. Bruce Tranter, Kate Booth, »Scepticism in a Changing Climate. A Cross-National Study«, in: *Global Environmental Change* 33 (2015), S. 154–164; McCright u. a., »Ideology, Capitalism, and Climate«; Aaron M. McCright, Riley E. Dunlap, Sandra T. Marquart-Pyatt, »Political Ideology and Views about Climate Change in the European Union«, in: *Environmental Politics* 25 (2016), S. 338–358.

55 Sandra Marquart-Pyatt, Aaron M. McCright, Thomas Dietz, Riley E. Dunlap, »Politics Eclipses Climate Extremes for Climate Change Perceptions«, in: *Global Environmental Change* 29 (2014), S. 246–257.

56 Rita Felski, »Introduction«, in: *New Literary History* 47 (2016), S. 215–229, hier S. 218.

57 Ebd.

58 Siehe Kari Marie Norgaard, *Living in Denial. Climate Change, Emotions, and Everyday Life*, Cambridge 2011, u. a. S. 84, 192 f.

59 Mark Steyn, *America Alone. The End of the World as We Know It*, Washington 2006, S. xiii, 3.

60 Ebd., S. 5.

61 Die Spender: Brad Norrington, »Think Tank Secrets«, in: *The Sydney Morning Herald*, 12.08.2003; »The global warming sceptics«, in: *The Age*, 27.11.2004. Zum Zeitpunkt der Niederschrift ist *Climate Change. The Facts* das erste Ergebnis, wenn man auf amazon.com nach »Klimawandel« sucht.

62 Frode Hansen, »Siv skal ta klima-bløfferne«, in: *Verdens Gang*, 28.03.2008; Kristoffer Rønneberg, »Frp vil stenge grensen«, in: *Aftenposten*, 07.04.2008.

63 Brendan Moore, »Climate Change Skepticism in the UK Independence Party«, in: *Environmental Europe*, 02.03.2015, {environmentaleurope.ideasoneurope.eu/2015/03/02/climate-scepticism-uk-independence-party/}, letzter Aufruf 22.06.2021.

64 Anm. d. Ü.: Nach internen Konflikten kündigte die Parteivorsitzende Marine Le Pen im Mai 2018 die Umbenennung des Front National in Rassemblement National an, die im Juni 2018 bestätigt wurde.

65 Arthur Neslen, »French National Front Launches Nationalist Environmental Movement«, in: *The Guardian*, 18.12.2014.

66 Tidningarnas Telegrambyrå, »SD-politiker. SMHI bedriver propaganda«, in: *Aftonbladet*, 10.01.2017.

67 Samantha K. Stanley, Marc S. Wilson, Taciano L. Milfont, »Exploring Short-Term Longitudinal Effects of Right-Wing Authoritarianism and Social Dominance Orientation on Environmentalism«, in: *Personality and Individual Differences* 108 (2017), S. 174–177.

68 Michel Callon, Bruno Latour, »Die Demontage des großen Leviathans. Wie Akteure die Makrostruktur der Realität bestimmen und Soziologen ihnen dabei helfen können«, in: Andréa Belliger, David J. Krieger (Hg.), *ANThology. Ein einführendes Handbuch zur Akteur-Netzwerk-Theorie*. Bielefeld 2006, S. 75–102, hier S. 76 f., 81 ff.; Shirley Strum, Bruno Latour, »Redefining the Social Link. From Baboons to Humans«, in: *Social Science Information* 26 (187), S. 783–802.

69 Bruno Latour, »Technik ist stabilisierte Gesellschaft«, in: Belliger, Krieger (Hg.), *ANThology*, S. 369–398, hier S. 370.

70 Latour, »Über technische Vermittlung«. S. 494.

71 Vgl. Bruno Latour, »Über technische Vermittlung«. S. 487. Latour bezieht sich auf Michel Serres' Begriff der »Übersetzung«. (Anm. d. Ü.)

72 Callon, Latour, »Die Demontage des großen Leviathans«, S. 82.

73 Die Behauptung, der Marxismus sei das »eigentliche Ziel« Latours, hat sicherlich seine Berechtigung. Noys, *The Persistence of the Negative*, S. 81. Man muss keine Marxistin sein, um die Feindseligkeit wahrzunehmen: siehe u. a. Oscar Kenshur, »The Allure of the Hybrid. Bruno Latour and the Search for a New Grand Theory«, in: *Annals of the New York Academy of Sciences* 775 (1995), S. 288–297, hier S. 291.

74 Latour, »Politics of Nature«, S. 73. Im Original heißt es dort »Marxist many schools«, doch wurde dieser Druckfehler hier korrigiert.

75 Latour, »Über technische Vermittlung«, S. 494.

76 Für eine kleine Kostprobe der historischen Aufzeichnung siehe Malm, »Who Lit this Fire?«.

77 Latour, *Eine neue Soziologie*, S. 125, 145.

78 Malm, *Fossil Capital.*

79 »Grenzbereich« ist das von Harman verwendete Wort, siehe Harman, *Bruno Latour*, S. 21.

80 Strum, Latour, »Redefining the Social Link«, S. 797.

81 Latour, »Über technische Vermittlung«, S. 522.

82 Latour, »Krieg und Frieden«, S. 143 f., Latour, *The Pasteurization of France*, S. 197; Bruno Latour, »How to Write The Prince for Machines as well as for Machinations«, in: Brian Elliott (Hg.), *Technology and Social Process*, Edinburgh 1988, S. 20–43, hier S. 29.

83 Latour, »Über technische Vermittlung«, S. 513. Siehe ferner u.a. S. 489 f., 514; Latour, »Krieg und Frieden«, S. 143–147; Latour, »Technik ist stabilisierte Gesellschaft«, S. 374–377; Jim Johnson (Bruno Latours Pseudonym), »Die Vermischung von Menschen und Nicht-Menschen. Die Soziologie eines Türschließers«, in: Belliger, Krieger: *ANThology*, S. 237–259, hier S. 245 f.

84 Jacquette, *The Philosophy of Mind*, S. 80, 69 (Hvh. i. O.).

85 Hornborg, *Global Magic*, S. 104, 162, 35 (Hvh. i. O.).

86 Vgl. Newton, *Nature and Sociology*, S. 32.

87 Latour, *The Pasteurization of France*, S. 174 f. (Hvh. i. O.).

88 Siehe u.a. Latour, »Technik ist stabilisierte Gesellschaft«, S. 377, 389. Vgl. Joyce, Bennett, »Material Powers«, S. 1 f.; Otter, »Locating Matter«, S. 46.

89 Siehe ferner Hornborg, »Technology as Fetish«.

90 Latour, »Technik ist stabilisierte Gesellschaft«, S. 396.

91 Hornborg, *Global Magic*, u.a. S. 15. Hervorragende Erläuterungen zu diesem und verwandten Punkten finden sich in Hornborg, »Technology as Fetish«; Hornborg, »The Political Economy of Technofetishism«; Hornborg, »The Political Ecology of the Technocene«; Scott Kirsch, Don Mitchell, »The Nature of Things. Dead Labor, Nonhuman Actors, and the Persistence of Marxism«, in: *Antipode* 36 (2004), S. 687–705; Hylton White, »Materiality, Form, and Context. Marx contra Latour«, in: *Victorian Studies* 55 (2013), S. 667–682.

92 Siehe ferner Malm, *Fossil Capital*, u.a. S. 12 f.

93 Latour, *Eine neue Soziologie für eine neue Gesellschaft*, S. 286. Vgl. Harman, *Bruno Latour*, S. 110. Dieser Zweig der Theorie Latours unterliegt einer erbarmungslosen und effektiven Kritik in Elder-Vass, »Searching for Realism, Structure and Agency in Actor Network Theory«. Siehe auch Noys, *The Persistence of the Negative*, S. 93; Benjamin Noys, »The Discreet Charm of Bruno Latour«, in: Jernej Habjan, Jessica Whyte (Hg.), *(Mis)readings of Marx in Continental Philosophy*, Basingstoke 2014, S. 195–210, hier S. 197; Keir Martin, »Knot-work not Networks, or Anti-anti-antifetishism and the

ANTipolitics Machine«, in: *HAU. Journal of Ethnographic Theory* 4 (2014), S. 99–115; Rebecca Lave, »Reassembling the Structural. Political Ecology and Actor-Network Theory«, in: Perreault u. a., *The Routledge Handbook of Political Ecology*, S. 213–23; White u. a., *Environments, Nature and Social Theory*, S. 133 ff., 201; vgl. Mark Edward, »From Actor Network Theory to Modes of Existence. Latour's Ontologies«, in: *Global Discourse* 6 (2016), S. 1–7.

94 Latour, *The Pasteurization of France*, S. 173.

95 Latour, *Eine neue Soziologie für eine neue Gesellschaft*, S. 308. Der Ratschlag wird wiederholt in Latour, *Reset Modernity!*, S. 53. Möglicherweise aber hat die Klimakrise Latour dazu bewogen, manche seiner früheren Feindseligkeiten gegenüber dem Konzept des Kapitalismus zu überdenken. Falls dem so ist, hat es eine Reihe weiterer Verwirrungen ausgelöst: »Ich halte den *Kapitalismus* für nichts anderes in der Welt als eine bestimmte Weise, *sich affizieren zu lassen*, sobald man versucht, sich durch diese seltsame Mischung aus *Elend* und *Luxus* zu denken, auf die wir stoßen, wenn wir uns über die schwindelerregenden Wechselbeziehungen von ›gut‹ und ›böse‹ klar werden wollen.« Latour, »On Some of the Affects of Capitalism«, S. 2 (Hvh. i. O.). Schon wieder der Kauderwelsch-Preis.

96 Wie von Hamilton aufgezeigt wird in Hamilton, »In Defence of an Anthropocentrism for the Anthropocene« (Vortrag). Zum verzweifelten Versuch, die Kategorie der Totalität in Schach zu halten, während die Gaia-Theorie befürwortet wird, siehe Latour, »Why Gaia Is Not a God of Totality«. Zur Kritik an Latours antitotalitärer Linie siehe Kai Jonas Koddenbrock, »Strategies of Critique in International Relations. From Foucault and Latour towards Marx«, in: *European Journal of International Relations* 21 (2015), S. 243–266. Zu Latours Programm der »Neuverortung des Globalen« siehe Latour, *Reset Modernity!*, u. a. S. 52, 91, 112, 168.

97 Mike Hulme, »Four Meanings of Climate Change«, in: Stefan Skrimshire (Hg.), *Future Ethics. Climate Change and Apocalyptic Imagination*, London 2010, S. 37–58, hier S. 42, 53 f. (Hvh. i. O.). Hierbei handelt es sich um eine Komprimierung des von Mike Hulme in Mike Hulme, *Why We Disagree About Climate Change. Understanding Controversy, Inaction and Opportunity*, Cambridge 2009, u. a. S. 361 f., entwickelten Arguments.

98 Hulme, *Why We Disagree About Climate Change*, S. 297, 311 f.; siehe ferner Antonio, Clark, »The Climate Change Divide in Social Theory«, S. 341 ff.

99 Siehe auch den exzellenten Überblick in Antonio, Clark, »The Climate Change Divide in Social Theory«.

100 Castree, *Making Sense of Nature*, S. 257 f., 242.

101 Smiths Argument zusammengefasst in Noel Castree, Bruce Braun, »The Construction of Nature and the Nature of Construction. Analytical and Political Tools for Building Survivable Futures«, in: dies., *Remaking Reality*, S. 2–40, hier S. 7.

102 Siehe u. a. Smith, »The Production of Nature«, S. 50; Smith, »Nature as Accumulation Strategy«, in: Leo Panitch, Colin Leys (Hg.), *Socialist Register 2007. Coming to Terms with Nature*, London 2006, S. 16–36, hier S. 34. Zur großartigen Kritik an dieser konstruktionistischen Demokratievorstellung siehe John Bellamy Foster, Brett Clark, »Marx's Universal Metabolism of Nature and the Frankfurt School. Dialectical Contradictions and Critical Syntheses«, in: James S. Ormrod (Hg.), *Changing Our Environment, Changing Ourselves. Nature, Labour, Knowledge and Alienation*, London 2016, S. 101–136, hier u. a. S. 130.

103 Wapner, *Living Through the End of Nature*, S. 174; Paul Wapner, »The Changing Nature of Nature. Environmental Politics in the Anthropocene«, in: *Global Environmental Politics* 14 (2014), S. 36–54, hier S. 47.

104 Purdy, *After Nature*, S. 48 f.; vgl. u. a. S. 271. Und Sen ließe sich auch ins Gegenteil wenden: Keine Demokratie ist jemals auf dem Meeresboden oder auf einem ausgetrockneten Planeten zur Blüte gereift.

105 Vogel, *Thinking like a Mall*, S. 93. Für Vogels Demokratisierungs-Programm siehe auch Vogel, *Against Nature*.

106 Soper, »Disposing Nature or Disposing of It«, S. 8.

107 Hervorragende Kritiken an der Politik des Neuen Materialismus und der Akteur-Netzwerk-Theorie finden sich in Martin, »Knot-work not Networks, or Anti-anti-antifetishism and the ANTipolitics Machine«; Lave, »Reassembling the Structural«; Washick, Wingrove, »Politics that matter«; vgl. White u. a., *Environments, Nature and Social Theory*, S. xix, 142. Ein kläglicher Versuch, emanzipatorische Potenziale aus dem Neuen Materialismus herauszudestillieren, findet sich in Erika Cudworth, Stephen Hobden, »Liberation for Straw Dogs? Old Materialism, New Materialism, and the Challenge of an Emancipatory Posthumanism«, in: *Globalizations* 12 (2015), S. 134–148.

108 Coole, Frost, »Introducing the New Materialisms«, S. 14; Schmidt, »The Empirical Falsity of the Human Subject«, S. 174.

109 Lave, »Reassembling the Structural«, S. 218. Das Beispiel und der Spruch sind geliehen von Elaine Hartwick.

110 Noys, »The Discreet Charm of Bruno Latour«, S. 203. Vgl. Noys, *The Persistence of the Negative*, S. 85 f.

111 Harman, *Bruno Latour*, S. 5.

112 Noys, »The Discreet Charm of Bruno Latour«; Noys, *The Persistence of the Negative*.

113 Latour, *Eine neue Soziologie für eine neue Gesellschaft*, S. 91; Latour, *Wir sind nie modern gewesen*, S. 66.
114 Siehe Strum, Latour, »Redefining the Social Link«, S. 792 f.; Latour, »Über technische Vermittlung«, S. 505.
115 Harman, *Bruno Latour*, S. 31, 17, 19 (Hvh. i. O.).
116 Ebd., S. 27. Zum ursprünglichen Beispiel und seiner Verwendung in der Entwicklung des Hobbesianismus-plus-Dinge siehe Callon, Latour, »Die Demontage des großen Leviathans«, insbesondere S. 85–90.
117 Siehe Bruno Latour, »Love Your Monsters. Why We Must Care for Our Technologies As We Do Our Children«, in: Breakthrough Institute, Winter 2012, {thebreakthrough.org/journal/issue-2/love-your-monsters}, letzter Aufruf 23.06.2021.

Über die Gefahren des Eigentums. Entwurf für die Fahndung nach dem Sturm

1 Andrew Feenberg, *The Philosophy of Praxis. Marx, Lukács and the Frankfurt School*, London 2014, u. a. S. 43–49, 121.
2 Karl Marx, Friedrich Engels, *Die deutsche Ideologie*, in: MEW 3, Berlin 1978, S. 20 f.
3 Ebd., S. 44.
4 Marx, *Grundrisse der Kritik der politischen Ökonomie*, S. 396, vgl. u. a. »die hauptobjektive Bedingung der Arbeit erscheint nicht selbst als Produkt der Arbeit, sondern findet sich vor als *Natur*«. Ebd., S. 393 (Hhv. i. O.).
5 Feenberg, *The Philosophy of Praxis*, u. a. S. 123, 129, 136. Seltsamerweise preist Feenberg *Thinking Like a Mall* trotz dieses Arguments und der expliziten Ablehnung der Interpretation Vogels als »die Umweltphilosophie unserer Zeit«. Vogel, *Thinking like a Mall*, (Umschlag).
6 Dies stützt sich auf John Bellamy Foster, Paul Burkett, »The Dialectic of Organic/Inorganic Relations«, in: *Organization and Environment* 13 (2000), S. 403–425; Joseph Fracchia, »Beyond the Human-Nature Debate. Human Corporeal Organisation as the ›First Fact‹ of Historical Materialism«, in: *Historical Materialism* 13 (2005), S. 33–62.
7 Karl Marx: *Das Kapital*. Bd. 1, S. 57 f. (Hvh. hinzugefügt). Siehe ferner John Bellamy Foster, *Marx's Ecology. Materialism and Nature*, New York 2000; Paul Burkett, *Marx and Nature. A Red and Green Perspective*, London 1999; John Bellamy Foster, Paul Burkett, *Marx and the Earth. An Anti-Critique*, Leiden 2016; Alfred Schmidt, *Der Begriff der Natur in der Lehre von Marx*, Hamburg 1993; Feenberg,

The Philosophy of Praxis, S. 149; Ted Benton, »Ecology, Socialism and the Mastery of Nature. A Reply to Reiner Grundmann«, in: *New Left Review* I/194 (1992), S. 55–74; Implantation von Chips: Rory Cellan-Jones, »Office puts chips under staff's skin«, in: BBC *News*, 29.01.2015, {bbc.com/news/technology-31042477}, letzter Aufruf 23.06.2021.

8 Zu einer sehr sachlichen Kritik dieser Inklination siehe White u.a., *Environments, Nature and Social Theory*, S. 140f.

9 Der Kern dieses Fragments umfasst Marx, *Grundrisse der Kritik der politischen Ökonomie*, S. 393–406.

10 Ebd., S. 23, 397.

11 Ebd., S. 202, 602; Marx, Engels, *Die deutsche Ideologie*, S. 69.

12 Marx, *Grundrisse der Kritik der politischen Ökonomie*, S. 183 f. (Hvh. hinzugefügt).

13 Diese Interpretation orientiert sich selbstverständlich am politischen Marxismus und an anderen Strömungen, welche die Vorherrschaft der Eigentumsverhältnisse gegenüber den Produktivkräften betonen. Zum Eigentum als zentrale Achse menschlicher Ökologie siehe Hailwood, *Alienation and Nature in Environmental Philosophy*, S. 155, 158, 172.

14 Ted Benton, »Biology and Social Theory in the Environmental Debate«, in: Ted Benton, Michael Redclift (Hg.), *Social Theory and the Global Environment*, London 1994, S. 28–50, hier S. 43 f.; Soper, »Disposing Nature or Disposing of It«, S. 8.

15 Anm. d. Ü.: Ebenso im Deutschen, das begrifflich zwischen *Eigentum* und *Eigenschaft* unterscheidet.

16 Das knüpft an die Lesart des politischen Marxismus in Malm, *Fossil Capital*, S. 279–292, an.

17 Karl Marx, Friedrich Engels, *Die deutsche Ideologie. Artikel, Druckvorlagen, Entwürfe, Reinschriftfragmente und Notizen zu* I. Feuerbach *und* II. Sankt Bruno, in: Inge Taubert, Hans Pelger (Hg.), *Marx Engels Jahrbuch 2003*, Berlin 2004. S. 38.

18 Jacquette, *The Philosophy of Mind*, S. 158–160, 182–186 (vgl. Frankfurt, »Das Problem des Handelns«, S. 82 f.; Marx, *Das Kapital*, Bd. 1, S. 396). Siehe auch u.a. Hans-Johann Glock, »Animal Agency«, in: O'Connor, Sandis, *A Companion to the Philosophy of Action*, S. 384–392. Die Radikalität der Ansichten von Marx und Engels zu diesem Thema wird in Foster, Burkett, *Marx and the Earth*, S. 44, herausgearbeitet.

19 Michael Tomasello, Hannes Rakoczy, »What Makes Human Cognition Unique? From Individual to Shared to Collective Intentionality«, in: *Mind and Language* 18 (2003), S. 121–147; Derek C. Penn, Keith J. Holyoak, Daniel J. Povinelli, »Darwin's Mistake. Explain-

ing the Discontinuity between Human and Nonhuman Minds«, in: *Behavioral and Brain Sciences* 31 (2008), S. 109–178.

20 Christian Rutz, Barbara C. Klump, Lisa Komarczyk u. a., »Discovery of Species-wide Tool Use in the Hawaiian Crow«, in: *Nature* 537 (2016), S. 403–407.

21 Richard W. Byrne, »The Manual Skills and Cognition that Lie Behind Hominid Tool Use«, in: Anne E. Russon, David R. Begun (Hg.), *The Evolution of Thought. Evolutionary Origins of Great Ape Intelligence*, Cambridge 2004, S. 31–44; Kathleen R. Gibson, »Tool Use, Language and Social Behavior in Relationship to Information Processing Capacities«, in: Kathleen R. Gibson, Tim Ingold (Hg.), *Tools, Language and Cognition in Human Evolution*, Cambridge 2008, S. 251–269; Peter C. Reynolds, »The Complementation Theory of Language and Tool Use«, in: ebd., S. 407–428; Robert Aunger, »What's Special About Human Technology?«, in: *Cambridge Journal of Economics* 34 (2010), S. 115–123; Christophe Boesch, »Ecology and Cognition of Tool Use in Chimpanzees«, in: Crickette M. Sanz, Josep Call, Christophe Boesch (Hg.), *Tool Use in Animals. Cognition and Ecology*, Cambridge 2013, S. 21–47; Gavin R. Hunt, Russell D. Gray, Alex H. Taylor, »Why Is Tool Use Rare in Animals?«, in: ebd., S. 89–118.

22 April M. Ruiz, Laurie R. Santos, »Understanding Difference in the Way Human and Non-Human Primates Represent Tools. The Role of Teleological-Intentional Information«, in: Sanz u. a., *Tool Use in Animals*, S. 119–133; Matthew V. Caruana, Francesco d'Errico, Lucinda Backwell, »Early Hominin Social Learning Strategies Underlying the Use and Production of Bone and Stone Tools«, in: ebd., S. 242–285.

23 Ruiz, Santos, »Understanding Difference in the Way Human and Non-Human Primates Represent Tools«, S. 130; Caruana u. a., »Early Hominin Social Learning Strategies Underlying the Use and Production of Bone and Stone Tools«, S. 270.

24 Marc D. Hauser, Noam Chomsky, W. Tecumseh Fitch, »The Faculty of Language. What Is It, Who Has It, and How Did It Evolve?«, in: *Science* 298 (2002), S. 1569–1579, hier S. 1576 (Hvh. hinzugefügt). Vgl. u. a. Penn u. a., »Darwin's Mistake«, S. 121 f.; Newton, *Nature and Sociology*, S. 73.

25 Zu Geld siehe Hornborg, *Global Magic*, u. a. S. 39, 72.

26 Vgl. ebd., S. 162; Hornborg, »Artifacts Have Consequences, Not Agency«, S. 11.

27 Newton, *Nature and Sociology*, S. 80; Soper, »The Humanism in Posthumanism«, S. 366 (Hvh. i. O.).

28 Das knüpft an an Ted Benton, »Marxism and Natural Limits. An

Ecological Critique and Reconstruction«, in: *New Left Review* I/178 (1989), S. 51–86, hier S. 70–73; Benton, »Ecology, Socialism and the Mastery of Nature«, S. 61 f., 66; Newton, *Nature and Sociology*, 41 f.; Soper, »Disposing Nature or Disposing of It«, S. 7–11; Hailwood, *Alienation and Nature in Environmental Philosophy*, S. 137 f.

29 Latour, »Technik ist stabilisierte Gesellschaft«, S. 377.

30 Siehe Malm, *Fossil Capital*. Selbstverständlich umfasst präfossile Energie u. a. auch Holz und Tiere.

31 U. a. Wapner, *Living Through the End of Nature*, S. 110.

32 Hailwood, *Alienation and Nature in Environmental Philosophy*, S. 184.

33 Benton, »Marxism and Natural Limits«, S. 68.

34 Für eine vorsichtige, sich auf die Verlagerung des Wettersystems konzentrierende Analyse siehe Mike Hulme, *Can Science Fix Climate Change? A Case Against Climate Engineering*, Cambridge 2014. Bemerkenswerterweise nahm Ted Benton die gegenwärtige Diskussion über Geoengineering im zweiten seiner einflussreichen *New Left Review*-Artikel vorweg, als er behauptete, dass der Strahlungseinfall der Sonnenstrahlen womöglich doch manipulierbar sei – doch aufgrund der »immensen Komplexität der interagierenden Kräfte« würden sich Bewältigungsversuche höchstwahrscheinlich ins Gegenteil verkehren. Benton, »Ecology, Socialism and the Mastery of Nature«, S. 65.

35 Walter Benjamin, »Über den Begriff der Geschichte«, in: ders., *Gesammelte Schriften*, Bd. 1,2: *Abhandlungen*, Frankfurt/M. 1974, S. 691–704, hier S. 698 (Hvh. i. O.).

36 Alfred Schmidt, *Der Begriff der Natur in der Lehre von Marx*, S. 21. Siehe ferner u. a. 25 ff., 62 ff., 68, 94–97, 136–139. Schmidts Arbeit reproduziert jedoch bedauerlicherweise die in Marx' Texten vorkommenden Widersprüche des Konstruktionismus und des Realismus auf einem höheren Level. Für Beispiele zum Ersteren siehe u. a. S. 34, 45, 49, 54, 59, 70, 85, 118, 153–159. Für eine genaue und erhellende Lesart Schmidts und seine Uneindeutigkeiten siehe Foster, Clark, »Marx's Universal Metabolism of Nature and the Frankfurt School«.

37 Schmidt, *Der Begriff der Natur in der Lehre von Marx*, S. 88, 81. Vgl. Raymond Williams, *Culture and Materialism*, London 2005, S. 106–113.

38 Marx, *Grundrisse der Kritik der politischen Ökonomie*, S. 43. Marx spricht hier über die Dialektik der Produktivkräfte und der Produktionsverhältnisse.

39 Ebd., S. 35. Vgl. Collier, *Critical Realism*, S. 117, 255 ff.

40 Marx, *Grundrisse der Kritik der politischen Ökonomie*, S. 447 (Hvh. i. O.).

41 Einen guten Überblick der Bewegung liefert Matthias Dietz, Heiko Garrelts (Hg.), *Routledge Handbook of the Climate Change Movement*, London 2014. Das Buch, das als die Bibel der Bewegung gelten könnte, Naomi Kleins *Die Entscheidung*, bezieht sich ausführlich auf den ökologischen Marxismus, tadelt Latour für seinen Technooptimismus (S. 338 f.) und erachtet es als unnötig, die zentralen neomaterialistischen oder konstruktionistischen Denker:innen überhaupt zu erwähnen.

Über den Nutzen der Unterschiede. Lob der Polarisierung

1 Karl Marx, *Das Kapital*, Bd. 3, Berlin/DDR 1964, S. 821. Die beiden Schlüsselwerke, in denen die Theorie formuliert und angewendet wird, sind Fosters *Marx's Ecology* sowie John Bellamy Fosters, Brett Clarks und Richard Yorks *Der ökologische Bruch. Der Krieg des Kapitals gegen den Planeten*, übers. v. Klaus E. Lehmann, Hamburg 2011. Einige der bemerkenswertesten Artikel zum Klimawandel und zur fossilen Energie aus der Schule des metabolischen Bruchs stammen von Brett Clark, Richard York, »Carbon Metabolism. Global Capitalism, Climate Change, and the Biospheric Rift«, in: *Theory and Society* 34 (2005), S. 391–428; Richard York, »Do Alternative Energy Sources Displace Fossil Fuels?«, in: *Nature Climate Change* 2 (2012), S. 441–443; Richard York, »Asymmetric Effects of Economic Growth and Decline on CO_2 Emissions«, in: *Nature Climate Change* 2 (2012), S. 762–764; Brett Clark, Andrew K. Jorgenson, Daniel Auerbach, »Up in Smoke. The Human Ecology and Political Economy of Coal Consumption«, in: *Organization and Environment* 25 (2012), S. 452–469; Kelly Austin, Brett Clark, »Tearing Down Mountains. Using Spatial and Metabolic Analysis to Investigate the Socio-Ecological Contradictions of Coal Extraction in Appalachia«, in: *Critical Sociology* 38 (2012), S. 437–457.

2 Stefano B. Longo, Rebecca Clausen, Brett Clark, *The Tragedy of the Commodity. Oceans, Fisheries, and Aquaculture*, New Brunswick 2015, S. x, 23 (Hvh. hinzugefügt).

3 Siehe insbesondere Jason W. Moore, »Transcending the Metabolic Rift. A Theory of Crisis in the Capitalist World-Ecology«, in: *The Journal of Peasant Studies* 38 (2011), S. 1–46; Jason W. Moore, »Toward a Singular Metabolism. Epistemic Rifts and Environment-Making in the Capitalist World-Ecology«, in: *New Geographies* 6 (2014), S. 10–19; Jason W. Moore, *Kapitalismus im Lebensnetz. Ökologie und die Akkumulation von Kapital*, übers. v. Dirk Höfer, Berlin 2019. Die systematischste Auseinandersetzung mit

Moore bisher ist Kamran Nayeri, »›Capitalism in the Web of Life‹ – A Critique«, in: *Climate and Capitalism*, 19.07.2016, {climateand capitalism.com/2016/07/19/capitalism-in-the-web-of-life-a-critique/}, letzter Aufruf 24.06.2021.

4 Vgl. Moore, *Kapitalismus im Lebensnetz*, S. 79 (Hvh. i. O.).

5 Ebd., u. a. S. 68, 79, 128, 348 (Hvh. hinzugefügt).

6 Ebd., S. 350 (Hvh. i. O.).

7 John Bellamy Foster, Ian Angus, »In Defense of Ecological Marxism. John Bellamy Foster Responds to a Critic«, in: *Climate and Capitalism*, 06.06.2016, {climateandcapitalism.com/2016/06/06/in-defense-of-ecological-marxism-john-bellamy-foster-responds-to-a-critic/}, letzter Aufruf 24.06.2021. Siehe ferner John Bellamy Foster, »Marxism in the Anthropocene. Dialectical Rifts on the Left«, in: *International Critical Thought* 6 (2016), S. 393–421.

8 Moore, »Toward a Singular Metabolism« S. 14; Moore, *Kapitalismus im Lebensnetz*, S. 13. White u. a. teilen Moores Ehrgeiz, einen hybridistischen Ökomarxismus zu entwickeln, und präsentieren eine ziemlich ähnliche Kritik an Foster und seinen Kolleg:innen, siehe White u. a., *Environments, Nature and Social Theory*, u. a. S. 104, 152.

9 Moore, *Kapitalismus im Lebensnetz*, S. 134 (Hvh. i. O.); siehe auch Moore, »Toward a Singular Metabolism«, S. 15.

10 Moore, *Kapitalismus im Lebensnetz*, S. 15, 278, 136, 64, 11, 276, 302, 35 (Hvh. i. O.).

11 Richard Lewontin, Richard Levins, *Biology under the Influence. Dialectical Essays on Ecology, Agriculture and Health*, New York 2007, S. 107.

12 Moore, »Transcending the Metabolic Rift«, S. 8; Moore, *Kapitalismus im Lebensnetz*, S. 152 (vgl. S. 135).

13 Moore, *Kapitalismus im Lebensnetz*, S. 97, 356, 358, 175, 139.

14 Carolyn Merchant, *Der Tod der Natur. Ökologie, Frauen und neuzeitliche Naturwissenschaft*, übers. v. Holger Fliessbach, München 1987, S. 55–81. Ihre grandiose Schilderung hat Robert Brenner einiges zu verdanken.

15 Ebd., S. 55, 65 (Hvh. hinzugefügt); Carolyn Merchant, *The Death of Nature. Women, Ecology, and the Scientific Revolution*, London 1982, S. 295.

16 Ashley Dawson, *Extinction. A Radical History*, New York 2016, S. 12 f., 16, 24. Siehe ferner u. a. S. 42 f., 53.

17 Jamie Doward, »Tories' Failure to Halt Ivory Trade ›Risks Extinction of Elephants‹«, in: *The Guardian*, 27.08.2016.

18 Braidotti, *Posthumanismus*, S. 116. Siehe ferner etwa S. 119, 136 f.

19 Desblache (die hierfür Homi K. Bhabha heranzieht), »Hybridity,

Monstrosity and the Posthuman in Philosophy and Literature Today«, S. 246; Coole, Frost, »Introducing the New Materialisms«, S. 8.

20 »Analysis«, in: *Merriam-Webster Dictionary*, {merriam-webster.com/dictionary/analysis}, letzter Aufruf 24.06.21.

21 Haraway, »Ein Manifest für Cyborgs«, S. 67, 65, 37, 53. Man fragt sich, ob irgendeine andere Gilde dermaßen gegen ihre eigenen Werkzeuge gewütet hat, wie Akademiker:innen es tun.

22 Das stützt sich auf Terry Eagleton, *Die Illusionen der Postmoderne. Ein Essay*, übers. v. Jürgen Pelzer, Stuttgart/Weimar 1997, S. 34 f. Neuerdings hat Bruno Latour beschlossen, die Welt in fünfzehn verschiedene »Existenzweisen« aufzuspalten: siehe Latour, *Existenzweisen.*

23 Eagleton, *Die Illusionen der Postmoderne*, S. 137.

24 Für zwei Beispiele hierfür siehe die Anmerkungen 22 und 95 im Kapitel »Über Einhörner und Paviane. Für einen Klimarealismus«.

25 Sheldon, »Form/Matter/Chora«, S. 216.

26 Ellen Hertz, »Pimp My Fluff. A Thousand Plateaus and Other Theoretical Extravaganzas«, in: *Anthropological Theory* 16 (2016), S. 146–159, hier S. 147.

27 Haraway, »Ein Manifest für Cyborgs«, S. 63; Plumwood, *Feminism and the Mastery of Nature*, S. 1. Vgl. die Kritik an diesen Überzeugungen in Newton, *Nature and Sociology*, S. 35 ff.; Pellizzoni, »Catching«, S. 4.

28 Jason W. Moore, »The Rise of Cheap Nature«, in: ders., *Anthropocene or Capitalocene? Nature, History, and the Crisis of Capitalism*, Oakland 2016, S. 87.

29 Eagleton, *Die Illusionen der Postmoderne*, S. 8.

30 Manche Formulierungen Moores scheinen nahelegen zu wollen, dass jegliche Art der Unterscheidung bourgeois sei: »Oft ist es schwierig, die analytische Differenz zwischen der Nutz-/Tauschwertsbinarität der metabolischen Bruchanalyse und derjenigen des neoklassischen Denkens zu unterscheiden.« Moore, »Toward a Singular Metabolism«, S. 14. Selbstverständlich zieht sich die erste der beiden Binaritäten durch die gesamte marxsche Theorie des Kapitals.

31 Larry Elliott, »World's Eight Richest People Have Same Wealth as Poorest 50%«, in: *The Guardian*, 16.01.2017.

32 Lucas Chancel, Thomas Piketty, »Carbon and Inequality. From Kyoto to Paris«, in: *Paris School of Economics*, 03.11.2015, {piketty.pse.ens.fr/files/ChancelPiketty2015.pdf}, letzter Aufruf 03.07.2021; Oxfam, »Extreme Carbon Inequality. Why the Paris climate deal must put the poorest, lowest emitting and most vulnerable people first«, in: *Oxfam Medienrundschau*, 02.12.2015, {www-cdn.oxfam.

org/s3fs-public/file_attachments/mb-extreme-carbon-inequality-021215-en.pdf}, letzter Aufruf 03.07.2021.

33 Dipesh Chakrabarty, »Humanities in the Anthropocene. The Crisis of an Enduring Kantian Fable«, in: *New Literary History* 47 (2016), S. 377–397.

34 Siehe James O'Connor, *Natural Causes. Essays in Ecological Marxism*, New York 1998. Moore räumt seine Dankbarkeit gegenüber O'Connor in Moore, »Transcending the Metabolic Rift«, S. 12–15, ein, verabsäumt es jedoch aus einem unerfindlichen Grund, ihn in *Kapitalismus im Lebensnetz* auch nur zu erwähnen.

35 Siehe die brillante Kritik an O'Connors Theorie in John Bellamy Foster, *The Ecological Revolution. Making Peace with the Planet*, New York 2009, S. 201–212.

36 Ökologische Grenzen, heißt es, seien dem Kapital nicht äußerlich, sondern inhärent: »Wir sprechen von ›intern‹ als einer methodischen Prämisse und nicht als einer beschreibenden Behauptung.« Moore, *Kapitalismus im Lebensnetz*, S. 159. Dabei handelt es sich eindeutig um eine ausschlaggebende Wortwahl.

37 Ebd., S. 145, 163 f.; Jason W. Moore, »Cheap Food and Bad Climate. From Surplus Value to Negative Value in the Capitalist World-Ecology«, in: *Critical Historical Studies* 2 (2015), S. 1–43, hier S. 36 f.

38 Für die erstgenannte Frontlinie siehe Malm, *Fossil Capital*; die zweite wird ausführlicher in einer (noch nicht veröffentlichten) Fortsetzung mit dem Titel *Fossil Empire* behandelt werden.

39 Und Voreingenommenheit diesem Faktor gegenüber kann eindeutig zu inkorrekten Vorhersagen führen: Im Jahr 2014 verkündete Moore das Ende des »[b]illige[n] Öl[s] im Nahen Osten«. Moore, *Kapitalismus im Lebensnetz*, S. 139; siehe auch Moore, »Toward a Singular Metabolism«, S. 17.

40 Moore, *Kapitalismus im Lebensnetz*, S. 185, 176. Vgl. u. a. S. 14, 30 f., 48–51, 124, 158, 277 f., 446–450; Moore, »The Rise of Cheap Nature«, S. 113.

41 Moore, »Cheap Food and Bad Climate«, S. 42 (Hvh. hinzugefügt); siehe auch Moore, *Kapitalismus im Lebensnetz*, S. 442. Moores Analyse dieser Schleife wird in dem Aufsatz ausgearbeitet und überschneidet sich mit dem zehnten Kapitel in *Kapitalismus im Lebensnetz*.

42 FAO (Ernährungs- und Landwirtschaftsorganisation der Vereinten Nationen), »The Impact of Disasters on Agriculture and Food Security«, 2015, {fao.org/3/i5128e/i5128e.pdf}, letzter Aufruf 24.06.2021.

43 Anm. d. Ü.: GVO steht für »Gentechnisch veränderter Organismus«. Nach §3 des Gesetzes zur Regelung der Gentechnik (Gentechnikgesetz – GenTG) handelt es sich dabei um einen »Organismus, mit

Ausnahme des Menschen, dessen genetisches Material in einer Weise verändert worden ist, wie sie unter natürlichen Bedingungen durch Kreuzen oder natürliche Rekombination nicht vorkommt«.

44 Siehe McKenzie Funks großartiges Buch *Windfall. The Booming Business of Global Warming*, New York 2014.

45 Anna Plowman, *Could the Effects of Climate Change be Profitable? A Case Study of Climate Induced Migration into the Bangladeshi Readymade Garments Industry*, Masterarbeit in Humanökologie an der Lund Universität, 2015 (unveröffentlicht); »Bangladesh's Disaster Capitalism«, in: *Jacobin*, 22.01.2016, {jacobinmag.com/2016/01/bangladesh-rana-plaza-rmg-garment-industry-climate-change-environment}, letzter Aufruf 24.06.2021.

46 Für die wenigen Beweise siehe u. a. Simon Dietz, Alex Brown, Charlie Dixon, Philip Gradwell, »›Climate Value at Risk‹ of Global Financial Assets«, in: *Nature Climate Change* 6 (2016), S. 676–679.

47 Lerner, *22:04*, S. 303 f.

48 Naomi Klein, »›Lasst sie doch absaufen‹. Umweltrassismus und die Ausweitung der Opferzone«, in: Blätter für deutsche und internationale Politik (Hg.), *Unsere letzte Chance. Der Reader zur Klimakrise*, Berlin [2]2020, S. 128–141, hier S. 139.

49 Moore, »Cheap Food and Bad Climate«, S. 36; *Kapitalismus im Lebensnetz*, S. 137 f.; siehe auch Moore, »Toward a Singular Metabolism«, S. 17.

50 Siehe Terry Eagleton, *Hoffnungsvoll, aber nicht optimistisch*, Berlin 2016, sowie die in der Zeitschrift *Salvage* entwickelte Perspektive.

Über die widerspenstige Natur. Ein ökologischer Autonomismusversuch

1 Antonio Negri, *Marx Beyond Marx. Lessons on the* Grundrisse, New York 1991, S. 101 (Hvh. i. O.). Vgl. u. a. Antonio Negri, *Factory of Strategy. 33 Lessons on Lenin*, New York 2014, S. 10, 282.

2 Lee, »Is Nature Autonomous?«, S. 59 (Hvh. getilgt).

3 Thomas Heyd, »Introduction. Recognizing the Autonomy of Nature. Theory and Practice«, in: Heyd, *Recognizing the Autonomy of Nature*, S. 1–22, hier S. 5; William Throop, Beth Vickers, »Autonomy and Agriculture«, in: ebd., S. 99–117, hier S. 102; R. Jordan III, »Conclusion. Autonomy, Restoration and the Law of Nature«, in: ebd., S. 189–205, hier S. 190 f.

4 Lee, »Is Nature Autonomous?«, S. 59 f.; Woods, »Ecological Restoration and the Renewal of Wildness and Freedom«, S. 177.

5 Lee, »Is Nature Autonomous?«, S. 59.

6 Vgl. Ned Hettinger, »Respecting Nature's Autonomy in Relationship with Humanity«, in: Heyd, *Recognizing the Autonomy of Nature*, S. 90; Throop, Vickers, »Autonomy and Agriculture«, S. 102; Woods, »Ecological Restoration and the Renewal of Wildness and Freedom«, S. 177.

7 Carolyn Merchant, *Autonomous Nature. Problems of Prediction and Control from Ancient Times to the Scientific Revolution*, New York 2016, S. 1, 161.

8 Heyd, »Introduction«, S. 5; Hettinger, »Respecting Nature's Autonomy in Relationship with Humanity«, S. 89, 92; Throop, Vickers, »Autonomy and Agriculture«, S. 101.

9 Merchant, *Autonomous Nature*, S. 150 (Hvh. hinzugefügt).

10 Negri, *Marx Beyond Marx*, S. 133.

11 Raniero Panzieri, »Mehrwert und Planung«, in: Claudio Pozzoli (Hg.), *Spätkapitalismus und Klassenkampf. Eine Auswahl aus den »Quaderni Rossi«*, Frankfurt/M. 1972, S. S. 56–86, hier S. 65 f.

12 Alberto Toscano, »Chronicles of Insurrection. Tronti, Negri and the Subject of Antagonism«, in: *Cosmos and History* 5 (2009), S. 76–91, hier S. 81 (Hvh. i. O.); Harry Cleaver, *»Das Kapital« politisch lesen. Eine alternative Interpretation des Marxschen Hauptwerks*, übers. v. Renate Nahar, Wien/Berlin 2011, S. 265 . Vgl. u. a. Negri, *Factory of Strategy*, S. 17 ff., 82.

13 Die beispiellose Analyse dieser Logik findet sich in Beverly Silver, *Forces of Labor. Workers' Movements and Globalization since 1870*, Cambridge 2003.

14 Panzieri, »Mehrwert und Planung«, S. 66. Wo es im Original »den Arbeitern« und »dem Willen des Arbeiters« heißt, wurde »Natur« eingesetzt, anstatt »Arbeitsprozesses« heißt es hier »Produktionsprozesses«, anstatt »Arbeitskraft« »materielle Substrate«.

15 Marx, *Grundrisse der Kritik der politischen Ökonomie*, S. 592, 600.

16 Marx, *Das Kapital*, Bd. 1, S. 530.

17 Marx, *Grundrisse der Kritik der politischen Ökonomie*, S. 593.

18 Zu den Fabriken siehe Malm, *Fossil Capital*. »Das Wetter veranschaulichte den widerspenstigen Aspekt der Natur«, vermerkt Merchant, *Autonomous Nature*, S. 93.

19 Klein, *Die Entscheidung*, S. 215 (Hvh. hinzugefügt).

20 Merchant, *Autonomous Nature*, S. 149. Vgl. Lee, »Is Nature Autonomous?«, S. 60.

21 W. S. Broecker, »Does the Trigger for Abrupt Climate Change Reside in the Ocean or in the Atmosphere?«, in: *Science* 300 (2003), S. 1519–1522, hier S. 1522.

22 Oliver Morton, *The Planet Remade. How Geoengineering Could Change the World*, London 2015, S. 51, 81, 345, 347, 372.

23 Ebd., S. 293, 372.

24 Noys, *The Persistence of the Negative*, S. 124. Zum Posthumanismus und Hybridismus siehe u.a. Michael Hardt, Antonio Negri, *Empire. Die neue Weltordnung*, Frankfurt/M. 2003, S. 227f.

25 Perry Anderson, *The New Old World*, London 2009, S. 331.

26 Axel Kicillof, Guido Starosta, »Value Form and Class Struggle. A Critique of the Autonomist Theory of Value«, in: *Capital and Class* 31 (2007), S. 22 (Hvh. i. O.).

27 Andreas Bieler, Ian Bruff, Adam David Norton, »Acorns and Fruit. From Totalization to Periodization in the Critique of Capitalism«, in: *Capital and Class* 34 (2010), S. 25–37, hier S. 27, 30–34. Ein weiteres Problem des Autonomismus besteht dann auch darin, die technologische Veränderung nur sehr einseitig zu erklären.

28 Klein, *Die Entscheidung*, S. 336.

29 Friedrich Engels, »Dialektik der Natur«, in: MEW 20, Berlin/DDR 1962, S. S. 305–570, hier S. 452f.

30 Ebd., S. 453. Foster und Burkett haben eine ganze Reihe an Zitaten von Marx selbst ausgegraben, die in eine vergleichbare Stoßrichtung gehen, siehe u. a. Foster, Burkett, *Marx and the Earth*, S. 42.

31 Dies findet sich gleichermaßen dokumentiert in Merchant, *Autonomous Nature.*

32 Terry Eagleton, *Das Böse*, Berlin 2011, S. 45.

33 Marx, *Grundrisse der Kritik der politischen Ökonomie*, S. 323.

34 Bacon zitiert nach Merchant, *Der Tod der Natur*, S. 179, 181. Vgl. S. 187–189; Merchant, *The Death of Nature*, S. 169.

35 Ernst Bloch, *Das Prinzip Hoffnung*. Bd. 2, Frankfurt/M. 1985, S. 767f.

36 Ebd., S. 754f., 769.

37 Ebd., S. 764–767.

38 Ebd., S. 778, 767ff., 731, 784 (Hvh. hinzugefügt).

39 Ebd., S. 784, 814.

40 Herbert Marcuse, *Konterrevolution und Revolte*, Frankfurt/M. 1973, S. 90, 74 (Hvh. i. O.). (Übersetzung wurde tlw. angepasst., Anm. d. Ü.)

41 Ebd., S. 80f. (Hvh. hinzugefügt).

42 Für Details hierzu siehe Malm, »Who Lit this Fire?«.

43 Andrew Francis plädiert in *Culture and Commerce in Conrad's Asian Fiction*, S. 165f., überzeugend für Labuan als die Vorlage für die Insel »Samburan« in Conrads Roman.

44 Joseph Conrad, *Sieg. Eine Inselgeschichte*, übers. v. Walter Schürenberg, Frankfurt/M. 1983, S. 9 (Hvh. hinzugefügt).

45 Siehe auch Andreas Malm, »›This Is the Hell That I Have Heard Of‹. Some Dialectical Images in Fossil Fuel Fiction«, in: *Forum for Modern Language Studies* 53 (2017), S. 121–141.

46 Conrad, *Sieg*, S. 12. »Heyst« ist alles andere als ein schwedisch klingender Name.
47 Ebd., S. 200, 193, 234, 35.
48 Ebd., S. 206.
49 Ebd., S. 371.
50 Ebd., S. 367.
51 Sam Jordison, »Who Is Joseph Conrad's Winner in Victory«, in: *The Guardian*, 20.10.2015.

Schluss. Ein Schritt zurück, zwei Schritte vor

1 Siehe u. a. Kidner, »Fabricating Nature«; Eileen Crist, »Against the Social Construction of Nature and Wilderness«, in: *Environmental Ethics* 26 (2004), S. 5–24; Plumwood, »Toward a Progressive Naturalism«; Plumwood, »The Concept of a Cultural Landscape«; Newton, *Nature and Sociology*, S. 41 f.; Hailwood, *Alienation and Nature in Environmental Philosophy*, S. 57, 61, 64, 85.
2 Vogel, *Thinking like a Mall*, S. 238.
3 Zu dieser Tradition, vgl. Eagleton, *Die Illusionen der Postmoderne*, S. 17–23.
4 Bennett, »Systems and Things«, S. 224.
5 Eagleton, *Die Illusionen der Postmoderne*, S. 176.
6 Plumwood, »Toward a Progressive Naturalism«, S. 46.
7 Vgl. Crary, 24/7.
8 Mohamed Ezz, Nada Arafat, »›We Woke Up in a Desert‹: The Water Crisis Taking Hold across Egypt«, in: *The Guardian*, 04.08.2015.
9 Kaplan, *Climate Trauma*, S. 8, 4, 69.
10 Goldsmith u. a., »The Gender Gap in Environmental Attitudes«, S. 163.
11 Vgl. Jeremy B. C. Jackson, »Ecological Extinction and Evolution in the Brave New Ocean«, in: *Proceedings of the National Academy of Sciences* 105 (2008), S. 11458–11465.
12 Donna M. Orange, *Climate Crisis, Psychoanalysis, and Radical Ethics*, London 2017, S. 39.
13 Ein erschreckendes Beispiel für affirmative Politik innerhalb dieses Zeitalters der Katastrophe ist Braidotti, *Posthumanismus*. Eine brillante Kritik an der affirmationistischen Mode – die Latour, den Neuen Materialismus und Posthumanismus zu ihren größten Aushängeschildern zählt – bietet Noys, *The Persistence of the Negative*.
14 Walter Benjamin, »Der destruktive Charakter«, in: *Gesammelte Schriften*, Bd. 4,1: *Kleine Prosa. Baudelaire-Übertragungen*, Frankfurt/M. 1991, S. 396–398, hier S. 398, 397.

15 Michael Slezak, »July 2016 Was World's Hottest Month since Records Began, Says Nasa«, in: *The Guardian*, 16.08.2016; Jason Samenow, »Two Middle East Locations Hit 129 Degrees, Hottest Ever in Eastern Hemisphere, Maybe the World«, in: *The Washington Post*, 22.07.2016.

16 Hugh Naylor, »An epic Middle East heat wave could be global warming's hellish curtain-raiser«, in: *The Washington Post*, 10.08.2016. Siehe auch Jeremy S. Pal, Elfatih A. B. Eltahir, »Future Temperature in Southwest Asia Projected to Exceed a Threshold for Human Adaptability«, in: *Nature Climate Change* 6 (2016), S. 197–200; J. Lelieveld, Y. Proestos, P. Hadjinicolaou u. a., »Strongly Increasing Heat Extremes in the Middle East and North Africa (MENA) in the 21st Century«, in: *Climatic Change* 137 (2016), S. 245–260.

17 John Rocha, »Shrinking glaciers cause state-of-emergency drought in Bolivia«, in: *The Guardian*, 28.11.2016. Siehe auch Nick Buxton, Marisa Escobar, David Purkey, Nilo Lima, »Water Scarcity, Climate Change and Bolivia. Planning for Climate Uncertainties«, in: *Stockholm Environment Institute, Discussion Brief* 2013, {sei.org/publications/water-scarcity-climate-change-and-bolivia-planning-for-climate-uncertainties/}, letzter Aufruf 28.06.2021.

18 Kate Ravilious, »Climate Change likely Cause of Freak Avalanches«, in: *The Guardian*, 04.12.2016.

19 Hannah McNeish, »›We Have almost Been Buried‹. The Sudanese Villages Being Swallowed by Sand«, in: *The Guardian*, 17.11.2016; Hannah McNeish, »Farmers in Sudan Battle Climate Change and Hunger as Desert Creeps Closer«, in: *The Guardian*, 19.12.2016.

20 Karen McVeigh, »On the Climate Change Frontline. The Disappearing Fishing Villages of Bangladesh«, in: *The Guardian*, 20.01.2017.

21 Bing Liu, Senthold Asseng, Christoph Müller u. a., »Similar Estimates of Temperature Impacts on Global Wheat Yield by Three Independent Methods«, in: *Nature Climate Change* 6 (2016), S. 1130–1137.

22 J. T. M. Lenaerts, S. Lhermitte, R. Drews u. a., »Meltwater Produced by Wind-Albedo Interaction Stored in an East Antarctic Ice Shelf«, in: *Nature Climate Change* 7 (2017), S. 58–62.

23 Stephen Rich Rintoul, Alessandro Silvano, Beatriz Pena-Molino u. a., »Ocean Heat Drives Rapid Basal Melt of the Totten Ice Shelf«, in: *Science Advances* 2 (2016), {advances.sciencemag.org/content/2/12/e1601610}, letzter Aufruf 28.06.2021.

24 Orange, *Climate Crisis*, S. 16.

25 Die überzeugendste Anleitung, wie man den fossilen Brennstoffgebrauch innerhalb kürzester Zeit aus der Weltwirtschaft aussondert, liefert Laurence L. Delina, *Strategies for Rapid Climate Mitigation. Wartime Mobilisation as a Model for Action?*, London 2016.

26 Für weitere Überlegungen hierzu siehe Andreas Malm, »Revolution in a Warming World. Lessons from the Russian to the Syrian Revolution«, in: Leo Panitch, Greg Albo (Hg.), *Socialist Register 2017. Rethinking Revolution*, London 2016, S. 120–142.

27 Klein, *Die Entscheidung*, S. 473 f. (Hvh. i. O.)

28 Wie u.a. argumentiert wird von Hettinger, »Respecting Nature's Autonomy in Relationship with Humanity«, S. 89–93; Throop, Vickers, »Autonomy and Agriculture«, S. 101 f.

29 Bloch, *Prinzip Hoffnung*, S. 813, 809.

30 Lerner, *22:04*, Motto. Siehe auch S. 31, 77, 144.

31 Theodor W. Adorno, *Nachgelassene Schriften*, hg. v. Theodor-W.-Adorno-Archiv, Abteilung IV: *Vorlesungen*, Bd. 13, *Zur Lehre von der Geschichte und von der Freiheit* (1964/65), Frankfurt/M. 2001, S. 240, 203, 214.

32 Benjamin, *Das Passagen-Werk*, S. 819.

33 Hans Joachim Schellnhuber, Stefan Rahmstorf, Ricarda Winkelmann, »Why the Right Climate Target Was Agreed in Paris«, in: *Nature Climate Change* 6 (2016), S. 649–653, hier S. 651.

34 Oil Change International, *The Sky's Limit.* »Why the Paris Climate Goals Require a Managed Decline of Fossil Fuel Production« (2016), in: {priceofoil.org/content/uploads/2016/09/OCI_the_skys_limit_2016_FINAL_2.pdf}, 22.09.2016, letzter Aufruf 02.07.2021.

35 Schellnhuber und seine Kolleg:innen legen eine unglaubliche Naivität an den Tag, sobald sie versuchen, die Implosion in eine Liste politischer Empfehlungen zu verwandeln: Im Großen und Ganzen verlassen sie sich auf den Markt und vertrauen darauf, dass dieser alles richten werde. Schellnhuber u. a., »Why the Right Climate Target Was Agreed in Paris«, S. 652 f.

Register

F

N

Das Motto von Kae Tempest stammt aus dem Buch *Sollen sie doch Chaos fressen* © der deutschen Ausgabe Suhrkamp Verlag Berlin 2018.

Die Abbildung auf S. 30 trägt den Titel *View of a Coal Seam on the Island of Labuan* und stammt von L. C. Heath, abgedruckt in: James Augustus St John, *Views in the Eastern Archipelago: Borneo, Sarawak, Labuan*, London 1847.

Erste Auflage Berlin 2021

MSB Matthes & Seitz Berlin Verlagsgesellschaft mbH
Göhrener Str. 7 | 10437 Berlin
info@matthes-seitz-berlin.de

Umschlaggestaltung: Dirk Lebahn, Berlin
Satz: psb, Berlin
Druck und Bindung: GGP Media GmbH, Pößneck
Printed in Germany

ISBN 978-3-95757-939-3
www.matthes-seitz-berlin.de

Andreas Malm

Wie man eine Pipeline in die Luft jagt. Kämpfen lernen in einer Welt in Flammen

211 Seiten, Klappenbroschur
ISBN 978-3-7518-0305-2

Die wissenschaftlichen Fakten bezüglich der Klimakrise, die Daten, die das Massenaussterben und die Erderwärmung beziffern, liegen auf dem Tisch, an dem führende Politikerinnen und Politiker regelmäßig zusammenkommen, um Klimaziele zu vereinbaren. Und auf den Straßen vor den Tagungshotels und Regierungspalästen wird nicht erst seit gestern immer lauter protestiert. Trotzdem haben wir es mit einer nach wie vor boomenden Industrie für fossile Brennstoffe zu tun. Ist es also an der Zeit, das kaputt zu machen, was uns kaputt machen wird? In diesem mitreißenden Manifest fordert Andreas Malm nichts weniger als die Eskalation: Wir müssen die Förderung fossiler Brennstoffe zum Stillstand bringen – mit unserem Handeln, unseren Körpern, mit allem, was uns zur Verfügung steht. Mit der Leidenschaft eines Aktivisten und dem Wissen eines Forschers diskutiert Andreas Malm das Spannungsfeld zwischen Gewaltfreiheit und direkter Aktion, Strategie und Taktik, Demokratie und sozialer Veränderung. Und zeigt uns, wie wir in einer Welt kämpfen können, die längst in Flammen steht.

Andreas Malm
Klima|x

263 Seiten, Klappenbroschur
ISBN 978-3-7518-0307-6

In seinem hellsichtigen Essay, geschrieben in Berlin in den Wochen des Lockdowns, der nicht nur Deutschland im Frühjahr 2020 zu einem abrupten Stillstand zwang, wirft der Klimaaktivist und Humanökologe Andreas Malm die entscheidenden Fragen auf: Wie war es möglich, dass die Staaten des Globalen Nordens angesichts der COVID-19-Pandemie so effektiv und entschlossen handelten – und im Hinblick auf die Erderwärmung immer noch nichts tun? Woher kommt die Sehnsucht nach einer Rückkehr zum Normalzustand, der längst schon keiner mehr ist? Und welche Schlüsse lassen sich aus der Kriegsrhetorik, in der über die Pandemie gesprochen wurde, für den Kampf gegen den eigentlichen Krankheitserreger ziehen?

Matthes & Seitz Berlin